Essa obra não poderia vir em melhor momento nem de melhor fonte. Sinclair Ferguson revive uma importante controvérsia do passado com o objetivo de esclarecer alguns debates atuais. *Somente Cristo* é mais do que um panorama muito bem documentado da controvérsia do cerne. É uma experiência pastoral e uma reflexão doutrinária da mais alta qualidade acerca do assunto mais importante de todas as épocas.

> **Michael Horton,** professor de Teologia Sistemática e Apologética da cátedra J. Gresham Machen, no Westminster Seminary California, e autor de *Redescobrindo o Espírito Santo* e *Evangélicos, católicos e os obstáculos à unidade* (Vida Nova)

Além de Sinclair Ferguson, não conheço ninguém que tenha a capacidade, a paciência e o talento para desenterrar uma antiga polêmica ambientada em uma cidadezinha escocesa com um nome impronunciável e revelar sua pertinência para a pregação do evangelho e para a vida cristã. Esse pode ser o melhor e mais importante livro de Sinclair Ferguson. É pegar e ler!

> **Alistair Begg,** pastor titular da igreja Parkside Church, em Chagrin Falls, Ohio

Sinclair Ferguson atravessa a superfície das definições de legalismo e antinomianismo para revelar o cerne, o Cristo integral. Quando o Cristo integral do evangelho nos é apresentado, rejeitamos tudo o mais que comprometa a grandiosidade e o poder da graça de Deus. Pastores e leigos haverão de se beneficiar com a leitura desse livro de natureza histórica, teológica e prática.

> **Aimee Byrd,** autora de *Housewife theologian* e *Theological fitness*

Fico maravilhado diante do domínio que Sinclair Ferguson tem dos detalhes históricos, mas o que realmente me leva a louvar a Deus é o amor e o zelo que ele tem pela clareza do evangelho. A graça que salva nossa alma e nos torna capazes de obedecer é definida, diferenciada e valorizada nessa análise da proclamação do evangelho isenta de erros humanos.

> **Bryan Chapell,** presidente emérito do Covenant Theological Seminary e pastor titular da igreja Grace Presbyterian Church em Peoria, Illinois

Não é exagero enfatizar que esse livro trata de uma questão muito mais importante que qualquer outra que se poderia levantar. Pois, como Ferguson deixa muito claro, essa questão é a própria definição do evangelho. O antinomianismo e o legalismo são erros que prontamente seduzem os proclamadores que se contentam com meros slogans e com retórica. Além de Sinclair Ferguson, não consigo pensar em outra pessoa em quem eu confie mais para sondar e examinar essa questão crucial. Acho que esse livro é um dos mais importantes e definitivos que já li nas últimas quatro décadas.

Derek W. H. Thomas, pastor titular da igreja First Presbyterian Church, em Columbia, Carolina do Sul, e professor de Teologia Pastoral e Sistemática da cátedra Robert Strong, no Reformed Theological Seminary, em Atlanta, Georgia

Esse é um ótimo livro que retoma a questão perene do relacionamento entre a graça e as obras em nossa salvação. Partindo de uma antiga polêmica ocorrida na Escócia, Ferguson escreve com profundo conhecimento e com um senso crítico apurado, levando clareza e novos conhecimentos ao debate e mostrando-nos formas de nos afastar desta nossa anarquia contemporânea.

David F. Wells, professor pesquisador titular emérito do Gordon-Conwell Theological Seminary

Escrevendo com coração de pastor e cabeça de acadêmico, Sinclair Ferguson nos proporciona uma compreensão bíblica da graça que lança um firme alicerce para a vida, o ministério e a adoração. Valendo-se do cenário de fundo da controvérsia do cerne, ele expõe as sutis nuanças do legalismo e do antinomianismo que continuam a impregnar a igreja dos dias atuais. *Somente Cristo* é um livro que convence de uma perspectiva pessoal, sem deixar de ser teologicamente desafiador nem de exaltar Cristo.

Melissa B. Kruger, coordenadora do ministério de mulheres da igreja Uptown Church, em Charlotte, Carolina do Norte, e autora de *The envy of Eve* e *Walking with God in the season of motherhood*

Vivemos em uma época em que de novo estamos assistindo a trocas de acusações de "antinomianismo" e "legalismo", muitas vezes feitas por gente que divide o mesmo espaço confessional. Durante dias de tensão como os atuais, geralmente precisamos de mais clareza e de menos lenha na fogueira. Acho que *Somente Cristo*, de Sinclair Ferguson, oferece-nos uma perspectiva oportuna e nos ajuda a entender melhor a graça, o papel do ser humano e a certeza da salvação proporcionada pelo evangelho. Levando-nos de volta aos debates do passado, Sinclair Ferguson também nos ajuda a entender melhor nosso momento e até nossa própria confusão.

Kelly M. Kapic, professor de Estudos Teológicos na Covenant College

É fácil rotular alguém de "legalista" ou de "antinomiano", mas as realidades são bem mais sutis do que costumamos admitir. Sinclair Ferguson se vale de uma antiga controvérsia escocesa e a emprega como facho de luz para iluminar nossas lutas espirituais nos dias de hoje. Esse livro espetacular desfaz muitos nós em torno da questão da lei e da graça de Deus e funciona como poderoso lembrete de que legalismo e antinomianismo não são realidades opostas, mas aliados do mal na guerra que Satanás trava com amargura para desonrar o maravilhoso nome de Jesus Cristo.

Joel R. Beeke, diretor do Puritan Reformed Theological Seminary

É difícil pensar em um livro mais importante escrito por um guia mais confiável. Partindo de uma controvérsia teológica aparentemente desconhecida, Sinclair Ferguson projeta luz sobre questões de importância fundamental e perene para os evangélicos do século 21. Com profundo entendimento, discernimento teológico e sabedoria pastoral, ele não apenas desmascara as distorções do evangelho, mas também nos ajuda a saborear sua substância, ou seja, o próprio Cristo.

Jeff Purswell, deão do Pastors College, das igrejas Sovereign Grace Churches

SOMENTE CRISTO

Dados Internacionais de Catalogação na Publicação (CIP)
Angélica Ilacqua CRB-8/7057

Ferguson, Sinclair B.
　Somente Cristo : legalismo, antinomianismo e a certeza do evangelho / Sinclair B. Ferguson ; tradução de Robinson Malkomes. -- São Paulo : Vida Nova, 2019.
　304 p.

ISBN 978-85-275-0850-6

Título original: The whole Christ : legalism, antinomianism, gospel assurance -- why the marrow controversy still matters

1. Direito e evangelho – História das doutrinas 2. Salvação (Teologia) 3. Graça (Teologia) 4. Igrejas – Escócia – Doutrinas – História I. Título II. Malkomes, Robinson

18-0936　　　　　　　　　　　　　　　　　　CDD-234

Índice para catálogo sistemático
1. Salvação e graça

SINCLAIR B. FERGUSON
Prefácio de **Tim Keller**

SOMENTE CRISTO

LEGALISMO, ANTINOMIANISMO
E A CERTEZA DO EVANGELHO

Tradução
Robinson Malkomes

VIDA NOVA

©2016 Sinclair B. Ferguson
Título do original: *The whole Christ: legalism, antinomianism, and Gospel assurance — why the marrow controversy still matters*, edição publicada por CROSSWAY (Wheaton, Illinois, EUA).

Todos os direitos em língua portuguesa reservados por
SOCIEDADE RELIGIOSA EDIÇÕES VIDA NOVA
Rua Antônio Carlos Tacconi, 63, São Paulo, SP, 04810-020
vidanova.com.br | vidanova@vidanova.com.br

1.ª edição: 2019

Proibida a reprodução por quaisquer meios, salvo em citações breves, com indicação da fonte.

Impresso no Brasil / *Printed in Brazil*

Todas as citações bíblicas sem indicação de versão foram traduzidas diretamente da English Standard Version (ESV). As citações bíblicas com indicação da versão *in loco* foram traduzidas diretamente da King James Version (KJV) ou extraídas da Nova Versão Internacional (NVI). O grifo nas citações bíblicas é de responsabilidade do autor.

DIREÇÃO EXECUTIVA
Kenneth Lee Davis

GERÊNCIA EDITORIAL
Fabiano Silveira Medeiros

EDIÇÃO DE TEXTO
Marcia B. Medeiros

PREPARAÇÃO DE TEXTO
Larissa Malkomes
Ingrid Neufeld de Lima

REVISÃO DE PROVAS
Rosa Maria Ferreira

GERÊNCIA DE PRODUÇÃO
Sérgio Siqueira Moura

DIAGRAMAÇÃO
Claudia Fatel Lino

CAPA
Luis Henrique de Paula

Para
WALT e JOIE CHANTRY,
com gratidão e afeto

SUMÁRIO

Prefácio, Tim Keller 13

Introdução 21
   1. Como a controvérsia se desenvolveu 27
   2. A graça no evangelho 43
   3. Preparar, distorcer, envenenar 69
   4. Perigo! Legalismo 91
   5. A ordem da graça 115
   6. Sintomas suspeitos 147
   7. As faces do antinomianismo 163
   8. Causas e curas 185
   9. O cerne da certeza 209
   10. Como a certeza de Cristo transforma-se em certeza da salvação 231
   11. "Muitas barreiras há em mim" 251
Conclusão 267
Apêndice: A fé segundo Thomas Boston 271

Índice de passagens bíblicas 289
Índice remissivo 293

PREFÁCIO

O livro que você tem nas mãos é mais do que uma ótima reflexão histórica; é também um "tratado para os tempos".

A controvérsia do cerne foi uma polêmica ocorrida dentro da Igreja da Escócia no início do século 18. As circunstâncias dessa polêmica, embora não tenham sido sua causa principal, estavam relacionadas à reimpressão da obra *The marrow of modern divinity* [O cerne da teologia moderna],[1] de Edward Fisher, à qual se seguiu uma dissensão. A raiz da polêmica era a dificuldade perene de estabelecer uma relação adequada entre obras e graça, lei e evangelho, não apenas em nossa teologia sistemática, mas também em nossa pregação, no ministério pastoral e, acima de tudo, em nosso coração. Sinclair Ferguson narra com competência a história da controvérsia do cerne, explicando-a de forma acessível e interessante. No entanto, seu verdadeiro objetivo não se limita a essa narrativa. Diante do cenário e dos aspectos daquela

---

[1] Obra não publicada em português até a presente data. Sempre que essa obra é citada pelo autor, referimo-nos a ela usando uma forma reduzida do inglês: *The marrow*. A palavra *marrow* permite traduções como "cerne", "essência", "medula", "tutano". Por isso, a expressão "the marrow controversy" é traduzida em algumas fontes por "controvérsia da medula". Há fontes que optam por "controvérsia de *marrow*", sem traduzir *marrow*. Na presente tradução, a forma escolhida foi "controvérsia do cerne". (N. do T.)

antiga polêmica, ele quer nos ajudar a entender a natureza desse problema perpétuo — problema que atormenta a igreja de nossos dias. E assim o faz da maneira mais esclarecedora e convincente que conheço na literatura evangélica atual.

Um dos aspectos singulares da polêmica do cerne é que os defensores de *The marrow* eram acusados de apoiar o antinomianismo, e pelo menos alguns de seus críticos, por sua vez, eram suspeitos de legalismo — embora todos endossassem o que a Confissão de Westminster declara sobre as obras e a justificação. A Confissão apresenta essa doutrina com precisão e clareza impressionantes. Ela ensina que a fé em Cristo conduz à justificação, que tem como base "a obediência e a satisfação" de Cristo imputadas a nós, não algo operado em nós ou por nós.[2] Todavia, embora as boas obras de forma alguma sejam o motivo de nossa justificação, elas são necessariamente evidências de que temos a fé que justifica.[3] Todavia (de novo!), essa "obediência evangélica" — boas obras derivadas da "gratidão" e da "confiança" relativas à nossa salvação pela graça[4] — jamais e de forma alguma faz parte de nossa condição de justificados diante de Deus,[5] condição essa que não pode ser perdida, mesmo quando, em razão do pecado, caímos no "paternal desagrado de Deus".[6]

Essa é uma exposição altamente diferenciada da interpretação protestante da justificação somente pela fé e por meio de Cristo. Todos os nomes envolvidos na controvérsia do cerne endossavam essa declaração teológica expressa com toda a exatidão. Como então poderiam surgir acusações e contra-acusações de antinomianismo e legalismo, expondo uma falha na igreja que acabaria levando a

---

[2] *A confissão de fé de Westminster* (São Paulo: Cultura Cristã, 2017), 11.1.
[3] Ibidem, 16.2.
[4] Ibidem.
[5] Ibidem, 11.1.
[6] Ibidem, 11.5.

um racha na denominação? Tal exatidão teológica é fundamental, mas é claro que ela não põe fim a esse problema recorrente em torno do papel da lei e da obediência na vida cristã.

Partindo da controvérsia do cerne como estudo de caso, Sinclair Ferguson chega a diversas conclusões, mas as expande e contempla de modo que possamos aplicá-las aos nossos dias. Eis alguns de seus argumentos e teses que considero bastante úteis, convincentes e sábios.

A primeira conclusão irrefutável é que *legalismo e antinomianismo são muito mais do que posições doutrinárias*. Nenhum dos lados na controvérsia do cerne estava dizendo: "Podemos nos salvar por meio das obras" ou "Uma vez salvos, não precisamos mais obedecer à lei de Deus". Nenhum dos lados endossava alguma doutrina expressamente legalista ou antinomiana. Ainda assim, legalismo e antinomianismo podem marcar forte presença em um ministério. Cada um representa uma rede formada por posturas do coração, costumes, caráter e modos de ler as Escrituras. Em certo momento, Sinclair Ferguson afirma com propriedade que o espírito do legalismo consiste parcialmente em como nos *sentimos* em relação a Deus.

O espírito legalista se caracteriza por ciúme, excesso de sensibilidade a questões menos importantes, severidade "metálica" diante de erros e um padrão de pouca generosidade na tomada de decisões. Tanto o autor de *The marrow of modern divinity* quanto Thomas Boston, o principal nome do movimento e seu ponto de apoio, compartilham relatos emocionantes e convincentes de como haviam passado anos no ministério endossando a doutrina correta da justificação, mas na prática ainda agindo como se a lei de Deus fosse uma "aliança das obras" e não uma "regra de vida".[7] Ao mesmo tempo, o antinomianismo prático pode se desenvolver

---
[7] Ibidem, 19.6.

mesmo quando se nega o antinomianismo doutrinário. Ele pode assumir a forma de um evangelho secular de autoaceitação disfarçado de cristianismo. Está ainda mais presente quando a pregação e o trabalho pastoral do ministro se caracterizam por um divórcio sutil entre dever e prazer. Quando a obediência e a submissão a Deus não são apresentadas de modo pleno, fervoroso e completo como motivos de grande alegria — como formas de refletir a Deus, conhecê-lo e dar-lhe prazer —, existe uma tendência ao espírito antinomiano.

A segunda lição que aprendi é que *o legalismo e o antinomianismo têm a mesma raiz*. Meu palpite é que a maioria dos leitores verá nesse pensamento o melhor dos insights deste livro, algo que poderá até mesmo desencadear uma proverbial mudança de paradigmas. Pensar no legalismo e no antinomianismo como elementos totalmente opostos um ao outro é um erro fatal para o pastor. Sinclair afirma que, pelo contrário, eles são "gêmeos não idênticos do mesmo ventre" e os remete à "mentira de Satanás" no jardim do Éden, a saber, a mentira de que não podemos confiar na bondade de Deus nem em seu compromisso com nossa felicidade e bem-estar; portanto, se lhe prestarmos plena obediência, sairemos perdendo e seremos infelizes.

As duas formas de pensar se recusam a crer no amor e na graça de Deus; portanto, partem do princípio de que todos os mandamentos que recebemos são evidências de que ele não está disposto a nos abençoar. Ambos os pensamentos deixam de reconhecer que a obediência é o caminho que agrada ao Deus gracioso e o que nos transforma em nosso verdadeiro eu, a pessoa que fomos criados para ser. Antinomianismo e legalismo compartilham a mesma falta de entendimento em relação à alegria da obediência, que é vista como algo que nos é imposto por um Deus cujo amor é condicional e não está disposto a nos abençoar, a não ser que nos esforcemos bastante. A única diferença entre as duas mentalidades é que a legalista toma sobre si um pesado fardo, ao passo que o antinomiano o rejeita e o descarta ao enfatizar que, se Deus fosse de fato amor, não pediria que carregássemos esse fardo. Para preservar a ideia de um Deus gracioso, os antinomianos encontram meios de defender o pensamento de que Deus não exige obediência.

Portanto, a terceira verdade que aprendi foi a seguinte: *pensar que o principal problema seja determinado erro da outra parte é dar um grande passo para cair no outro erro.* Se não conseguirmos perceber o que Sinclair Ferguson está dizendo — que tanto o legalismo quanto o antinomianismo resultam da incapacidade de entender a bondade e a graça do caráter de Deus —, acabaremos pensando que o remédio de que cada mentalidade realmente precisa é uma pequena dose da outra mentalidade. Segundo essa visão, parece que o remédio para o legalismo se encontra em menos ênfase na lei e na obediência e que o remédio para o antinomianismo está justamente em mais ênfase.

Isso é perigoso. Se você disser aos que se inclinam para o legalismo que eles não devem falar tanto sobre lei e obediência, você os estará levando para o espírito antinomiano, e este não tem condições de entender a lei como uma dádiva maravilhosa de Deus. Se você disser aos que se inclinam para o antinomianismo que devem apontar mais para as ameaças divinas e falar mais sobre os perigos da desobediência, você os estará levando a um espírito legalista que considera a lei uma aliança das obras e não uma forma de honrar e agradar aquele que os salvou pela graça.

Por fim, este livro me mostrou que *a cura tanto para o legalismo quanto para o antinomianismo está no evangelho*. Ferguson escreve:

> O evangelho existe para nos libertar dessa mentira. Pois ele revela que, por trás da vinda de Cristo e de sua morte por nós, e nelas manifestado, encontra-se o amor de um Pai que nos dá tudo o que ele tem: primeiro, seu Filho para morrer por nós e depois seu Espírito para viver dentro de nós. [...] Existe somente uma cura

legítima para o legalismo. É o mesmo remédio que o evangelho prescreve para o antinomianismo: compreender e experimentar a união com Jesus Cristo. Isso conduz a um novo amor pela lei de Deus e à obediência a essa lei.

A raiz de ambos os erros é uma só e, por isso, a cura é a mesma: exaltar a essência da bondade e do amor de Deus por meio de uma nova narrativa do evangelho que transforma a obediência em alegria. O remédio para ambos os erros está em um entendimento da graça e do caráter de Deus que seja mais pleno, bíblico e profundo.

Este livro engloba uma variedade de linhas de pesquisa e argumentos muito úteis. Apenas para mencionar dois exemplos, Sinclair Ferguson nos mostra como a teologia da nova perspectiva de Paulo, em alguns casos, pode dar asas a uma leitura mais legalista da Bíblia, ao passo que os críticos da tradicional natureza tríplice da lei do Antigo Testamento — moral, cerimonial e civil — podem apoiar uma mentalidade antinomiana. Entretanto, pensando em nossos debates atuais sobre essas questões, seguem-se as principais inferências que fiz deste ótimo livro.

Calvino refere-se à justificação como "eixo principal" ou "ponto principal sobre o qual a religião se sustém". Ele prossegue dizendo que, "salvo se antes de tudo aprendas em que posição estejas diante de Deus e de que natureza seu juízo é em relação a ti [...], não tens fundamento sobre o qual possas erigir a piedade para com Deus".[8] De uma coisa podemos estar certos, a saber, que nossa condição de justificados diante de Deus não pode ser "um motivo dentre muitos". Esse deve ser o alicerce de todos os nossos pensamentos, sentimentos e práticas; caso contrário, nossa condição original — nossa crença de que Deus não é *por* nós — nos arrastará de volta a uma aliança das obras.

---

[8]João Calvino, *As institutas*, tradução de Waldyr Carvalho Luz (São Paulo: Cultura Cristã, 2006), 3.11.1, 4 vols.

Se for verdade, contudo, que nosso principal problema está na incredulidade em relação ao amor e à bondade de Deus, será simplista demais afirmar que "a única coisa necessária para a santificação é crer em sua justificação". Essa postura poderá levá-lo a tentar curar um espírito legalista unicamente com menos ênfase na lei. Precisamos mais do que uma fé abstrata que nos diga que ficaremos isentos de punição; precisamos de uma visão renovada de Deus. No entanto, em sua obra sobre a mortificação, John Owen mostra que a resposta não se encontra tampouco em uma simples afirmação como esta: "Aquilo de que precisamos para nossa santificação é de um esforço bastante árduo que nos santifique". Owen defende a ideia de que a raiz de nosso comportamento pecaminoso está na incapacidade de odiar o pecado em si, e isso tem origem na tendência de ver a obediência simplesmente como meio de evitar o perigo e de ter uma vida boa — não como meio de amar e conhecer Jesus por aquilo que ele é.

Assim, o crescimento na graça não deriva simplesmente do ato de crer mais em nossa justificação, embora devamos meditar diariamente nessa realidade. Visto em toda a sua abrangência, tal crescimento é produto da ação do evangelho da graça na raiz de nosso pecado — a falta de confiança na bondade de Deus e o amor desordenado por outras coisas. Quando contemplamos a glória de Cristo no evangelho, acontece um reordenar dos afetos de nosso coração, de modo que passamos a nos agradar dele profundamente, e as outras coisas que dominavam nossa vida perdem o poder de nos escravizar. Essa é a santificação que acontece quando mergulhamos profundamente no evangelho, mas não basta dizer a si mesmo que você foi aceito e perdoado, por mais fundamental que isso seja. Neste livro, Sinclair Ferguson nos mostra que entender corretamente essa verdade é importante para nossa pregação e eficácia pastoral.

Tim Keller

INTRODUÇÃO

Somente Cristo: legalismo, antinomianismo e a certeza do evangelho contém uma história que começa na Escócia no início do século 18 e faz um breve retrocesso de setenta anos em direção à Inglaterra e à composição de um livro incomum e desconhecido, escrito na forma de um diálogo socrático. Quatro são as personagens que dele participam: um jovem cristão, um legalista, um antinomiano e um ministro do evangelho. Trata-se de um mosaico de citações do melhor da espiritualidade dos períodos da Reforma e do puritanismo.

Se não fosse um pastor escocês, que encontrou o livro numa casa de sua desconhecida paróquia nas fronteiras da Escócia, ele não sairia da condição de uma obra relativamente pouco lida. Essa descoberta do livro foi o que motivou, duas décadas depois, uma controvérsia teológica que marcou para sempre o título do livro na história da igreja.

Avançando 260 anos, chegamos à origem desta obra que o leitor tem em mãos. Na primavera de 1980, uma carta chegou à nossa casa em Glasgow, na Escócia. Ela trazia um convite para falarmos no final do ano em uma conferência para pastores em Indianápolis, abordando o seguinte tema: "Lições pastorais extraídas da controvérsia do cerne".

Fiquei perplexo com o tema e é provável que você também fique: "Você está falando sério?". Se não fossem a aventura de visitar os

Estados Unidos (eu havia estado lá apenas uma vez até então), o respeito pelo ministro que me fez o convite e o privilégio de falar a outros pastores numa época em que eu ainda era bem jovem, é provável que eu tivesse declinado o convite. Um ministro dos dias de hoje não poderia ser criticado se pensasse que "Lições pastorais extraídas da controvérsia do cerne" é tão desconcertante quanto um "Conto vegetariano para pastores"! Talvez algum escocês que estudasse teologia tivesse ouvido falar dessa controvérsia e do livro que está por trás dela, mas será que alguém mais saberia do que se trata?

Hoje, passadas mais de três décadas, há uma lembrança que para mim ainda está bem viva. Poucos dias antes da data em que eu viajaria para a conferência, minha esposa, Dorothy, trouxe-me café no gabinete. Lembro-me de que olhei para as anotações que estava fazendo e disse com certo desespero: "Não sei por que estou gastando tempo com isso. Não consigo imaginar que exista alguém nos Estados Unidos que tenha o menor interesse pela controvérsia do cerne!".

A conferência chegou e passou. Logo me senti grato por ter ido. Gostei da conferência; as preleções me pareceram relevantes; e durante o evento fiz várias amizades que durariam por toda a minha vida.

Voltei para casa, e a vida seguiu em frente.

Três anos depois, em 1983, nossa família mudou-se para a Filadélfia, onde passei a integrar o corpo docente do Westminster Theological Seminary e iniciei uma longa temporada de ministério nos Estados Unidos. Desde essa época, em quase todos os lugares em que fui pregar, dar alguma palestra ou alguma aula, *alguém* se aproximava de mim e dizia: "Eu ouvi as suas fitas [isso mesmo, 'fitas'!] sobre o cerne". A vida cristã, e com certeza o ministério, estão cheios de surpresas. William Cowper tinha razão: "Deus segue por caminhos misteriosos para suas maravilhas operar".[9]

Há razões para interesse nesse assunto aparentemente insondável. À primeira vista, a controvérsia do cerne dizia respeito à forma de pregarmos o evangelho, ao papel, se é que existe algum,

---

[9]William Cowper, *Light shining out of darkness*, mais conhecido pela primeira linha: "God moves in a mysterious way" [Deus se move de modo misterioso] (1774).

que a lei de Deus e a nossa obediência desempenham na vida cristã e ao que significa ter a certeza da salvação. Mas, no fundo, essas questões sempre dizem respeito ao próprio evangelho.

São temas que estiveram no centro das atenções em períodos específicos da história da igreja, mas representam apenas a ponta do iceberg. Eles têm uma pertinência perene, pois por trás deles se encontra uma questão fundamental: "Quem é o Deus que passamos a conhecer em Jesus Cristo (Jo 17.3)? Como ele de fato é — em toda a sua plenitude e profundidade?". A postura que caracteriza minha vida cristã refletirá a resposta que dou a essas perguntas.

Essa era a questão profundamente encravada na controvérsia do cerne. Nesse sentido, refletir sobre essa controvérsia jamais pode ser um mero hobby de um especialista em antiguidades, nem um simples exercício acadêmico.

Ao longo dos anos, as pessoas têm me perguntado se o conteúdo apresentado nas palestras daquela conferência seria algum dia publicado em livro. Outros que costumam dar palestras (principalmente se já leram as transcrições do que eles de fato falaram!) sabem que pegar o conteúdo preparado para uma ocasião eventual e transformá-lo em livro normalmente é uma metamorfose que exige mais tempo e energia do que o preparo do material em primeira instância. Nas décadas seguintes, por uma questão de necessidade, empreguei meu tempo e energia em outras tarefas. Mas no fundo eu nunca deixei de me perguntar: "Quem sabe um dia?".

Esse dia chegou.

O que é *Somente Cristo*? Não se trata de um estudo do livro *The marrow of modern divinity* em si, embora eu faça referência a ele. Também não se trata de uma análise histórica da muitas vezes acalorada controvérsia do cerne, embora ela sirva de contexto para este livro. Tampouco se trata de um estudo da teologia de Thomas Boston, apesar de seu nome surgir com alguma regularidade.

Talvez a melhor maneira de descrever este livro seja apelar para o universo da música clássica: *Somente Cristo* poderia perfeitamente ter como subtítulo: "Variações nos temas da *controvérsia do cerne*". Trata-se de uma ampla reflexão acerca das questões pastorais e teológicas surgidas no início do século 18 e vistas dentro da estrutura dos dias atuais.

Uma consideração em particular motivou-me a dar forma impressa a este material. Thomas Boston, que talvez tenha sido quem mais lutou com as questões levantadas por *The marrow*, disse que seu ministério foi transformado em consequência de sua leitura e reflexão:

> Tais coisas, naqueles dias, enquanto eu estava no Merse,[10] deram a meus sermões certa tintura, que veio a ser notada; mas *The marrow*, a origem dessa tintura, continuou completamente obscuro.[11]

Minha esperança é que, ao longo das páginas seguintes, fique claro que tintura era essa. Ela constitui uma necessidade perene no ministério do evangelho. Não está associada a um tipo de personalidade em particular nem a alguma forma de pregação. Ela é mais profunda e mais diáfana que isso. Mas, com sua capacidade de discernimento, o povo de Deus a reconhece quando a vê, mesmo que não consiga defini-la com exatidão.

Minha impressão é que qualquer pessoa que trave uma luta teológica e pessoal com os grandes temas da graça do evangelho, do legalismo, do antinomianismo e da certeza da salvação e é dirigida para as Escrituras deve emergir com um pouco dessa "tintura". Minha esperança é que essas páginas possam estimular o desejo por essa tintura, sua expressão e depois seu reconhecimento. Pouco importa se conseguiremos detectar sua fonte.

---

[10] O Merse fica no nível do mar, em Berwickshire, região de fronteira entre o rio Tweed e as colinas de Lammermuir. O primeiro pastorado de Boston em Simprin se deu nessa região.

[11] *The memoirs of Thomas Boston*, in: S. M'Millan, org., *The whole works of the late Reverend Thomas Boston* (Edinburgh, 1848-1852), 12 vols., 12:157. A edição do século 19, *Memoirs of the life, time, and writings of Thomas Boston, with introduction and notes by G. H. Morrison* (Edinburgh: Oliphant, Anderson & Ferrier, 1899), foi reimpressa pela editora Banner of Truth em 1988. Partindo da suposição de que um número maior de leitores terá acesso a essa edição, ela será citada nas referências a *Memoirs*. A citação feita aqui pode ser encontrada na p. 171 da edição de 1988.

Todo livro é um novo pagamento de dívida, e este não foge à regra.

Agradeço a Justin Taylor e à equipe da Crossway por se disporem a publicar *Somente Cristo*. Devo a uma conversa com Tim Keller o incentivo final para que eu transformasse esse conteúdo em livro. Fomos colegas no Westminster Seminary, na Filadélfia, e, portanto, sempre nos encontrávamos, mas agora nossos caminhos se cruzam apenas em raras oportunidades. Uma delas foi em janeiro de 2014, quando ambos fomos preletores de uma conferência no Texas. Durante um intervalo para o café, ele se referiu às palestras sobre o cerne. Meio de brincadeira, respondi que, se eu escrevesse o livro, ele poderia escrever o prefácio! Agradeço-lhe por ter escrito o prefácio e pelo incentivo final que me deu para escrever o livro.

Além disso, tenho uma dívida de gratidão também com Walt Chantry. Ele foi o ministro que, na primavera de 1980, enviou-me o convite para que eu desse as palestras sobre a controvérsia do cerne. (Havia pelo menos uma pessoa nos Estados Unidos interessada naquela controvérsia!) Por trás daquele convite estava sua percepção de que, se um grupo de pastores pensasse sobre as questões envolvidas naquele debate de tanto tempo atrás, isso também os ajudaria a lidar com alguns dos maiores problemas pastorais no ministério de nossos dias. Estas páginas são afetuosamente dedicadas a Walt e à sua esposa Joie, desde aquela ocasião meus amigos e incentivadores.

Dorothy, minha esposa, mais uma vez foi a pessoa que me incentivou, observadora paciente e parceira de oração que me permitiu entender que a tarefa de escrever um livro, embora solitária e às vezes árdua, nunca foi sinônimo de solidão. Seu amor e amizade ininterruptos há tempos me fazem parecer mais eficiente do que de fato sou; a ela e a Deus sou grato por essa e por outras inúmeras bênçãos.

A mensagem deste livro tem pertinência especial a pastores e mestres, de modo que juntamente com ele segue minha oração para que a mesma tintura renovadora que caracterizou o ministério de Thomas Boston seja vista também em nossos dias.

Sinclair B. Ferguson
Outubro de 2014

marrow.
>II. Em sentido figurado e outros sentidos mais amplos.
>3.
>>a. Riqueza nutritiva; a parte mais rica, suculenta ou nutritiva de alguma coisa, tutano.
>>b. A parte mais interna ou central de alguma coisa, cerne.
>>c. (A sede da) vitalidade e da força de uma pessoa.
>
>4.
>>a. Parte vital ou essencial de alguma coisa, essência.
>>b. Em títulos de livros: os pontos principais ou a suma dos conhecimentos de um campo ou assunto em particular etc.; compêndio ou sinopse dos escritos sobre um assunto. Principalmente nos títulos dos séculos 16 e 17.
>>c. *História da igreja.* Forma abreviada de alusão ao título do livro *The marrow of modern divinity*, da autoria de Edward Fisher (1645, relançado em 1718 com notas do rev. James Hof).[1]

---

[1] "marrow", in: *The Oxford English dictionary*, 3. ed. (atualizada em dezembro de 2000), disponível em: http://www.oed.com.

Capítulo 1

COMO A CONTROVÉRSIA SE DESENVOLVEU

A história começou há cerca de trezentos anos em uma cidadezinha escocesa durante uma reunião à qual compareceram algumas poucas dezenas de homens. Ela registra o desenvolvimento de um conflito teológico que teve como nascedouro uma única pergunta feita a um jovem que ansiava ser aceito como pastor presbiteriano.

A pergunta, porém, era capciosa.

Não se sabe quem foi o primeiro a concebê-la nem quem deu uma formulação exata às suas palavras. Não se sabe quem foi o primeiro a fazer a pergunta nem quantas vezes ela havia sido feita antes. Mas seu propósito era revelar a quem a formulasse muito mais do que a pessoa que respondia teria desejado revelar.

Ninguém naquela reunião poderia imaginar qual seria a consequência da resposta apresentada. Ninguém ali desconfiaria de que trezentos anos depois ainda haveria gente falando daquela pergunta. Se você lhes dissesse que eles estavam dando início à "controvérsia do cerne", eles teriam dito (como ainda hoje se diz!): "Controvérsia de quê?".

Assim, onde, quando e por que tudo isso aconteceu? E que pergunta foi aquela?

Auchterarder

A cerca de setenta quilômetros a noroeste de Edimburgo, capital da Escócia, fica Auchterarder, cidade com menos de cinco mil habitantes. Até algumas décadas atrás a estrada principal que ia de Stirling a Perth atravessava a longa rua principal que tornou a cidade popularmente conhecida como "The Lang Toun" [Cidade Comprida]. Dirigir lentamente por cerca de dois quilômetros e meio com um limite de velocidade de cinquenta quilômetros por hora leva muitos motoristas frustrados a serem pegos pelo radar de velocidade no final do percurso. Seria muito melhor ter feito uma parada na cidade e saboreado um bom café acompanhado por um excelente pão caseiro!

Para quem é de fora, pouca coisa parece acontecer em Auchterarder.

Alguém bem informado sobre a história das famílias escocesas poderá saber que boa parte da terra daquela região era de propriedade de John Haldane de Gleneagles, membro do último parlamento escocês e também, a partir de 1707, do primeiro parlamento britânico.[1]

Alguns cristãos podem reconhecer o nome Haldane. É dessa família que descenderam os notáveis irmãos Robert Haldane (1764-1842) e James Haldane (1768-1851). Robert ficaria mais famoso nos registros da igreja em virtude de um notável despertamento ocorrido entre alunos de teologia de Genebra por meio de um estudo bíblico por ele conduzido durante uma visita à cidade.

---

[1] As coroas da Escócia e da Inglaterra foram unificadas em 1603, quando James VI (da Escócia) tornou-se também James I (da Inglaterra), mas os parlamentos mantiveram-se separados até 1707.

Influenciado pelas ideias do Iluminismo, o corpo docente de teologia opunha-se de tal modo às reuniões informais nas quais ele expunha a carta de Paulo aos Romanos, que os professores se revezavam para vigiar a entrada do apartamento que Haldane havia alugado. Eles anotavam e reportavam o nome dos alunos que compareciam, ameaçando-os mais tarde de que seriam proibidos de receber a ordenação![2]

Haldane de *Gleneagles*. Gleneagles? Trata-se das terras hoje ocupadas pelo famoso Hotel Gleneagles e por campos de golfe. Se hoje a tranquilidade de Auchterarder não é mais a mesma, isso provavelmente se deve ao fato de o hotel abrigar eventos de interesse internacional. Foi ali que entre os dias 6 e 8 de julho de 2005 aconteceu a reunião de cúpula do G8, quando Auchterarder recebeu líderes mundiais e um verdadeiro exército de especialistas de mídia e segurança. Um relatório apresentado ao executivo escocês sobre o impacto econômico desse fim de semana falava em números que beiravam cem milhões de dólares.

Invasão semelhante se deu em setembro de 2014 por ocasião da Ryder Cup, torneio de golfe que acontece a cada dois anos entre Estados Unidos e Europa, tendo a terceira maior audiência de telespectadores de eventos esportivos e com a presença de um público representante de 75 países. O simples fato de ser a sede do evento tinha o potencial de aumentar o faturamento anual do setor de turismo escocês em mais de cem milhões de dólares.

Há trezentos anos, porém, Auchterarder e seus habitantes compunham um quadro bem diferente. A cidadezinha tinha uma economia que girava em torno de moinhos e tecelagens, e a maior parte dos moradores sobrevivia como tecelãos, agricultores

---

[2] A história toda é uma leitura empolgante. Veja Alexander Haldane, *The lives of Robert Haldane of Airthrey and his brother James Alexander Haldane* (1852; reimpr., Edinburgh: Banner of Truth, 1990), p. 413-62.

arrendatários e, no caso das mulheres, como empregadas domésticas. Registros contábeis da época revelam que a família de um trabalhador rural ganhava 40 dólares por ano e tinha despesas que chegavam a 39,90. Os que viviam aqui na época jamais imaginariam a riqueza e os valores gastos com publicidade de eventos como a Cúpula do G8 ou a Ryder Cup.

Em uma cidadezinha rural escocesa como Auchterarder no início do século 18, não se poderia esperar um acontecimento que provocasse o interesse de outras partes do mundo nem que entrasse para os registros da história da igreja.

Pelo menos não antes de fevereiro de 1717, quando se realizou a assembleia ordinária do presbitério de Auchterarder da Igreja da Escócia.

Presbiterianismo

A vida eclesiástica escocesa é dominada pelo presbiterianismo desde os dias de John Knox e da Reforma no século 16. Nas igrejas presbiterianas, cada congregação é liderada ou "governada" por presbíteros, geralmente um presbítero *docente* (o pastor) e vários presbíteros *regentes*,[3] homens espiritualmente íntegros, com bom nível de discernimento e habilidades pastorais. O presbítero docente normalmente era um indivíduo com nível universitário e formação teológica. Os presbíteros regentes não tinham formação teológica. Eles aprendiam seu ofício mediante a instrução bíblica que recebiam ao longo dos anos, sob a liderança de outros presbíteros e por uma espécie de osmose, pois participavam juntamente com outros presbíteros mais antigos do "conselho" conhecido como *Kirk Session*.

---

[3]Essa distinção normalmente se baseava em Romanos 12.7,8 e em 1Timóteo 5.17.

Além do que se relacionava com a vida da igreja local, o ministro e um presbítero costumavam reunir-se no presbitério com representantes de outras igrejas locais com o objetivo de apresentar relatórios e debater assuntos de interesse comum.

Acima dessa estrutura simples estava um conjunto de presbitérios que se reuniam com menor frequência, conhecido como "Sínodo", e a Assembleia Geral, que organizava uma reunião anual de representantes das igrejas em nível nacional. Embora cada igreja fosse autossuficiente e estivesse sob a direção de seus próprios presbíteros, essas "instâncias da igreja" proporcionavam um senso de unidade e uma espécie de hierarquia de autoridade ascendente para assuntos de interesse comum ou para resolver disputas.

Sob a responsabilidade do presbitério local ficavam a seleção e o exame de candidatos ao ministério e a ordenação de ministros. Com esse objetivo, os candidatos ao ministério eram colocados sob supervisão. Ao longo do período de treinamento, eles cumpriam tarefas que lhes eram prescritas. Tudo isso era concluído por um exame oral aplicado na presença de todo o presbitério — qualquer membro poderia fazer uma pergunta e, no fim, todos votavam aprovando ou rejeitando o candidato. Algo bem amedrontador!

Uma narrativa de reuniões surpreendentes de presbitério

Imagine agora que você fez uma viagem que o levou ao passado. Dia 12 de fevereiro de 1717. O presbitério de Auchterarder está realizando sua reunião mensal. O assunto em pauta é o caso de um jovem candidato ao ministério. Ele já pregou, já apresentou os exercícios que cumprem os pré-requisitos da igreja e concluiu sua dissertação em latim sobre um ponto doutrinário que lhe foi proposto. As provas são rigorosas. Mas este jovem candidato passou por todas as fases. Na verdade, na última reunião do presbitério ele havia sido licenciado como pregador do evangelho.

Há, porém, um problema.

Duas reuniões antes, no dia 11 de dezembro de 1716, o presbitério havia submetido o candidato a seu exame de teologia. Mas outras considerações sobre o candidato haviam sido adiadas até a reunião seguinte. Então, em 15 de janeiro de 1717, ele compareceu novamente perante o presbitério. Desta feita pediram-lhe que assinasse as respostas que ele havia apresentado às perguntas que o presbitério lhe havia feito.

Como acontece na maioria dos presbitérios, a forma em que as perguntas são apresentadas se torna meio estereotipada. Além disso, às vezes há indivíduos que fazem uma espécie de "pergunta decisiva". Essas perguntas raramente são diretas. Na melhor das hipóteses, o candidato é desafiado a pegar um ensinamento bíblico que ele conhece bem e aplicá-lo a uma questão ou situação que ele não domina muito bem. Na pior das hipóteses, os examinadores colocam armadilhas teológicas no caminho do candidato. Essas coisas precisam ser cuidadosamente negociadas.

O candidato examinado pelo presbitério de Auchterarder chama-se William Craig. Ele caiu numa dessas armadilhas.

"O Credo"

Como candidato no presbitério de Auchterarder, William Craig deveria dizer se concordava com uma declaração que havia se tornado uma espécie de emblema dos exames aplicados por aquele presbitério. Se não fosse pela resposta que ele deu, isso teria ficado despercebido nos livros empoeirados do presbitério onde se registravam as atas escritas à mão. A pergunta passou a ser conhecida como "Credo de Auchterarder". O que lhe pediram é que ele concordasse com a seguinte declaração:

Creio não ser saudável nem ortodoxo ensinar que precisamos abandonar o pecado para aceitar Cristo e firmar nossa aliança com Deus.[4]

É possível que os membros do presbitério conhecessem Craig o suficiente para desconfiarem de que ele ficaria em uma situação complicada. Faça a pergunta a si mesmo. Como você responderia? Você crê não ser "saudável nem ortodoxo ensinar que precisamos abandonar o pecado para aceitar Cristo?". Talvez você até se lembre das palavras que os advogados de programas de TV gostam de usar: "Sr. Craig, responda à pergunta apenas com um sim ou não".

Craig tinha certas reservas quanto à formulação exata da pergunta. Todavia, na reunião de janeiro ele havia aceitado assinar o exemplar da Confissão de Fé (de Westminster) do presbitério e sido devidamente licenciado.

Na ocasião, porém — talvez você se identifique com ele —, a consciência de Craig não estava tranquila, e ele voltou para a reunião seguinte do presbitério. Então explicou que havia assinado às pressas e agora desejava uma oportunidade para explicar sua posição.

O presbitério de Auchterarder ouviu o que ele tinha a dizer e na reunião de 12 de fevereiro de 1717 declarou nula a licença para pregar o evangelho que havia sido concedida a William Craig.

Talvez os membros do presbitério tenham pensado que a questão estava resolvida. Se pensaram, ficaram decepcionados.

---

[4]Extraído da ata da décima terceira sessão da Assembleia Geral, de 14 de maio de 1717, em que se registra o "ato que desobriga os presbitérios de fazer uso de qualquer fórmula para licenciar candidatos e para ordenar e admitir ministros, mas, conforme deliberado pela Assembleia Geral, com uma referência à conduta da comissão do presbitério de Auchterarder nessa questão".

Nos meses seguintes, mediante um processo de recurso contra a decisão do presbitério, a questão do Credo de Auchterarder foi apresentada na reunião da Assembleia Geral da Igreja da Escócia. Os líderes e irmãos participantes da Assembleia condenaram o credo e declararam "abominar a dita proposição como doutrina inadequada e profundamente detestável, na forma que se propõe e segundo apresentada pelo presbitério ao sr. William Craig".[5] O presbitério de Auchterarder recebeu ordens para restaurar a licença a William Craig.

Essa questão estaria encerrada não fosse por um diálogo em particular travado imediatamente depois entre dois ministros que "casualmente" entabularam uma conversa ao fim da sessão.

Quem é o meu próximo (na Assembleia)?

O rev. John Drummond, ministro da cidade de Crieff e membro do presbitério de Auchterarder, esteve presente na Assembleia de 1717. A seu lado naquela sessão crucial estava sentado um dos mais notáveis ministros de toda a história da Igreja da Escócia.

Aquele companheiro de Assembleia tinha na época 41 anos de idade. Havia escrito seu primeiro livro cerca de vinte anos antes, enquanto ainda era um jovem ministro em período de experiência. O título curioso do livro, *Soliloquie on the art of man fishing* [Solilóquio sobre a arte de pescar homens], expressava seu zelo evangelístico e um coração de pastor. Ele esperava publicar em breve aquele que se tornaria seu livro

---

[5]Em consonância com as normas de conduta da Igreja da Escócia, durante o debate sobre o "Credo de Auchterarder", os membros do presbitério de Auchterarder foram "retirados", isto é, não poderiam mais participar. Em seguida eles foram convocados a comparecer perante uma comissão da Assembleia em agosto do mesmo ano, comissão que recebeu poderes para tomar uma decisão definitiva.

mais conhecido, *Human nature in its fourfold state* [A natureza humana em quatro estados].⁶ A igreja que ele pastoreava ficava encravada na região de fronteira entre a Escócia e a Inglaterra, no vale do rio Ettrick, uma área descrita como um "mar de colinas". Ele havia sido chamado para aquele extenso campo pastoral em 1711. A igreja estava sem pastor havia quatro anos.

Ao chegar ao novo campo, ele percebeu que as pessoas estavam muito mais preocupadas com este mundo do que com o mundo do porvir. Eram arrogantes e extremamente críticas. Tímido por natureza, embora um pregador de talento incomum, teve de suportar a afronta de membros da igreja que faziam barulho enquanto ele pregava, saíam do templo e até perambulavam pela área externa falando alto de propósito. Pais que dirigiam cultos em família podiam ser vistos xingando nas ruas. Enquanto ministro da igreja que havia pastoreado antes em Simprin, o domingo costumava ser o melhor dia da semana. Mas agora ele escrevia: "O Sabbath que se aproxima, muitas vezes meu prazer, agora me aterroriza".⁷ Além disso, outra igreja, mais requintada, reunia-se na mesma região, e seus membros não economizavam palavras para criticá-lo como ministro de uma congregação espiritualmente tão fria.

Pela graça de Deus, em 1717 as coisas começaram a mudar de forma maravilhosa em seu rico ministério do evangelho.

⁶ *The fourfold state*, segundo passou a ser conhecido, foi publicado (em edição incompleta) em 1720. Ele nasceu como uma série de sermões pregados em Simprin e depois retrabalhados para a igreja em Ettrick. Com o passar do tempo, o livro acabou se tornando símbolo da tradição evangélica na Escócia, e muitos lares o mantinham junto com uma Bíblia da família, com o Breve Catecismo e com um exemplar de *O peregrino*, de John Bunyan.

⁷ Thomas Boston, *Memoirs of Thomas Boston* (Edinburgh: Banner of Truth, 1988), p. 220.

O nome do companheiro de John Drummond na Assembleia era Thomas Boston.[8] Mas podemos deixar que ele mesmo nos conte o teor daquela conversa com Drummond:

> O "Credo de Auchterarder" foi naquela dieta [i.e., na Assembleia Geral] julgado e condenado, mas envidaram-se alguns esforços modestos em sua defesa. Pobre de mim que não tive a capacidade de abrir a boca sobre a questão, embora eu acreditasse que a proposição era verdadeira, mas não muito bem expressa. E neste ponto, a saber, na condenação daquela proposição, estava o início da torrente que, por muitos anos depois, nos atos públicos dessa igreja, se abateu contra a doutrina da graça, sob o nome de antinomianismo. [...] Entrementes, ao mesmo tempo ocupando um assento na Assembleia, e conversando com o sr. John Drummond, ministro de Crief, um dos irmãos do presbitério acima mencionado, apresentei-lhe minha interpretação da oferta do evangelho; Isaías 55.1, Mateus 11.28, com a razão para tal; e falei-lhe também sobre *The marrow of modern divinity* [O cerne da teologia moderna].[9]

Um tesouro escondido no parapeito de uma janela

No início de seu ministério em Simprin, na época uma das menores igrejas da Escócia,[10] Boston havia se debatido bastante com questões que envolviam a lei e o evangelho. Mas, por volta de 1700,[11] durante uma visita pastoral, ele viu sobre o parapeito

---
[8]1676-1732.
[9]Boston, *Memoirs*, p. 317. Mantive a pontuação empregada por Boston.
[10]As ruínas do templo indicam que ele não media mais do que dezesseis metros de comprimento por seis de largura.
[11]Observe-se que a influência da teologia de *The marrow* já estava permeando a essência do pensamento e da pregação de Boston duas décadas antes de o livro se transformar em questão de controvérsia pública. Bem antes da época dessa controvérsia ele já era um homem do cerne bastante *maduro*.

de uma janela um livro intitulado *The marrow of modern divinity*. Ele então o pegou, leu e descobriu que aquilo falava à sua mente e coração acerca de uma grande variedade de questões pastorais de seu ministério. Ele absorveu as ideias despertadas pelo texto em relação à teologia bíblica e pastoral. Sua pregação e seu ensino começaram a refletir o que ele considerava uma nova ênfase, centrada em Cristo e arraigada no evangelho.

Na realidade, Boston havia visto *dois* livros junto à janela da casa de sua ovelha. Sua reação diante do segundo livro, *Christ's blood flowing freely to sinners* [O sangue de Cristo vertido graciosamente pelos pecadores],[12] foi bem diferente. Os comentários de Thomas Boston são dignos de nota em face da controvérsia que mais tarde se instalaria, em especial pela acusação de antinomianismo feita contra o ensino que ele defendia:

> Estes [os dois livros], reconheço, haviam sido levados para casa pelo dono da casa, um soldado que estava na Inglaterra na época das guerras civis. Vendo que ambos tratavam de um assunto pelo qual eu estava interessado, levei-os comigo. O último, um livro de Saltmarsh, não me agradou; e acho que o devolvi sem terminar de ler. Gostei muito do outro, cuja primeira parte trata somente de *The marrow*, de modo que o acabei comprando de seu proprietário [...] e ele ainda se encontra entre meus outros livros. Achei que ele tratava bem de perto daquilo que eu estava procurando e demonstrava a congruência de minhas ideias, antes difíceis de conciliar; de modo que me alegrei com ele como se fosse uma luz que o Senhor no devido tempo havia feito brilhar no meio de minha escuridão.[13]

---

[12] John Saltmarsh, *Free grace; or the flowings of Christ's blood freely to sinners* (London: Giles Calvert, 1645).
[13] Boston, *Memoirs*, p. 169.

Saltmarsh, ou seja, John Saltmarsh, foi um dos maiores antinomianos do século 17.[14] Boston gostou tão pouco de seus ensinamentos, que devolveu o livro — sem terminar a leitura. John Drummond aproveitou-se imediatamente dessa conversa "casual":

De imediato, ele [Drummond], procurando nas livrarias o livro em questão, finalmente o encontrou; e o sr. James Webster,[15] que o recebeu de Drummond, também foi convencido; em seguida, o sr. Drummond, que pouco tempo teve para lê-lo, passou-o às mãos do sr. James Hog, pastor de Carnock;[16] e no fim foi reimpresso em 1718 com um prefácio escrito pelo sr. Hog, datado de 3 de dezembro de 1717.[17]

A Assembleia Geral da Igreja da Escócia se opôs tão fortemente ao ensino e à influência de *The marrow*, que em 1720 aprovou uma

---

[14]John Saltmarsh (m. 1647), homem de talento, havia se formado em Cambridge e tinha tendências místicas que parecem tê-lo levado a abandonar a estabilidade própria dos membros mais equilibrados da "Irmandade Puritana". Descrito por William Haller como "místico, entusiasta [e] poeta metafísico", ele abraçava o tipo de ideia própria dos que vivem à margem, mas acabou se revelando "um gênio estranho, em parte poeta e em parte um dervixe rodopiante". William Haller, *The rise of Puritanism* (Philadelphia: University of Pennsylvania Press, 1938), p. 79, 214. Saltmarsh, capelão do exército, levantou-se de seu leito de morte em novembro de 1647 e percorreu mais de 60 quilômetros entre Ilford e o quartel-general do New Model Army para dizer ao General Fairfax que "o Senhor os havia abandonado e não lhes daria vitória". C. Hill, *The world turned upside down* (1972; reimpr., London: Penguin, 1991), p. 70.

[15]James Webster (1659-1720) foi pastor da igreja de Tolbooth em Edimburgo e um dos principais opositores de John Simson, professor de teologia na Universidade de Glasgow que havia sido acusado de defender a teologia ariana (que negava a plena divindade de Jesus Cristo).

[16]A cidade de Carnock está localizada em Fife, distante cerca de cinco quilômetros de Dunfermline e 30 quilômetros a noroeste de Edimburgo.

[17]Boston, *Memoirs*, p. 317. Boston comenta que, tempos depois, não se lembrava da conversa.

medida proibindo que os pastores recomendassem o livro tanto na pregação quanto em seus escritos e que dissessem qualquer coisa em seu favor. Além disso, se eles descobrissem que algum de seus membros o estava lendo, deveriam adverti-lo de seus perigos e insistir para que não o colocassem em prática nem o lessem.[18]

Em reação a isso, em 1721 alguns amigos de Boston, impressionados pelo senso da graça de Cristo em seu ministério, insistiram com ele para que escrevesse suas próprias notas explicativas sobre *The marrow*. Estas foram publicadas em uma nova edição do livro datada de 1726. Diante da censura sofrida pelo livro, ele publicou a edição usando o nome de Philalethes Irenaeus.[19]

Um livro colocado no *Index librorum prohibitorum*[20] de uma igreja presbiteriana e reformada? Isso nos dá o direito de perguntar: o que havia de tão extraordinário naquele livro?

The marrow of modern divinity

The marrow foi publicado em duas partes com as iniciais "E. F.": a primeira parte em 1645 e a segunda em 1648. A identidade do autor é objeto de disputa, mas a opinião que predomina é de que se

---

[18]Pelo que sei, essa medida nunca foi revogada. Na condição de ministro de uma denominação (Associate Reformed Presbyterian Church) cujas raízes em parte remontam a essa controvérsia, é com prazer que recomendo a edição contendo as anotações de Boston!

[19]Boston, *Memoirs*, p. 379. Tal sugestão lhe foi feita em 10 de julho de 1721 (ibidem, p. 361), e suas notas foram concluídas em julho do ano seguinte (ibidem, p. 366). Infelizmente, o mês em que Boston concordou com a publicação de suas notas incorporadas à nova edição de *The marrow* — abril de 1725 — também foi o mês em que, segundo seus registros, pela última vez sua esposa teve condições de participar de um culto em que ele pregou. Nos últimos seis anos de seu ministério, ela sofreu de uma doença que a manteve debilitada, vítima de transtornos mentais paralisantes.

[20]A alusão diz respeito ao *Index* da Igreja Católica Romana, cuja versão original foi promulgada pelo papa Paulo IV em 1559 — o mesmo ano de publicação da edição definitiva de *As institutas* de Calvino em latim.

tratava de Edward Fisher, barbeiro-cirurgião em Londres e autor de diversas outras obras menos expressivas no período puritano.[21]

O livro é composto por uma série de diálogos. São estas as personagens que participam do diálogo em vários pontos: *Neófitos*, um jovem cristão preocupado com elementos básicos da verdade do evangelho; *Evangelista*, o pastor que o aconselha; e dois outros: *Nomista*, um legalista, e *Antinomista*, um antinomiano. A primeira parte trata de questões teológicas que dizem respeito ao relacionamento entre a lei e o evangelho. A segunda parte contém uma exposição dos Dez Mandamentos.

A Assembleia Geral acusava *The marrow* de incentivar o antinomianismo e uma forma sutil de redenção universal (desconfiando também daqueles que o endossavam). O grupo de ministros identificados publicamente como seus principais defensores ficou conhecido como "os Irmãos" e às vezes como "os Doze Apóstolos" (pois somavam doze pessoas). Entre eles estavam James Hog, James Wardlaw, os irmãos Ralph e Ebenezer Erskine (Thomas Boston converteu-se pelo ministério do pai deles) e, claro, o próprio Boston.

Esses ministros responderam ao ato da Assembleia publicando um "Protest and Representation" [Protesto e Representação][22] contra a condenação do livro. Em resposta, uma comissão da Assembleia[23] dirigiu-lhes doze perguntas relacionadas ao ensinamento de *The marrow*. Os "Homens do Cerne" (como passaram a ser conhecidos) responderam que, embora não endossassem cada letra do livro, acreditavam que a essência doutrinária geral

---

[21]Veja a análise feita por D. M. McIntyre, "First strictures on *The marrow of modern divinity*", *Evangelical Quarterly* 10 (1938): 61-70. Fisher preferia o diálogo como veículo para seus escritos. Todas as suas outras obras — *A touchstone for a communicant* (London, 1647); *London's gate to the Lord's table* (London, 1648); e *Faith in five fundamental principles* (London, 1650) — apresentam esse formato.

[22]Por isso eles eram conhecidos por seus contemporâneos não como "Homens do Cerne", mas como "Representantes" ou simplesmente "Irmãos".

[23]Ou seja, um grupo escolhido com o fim específico de representar a Assembleia.

era bíblica e sadia.²⁴ E acreditavam também que jamais se havia provado estar errada a tese por eles defendida.

O grande xis da questão

O que havia na pregação da igreja no século 18 que levou à criação do Credo de Auchterarder e às tensões emocionais em torno de *The marrow of modern divinity*? E qual era a grande preocupação dos Homens do Cerne? Lembremo-nos de que Boston disse ter concordado com o teor do Credo de Auchterarder, embora achasse que sua *redação* deixava um pouco a desejar. Mas o que o credo revelou? E quais eram as preocupações de Boston?

Os Homens do Cerne estavam sob a suspeita de antinomianismo. O que eles mais temiam era que muitos dos que condenavam a doutrina de *The marrow* eram culpados de uma forma sutil de legalismo.²⁵ Na raiz do problema se encontra a natureza da graça de Deus no evangelho e o modo pelo qual ela deve ser pregada. A preocupação de Boston com a "moderação" que havia começado a tomar conta de sua igreja foi exacerbada pelo fato de que a mesma Assembleia Geral que havia tratado com tanta severidade a doutrina de *The marrow* também estava negligenciando algo que ele considerava um sério caso de arminianismo e arianismo incipientes.²⁶ Isso serviu de catalisador para que Boston, um pouco reservado e tímido, se envolvesse em uma controvérsia pública e combatesse o que ele via

---

²⁴Essas perguntas foram incluídas como apêndice em *The marrow of modern divinity with notes by the late Rev. Thomas Boston*, in: *Whole works*, 7:465-89. A edição de Thomas Boston foi reimpressa (Swengel: Reiner, 1978), e nela o apêndice se encontra nas p. 344-70. Em 2009, a Christian Focus publicou uma nova edição de *The marrow* com comentários de Boston reorganizados sob o selo Christian Heritage. Nessa edição, o apêndice se encontra nas p. 345-76. As referências aqui feitas a *The marrow* são desta última edição publicada pela Christian Focus.

²⁵Observe-se que havia um leque de opiniões no contexto dessa controvérsia. Nem todos os que não se alinhavam com os Homens do Cerne eram legalistas, por mais esforço que se fizesse para assim imaginá-los. Muitos eram evangélicos, a exemplo de John Willison de Dundee, talvez o mais notável entre eles.

²⁶No caso do professor Simson, mencionado anteriormente (n. 15).

como falsa doutrina.²⁷ Para ele, a questão não estava relacionada aos méritos ou deméritos de uma publicação humana, nem às expressões de uma pergunta feita em um exame de um presbitério local, mas, sim, ao próprio evangelho. Eis sua visão da matéria:

> Na atual condição, a doutrina do evangelho recebeu um profundo golpe quando da condenação daquele livro.²⁸

Assim, os Homens do Cerne opuseram-se ao modo pelo qual o foco da Assembleia sobre *The marrow of modern divinity*

> poderia tirar a questão de seu eixo adequado, dando uma cor errada à nossa Representação, como se seu objetivo principal fosse defender não as preciosas verdades do evangelho que consideramos terem sido feridas pelo ato condenatório, mas *The marrow of modern divinity*, o qual, porém, reputamos como um livro bom e útil, e não há dúvidas de que a igreja de Deus pode ser muito edificada por ele, assim como nós também fomos, mas jamais pensamos em considerá-lo, nem qualquer outro escrito em particular, irretocável, nem pensamos em colocá-lo em pé de igualdade com nossos padrões de doutrina aprovados.²⁹

É para o âmago dessas questões que agora nos voltamos.

---

²⁷Houve uma ocasião em que ele sozinho, na condição de delegado na Assembleia, protestou contra o aviltamento de Cristo em face do arianismo de John Simson (1668-1740). Simson acabou sendo suspenso em 1729, mas continuou recebendo salário até morrer, embora se considerasse não ser "adequado nem seguro" que ele ensinasse. Leia sobre a intervenção de Boston em *Memoirs*, p. 414-9.
²⁸Ibidem, p. 361.
²⁹Fisher, *Marrow*, p. 346. As diferenças do próprio Boston com *The marrow* vão desde a rejeição da ideia de que Melquisedeque (Gn 14.18; Hb 7.1-4) deve ser identificado como Cristo: "Essa opinião me parece mais do que infundada" (ibidem, p. 73), passando pela dúvida sobre uma referência a João: "Essa palavra poderia muito bem ter ficado de fora aqui" (*Marrow*, p. 69), até questões substanciais como a aliança do Sinai ser ou não a aliança das obras, o que dá ensejo a um comentário de tamanho comparável a um breve ensaio (ibidem, p. 76-7).

Capítulo 2

A GRAÇA NO EVANGELHO

Thomas Boston e seus amigos acreditavam que a controvérsia do cerne havia imposto um ataque à "doutrina do evangelho".[1]

Dentro desse contexto vieram à tona diversas questões doutrinárias e pastorais. Nos capítulos a seguir iremos nos concentrar em quatro dessas questões:

1) o evangelho da graça de Deus e sua oferta dirigida a todos;
2) o evangelho e o legalismo;
3) o evangelho e o antinomianismo;
4) o evangelho e a certeza da salvação.

A graça

A controvérsia do cerne trouxe à baila uma importante pergunta sobre como o evangelho deve ser pregado. Mas a resposta a essa pergunta depende de nossa resposta a outra pergunta mais fundamental ainda: "O que é o evangelho?". Os debates atuais

---

[1] Thomas Boston, *Memoirs of Thomas Boston* (Edinburgh: Banner of Truth, 1988), p. 361.

simplesmente sublinham a centralidade dessa pergunta e até que ponto nossa resposta pode determinar como pregamos e comunicamos o evangelho.

Aparentemente — conforme fica claro nas críticas feitas a *The marrow* —, a controvérsia girava em torno da *oferta do evangelho*. Mas havia muito mais coisas em jogo além da semântica da apresentação do evangelho. A questão dizia respeito à essência do próprio evangelho. Os Homens do Cerne estavam empenhados em frisar a importância e a verdadeira natureza da graça de Deus. Eles entendiam que essa realidade está arraigada em uma questão ainda mais profunda: a natureza e o caráter do próprio Deus revelados no evangelho.

A décima pergunta da série feita pela comissão da Assembleia aos Irmãos do Cerne vai diretamente ao centro da questão:

> Será que a revelação da vontade divina na palavra, proporcionando a garantia de oferecer Cristo a todos, e a todos a garantia de recebê-lo, pode ser vista como uma escritura de compromisso que o Pai faz de Cristo para toda a humanidade? Será que essa escritura é feita por meio da graça soberana? Ela é absoluta ou condicional?[2]

Simplificando a questão: o que você diz quando apela às pessoas para que aceitem Cristo? Com base em que elas têm o direito de aceitá-lo? Essa questão é trazida à tona por várias declarações em *The marrow of modern divinity* [O cerne da teologia moderna]. Duas são de importância especial.

Em certo momento, Evangelista, o pastor, diz:

> Vede, eu vos rogo, Deus Pai, estando em seu Filho Jesus Cristo, dirigiu-se à humanidade perdida única e tão somente com seu amor gratuito e outorgou a todos uma escritura de compromisso,

---

[2] Edward Fisher, *The marrow of modern divinity* (Ross-shire: Christian Focus, 2009), p. 371.

de modo que todo aquele que crer em seu Filho não pereça, mas tenha a vida eterna.³

Essas palavras foram citadas com base em Ezekiel Culverwell, escritor puritano.⁴ O que elas enfatizam? Boston entendia assim a questão:

Essa escritura de compromisso, ou oferta do evangelho autêntico [...], é expressa em muitas palavras, João 3.16. [...] Onde quer que o evangelho chegue, firma-se tal compromisso e apresenta-se a oferta ministerial; e nesse compromisso não há exceção em toda a humanidade. [...] Esse é o bom e velho modo de revelar aos pecadores a garantia que eles têm ao crer em Cristo; essa garantia traz consigo a suficiência do sacrifício de Cristo feito em favor de todos⁵ e que

---

³Ibidem, p. 144. Curiosamente, ainda que seja provável que ele não tivesse consciência disso, a linguagem usada aqui por Culverwell tem raízes profundamente fincadas na ideia da aliança. A linguagem de "escritura de compromisso" pode parecer estranha aos que estão habituados às formulações da teologia da aliança, mas alguns especialistas em Antigo Testamento observam a existência de um paralelismo acentuado entre a aliança divina com Abraão e acordos semelhantes celebrados na cultura do antigo Oriente Próximo, os quais "para todos os efeitos, eram *uma escritura de compromisso que expressava uma garantia do rei*". W. J. Dumbrell, *Covenant and creation* (Nashville: Thomas Nelson, 1984), p. 48, nota 2; grifo do autor.

⁴De *A treatise of faith* (London, 1623), p. 15. Culverwell (1554-1631) era um grande amigo do líder puritano Richard Rogers. Em 1587, ele foi temporariamente suspenso do ministério na Igreja da Inglaterra "por causa da sobrepeliz", ou seja, por se recusar a vesti-la. John Winthrop, mais tarde governador de Massachusetts, deu-lhe o crédito por tê-lo levado à fé em Cristo. Em 1609, ele foi destituído de seu ministério e passou o resto de seus dias em Londres. Sua obra foi criticada e acusada de arminianismo no ano seguinte à sua publicação por Alexander Leighton em *A friendly triall of the treatise of faith* (London, 1624). Culverwell apresentou sua réplica em *A briefe answere to certain objections against the treatise of faith* (London, 1626). Ele foi avô de William Gouge, eminente membro da Assembleia de Westminster.

⁵Neste ponto, Boston faz alusão a uma distinção que remontava aos teólogos medievais, a saber, que a morte de Cristo é suficiente para todos, mas eficiente apenas para os eleitos. Calvino também concordava com essa ideia, embora não achasse ser esse o princípio hermenêutico e exegético adequado para a

Cristo crucificado é a ordenança de Deus para a salvação de toda a humanidade, e esta pode ser salva somente fazendo uso dela; mas não se trata de uma expiação ou redenção universal.⁶

Observe o que Boston está afirmando. No que lhe diz respeito, está fora de cogitação fazer alguma concessão em relação aos padrões confessionais da igreja.⁷ No que diz respeito aos documentos da Assembleia de Westminster, poucos os valorizavam tanto quanto Boston e seus colegas conhecidos como Homens do Cerne. Mas, dentro do contexto da ênfase conferida por esses documentos à redenção particular ou à "expiação limitada",⁸ Boston está frisando que Cristo deve ser apresentado a todos os homens de todos os lugares, sem exceções nem pré-requisitos.

Por quê?

Porque Jesus Cristo é o evangelho.

---

interpretação de todas as declarações universais atinentes à expiação. Veja, por exemplo, seus comentários sobre 1João 2.2, nos quais, observando a distinção entre suficiente e eficiente, ele diz: "Essa solução costuma prevalecer nas escolas. Embora *eu conceda a verdade desse conceito*, nego que ele se aplique a essa passagem. Pois o propósito de João era simplesmente tornar essa bênção comum a toda a igreja. Portanto, na palavra 'todo' ele não inclui os réprobos, mas refere-se a todos os que iriam crer e aos que estavam dispersos pelas várias regiões da terra". John Calvin, *The Gospel according to St John 11—21 and The First Epistle of John*, organização e tradução para o inglês de T. H. L. Parker; D. W. Torrance; T. F. Torrance (Edinburgh: Oliver & Boyd, 1961), p. 244; grifo do autor.

⁶Fisher, *Marrow*, p. 152. Aqui, com as palavras "expiação ou redenção" Boston se refere à realização da salvação por Cristo e à sua aplicação em nossa união com ele pela fé.

⁷Isto é, a Confissão de Fé formulada pela Assembleia de Westminster e endossada pela Igreja da Escócia em 1648 e pelo parlamento escocês em 1649. Junto com o Catecismo Maior e principalmente com o Breve Catecismo, a Confissão era o documento para instrução bíblica e doutrinária na igreja, e as exposições baseadas no Breve Catecismo costumavam ser a essência da exposição no segundo culto no Dia do Senhor.

⁸Embora seja redundante dizer, vale a pena repetir que, se a pessoa não for universalista, sua doutrina da expiação será "limitada" na intenção (Cristo morreu para salvar seu povo) ou na aplicação (Cristo morreu para salvar a todos, mas nem todos são salvos).

Logo na sequência dessas declarações em *The marrow* surge uma citação que colocaria mais lenha na fogueira da controvérsia. São as palavras do puritano John Preston:[9]

---

[9] John Preston (1587-1628) é amplamente reconhecido como uma das figuras mais importantes entre os puritanos da Igreja da Inglaterra. Hugh Trevor-Roper referiu-se a ele como "essa personagem sinistra", mas na verdade isso reflete o preconceito que Trevor-Roper tinha contra a teologia puritana mais do que contra Preston. Hugh Trevor-Roper, *Archbishop Laud* (1940; reimpr., London: Phoenix Press, 1962), p. 61. A história de sua conversão em Cambridge é uma das muitas e inspiradoras narrativas pessoais surgidas naquele período. Ele foi tirado de uma vida de indiferença espiritual ao ouvir um sermão pregado por John Cotton na igreja conhecida como Great St. Mary's, em Cambridge (tempos antes, o próprio Cotton se alegrou ao ouvir o sino que soava anunciando a morte de William Perkins, mas depois foi levado à fé pela pregação de Richard Sibbes). O sermão foi desprezado pela maioria dos que o ouviram, mas, quando Cotton voltou para seus aposentos (ele fazia parte da diretoria do Emmanuel College), Preston bateu à sua porta para dizer-lhe que o sermão o havia levado a Cristo. Cotton haveria de se transformar em uma das grandes influências do puritanismo e exerceria seu ministério em Boston, em Lincolnshire, e depois em Boston, em Massachusetts. Thomas Shepard, que também se tornaria uma importante figura no Novo Mundo, converteu-se por meio do ministério de Preston. Homem de grande talento, Preston tornou-se capelão de Charles I em 1621 e palestrante na igreja Trinity Church em Cambridge. Depois de sua morte, suas obras foram oficialmente editadas por Richard Sibbes, John Davenport, Thomas Goodwin e John Ball, e oficiosamente por outros. Goodwin havia se convertido sob a influência do ministério de Preston. As inter-relações da "Irmandade Puritana" são dignas de nota. Richard Sibbes havia se convertido pelo ministério de Paul Baynes, sucessor do grande William Perkins. Sibbes foi instrumento para a conversão de Cotton, que foi instrumento para a conversão de Preston, o qual também foi instrumento para a conversão de Goodwin. Os fortes laços de afeto entre os membros da irmandade, que lembravam o "círculo de Lutero" e o "círculo de Calvino" do século anterior, dão credibilidade à ideia de que Deus, quando inicia uma nova obra, costuma reunir grupos de jovens em tais irmandades. Algo semelhante aconteceu no século 18 envolvendo os Irmãos do Cerne, na Escócia, e a Sociedade Eclética, na Inglaterra, e com William Wilberforce e a "Seita Clapham", além do grupo de M'Cheyne-Bonar no século 19. Talvez o mais fascinante elo nessa corrente de conversões que une esses homens na "irmandade" puritana seja o fato de que o próprio Perkins foi espiritualmente despertado porque ouviu uma mãe que advertia seu filho por mau comportamento e lhe dizia que, se ele não se comportasse melhor, ela o "entregaria lá para o bêbado Perkins". Perkins viu a si mesmo como ele realmente era, um bêbado com necessidades, e foi levado à fé em Cristo. Esse é um impressionante exemplo do princípio de que, onde o pecado se ressalta, a graça fica ainda mais evidente! Quanta coisa resultou das palavras de uma mãe desconhecida e, depois, de algo que Thomas Boston não se lembrava de ter mencionado em uma conversa.

E assim foi que o próprio Jesus Cristo disse a seus discípulos em Marcos 16.15: "Ide e pregai o evangelho a toda criatura debaixo do céu": ou seja, ide e dizei a todo homem, sem exceção, que aqui estão as boas-novas para ele! Cristo está morto por ele! E, se o receber e aceitar sua justiça, ele o terá.[10]

Eruditos modernos de linha crítica argumentam que Preston sustentava uma forma de universalismo hipotético que se reflete nas palavras citadas de *The marrow*. Mas não é assim que os Irmãos do Cerne o liam, nem Boston entendeu a declaração de Preston citada em *The marrow* como uma expressão de universalismo hipotético (ou de amiraldianismo em particular). O fato é que ele faz uma declaração categórica: "Parece que a expiação ou a redenção universais não estão sendo ensinadas aqui, nem por nosso autor [i.e., o autor de *The marrow*]".[11] Mesmo que os críticos de

---

[10]Fisher, *Marrow*, p. 144. A citação é de John Preston, *The breastplate of faith and love* (London, 1630, reimpr. em facsímile, Edinburgh: Banner of Truth, 1979), p. 8.

[11]Jonathan D. Moore, *English hypothetical universalism: John Preston and the softening of Reformed theology* (Grand Rapids: Eerdmans, 2007), p. 116ss. Veja nas p. 117-21 seu tratamento do uso do pensamento de Preston por Boston. Em relação ao uso da frase "está morto por ti", Moore afirma que, no pensamento de Preston, esse é o equivalente funcional de "morreu por ti". Seu argumento se ampara na forma em que a Bíblia de Genebra traduz para o inglês Romanos 8.34: "'Quem condenará? É Cristo quem está morto; sim, ou antes, quem está ressurreto de novo'. Essas palavras são citadas 'quase na íntegra' no cabeçalho do sermão de Preston sobre o texto". A versão King James havia traduzido assim as palavras de Paulo: "É Cristo quem morreu". O argumento de Moore diante de David Lachman, que defendeu a possibilidade da interpretação de Preston por parte de Boston, em *The marrow controversy, 1718-1723, an historical and theological analysis* (Edinburgh: Rutherford, 1988), de sua autoria, é que, nessas circunstâncias, "morreu" e "está morto" devem ser tratados como ideias equivalentes. Ele prossegue: "As palavras 'Cristo, que está morto' na versão de Genebra são uma tradução de 'Χριστὸς Ἰησοῦς ὁ ἀποθανών'". Temos aqui um particípio aoristo ativo (ou seja, não um particípio passado complexo, mas um particípio simples que denota uma ação completada)". Moore prossegue e observa que as palavras "está morto por" também é encontrada em 1Tessalonicenses 4.14 na Bíblia de

The marrow provassem estar corretos na interpretação da teologia de Preston, neste contexto a questão que realmente importa é a compreensão e o uso da declaração *segundo Boston*.[12] Em sua própria edição de *The marrow*, Boston acrescenta um longo parágrafo para declarar por que acredita que aqui não se está ensinando nem o arminianismo (que Cristo morreu para tornar possível a salvação a todos) nem o amiraldianismo (que Cristo morreu condicionalmente por todos, desde que todos de fato creiam). Em vez disso, Boston sustentava que essas palavras enfatizam o que estava sendo ofuscado por uma "ortodoxia" confessional moribunda na qual já se havia instalado o *rigor mortis* evangelístico.

Genebra, onde a KJV traz "morreu", e diz que tal natureza intercambiável se encontra em outros textos teológicos e que, além disso, o universalismo hipotético de Preston fica "cada vez mais claro à medida que seus sermões são examinados com mais detença". Para Moore, *tertium non datur* aplica-se à identificação dessas duas traduções como equivalentes. Para provar isso, porém, seria necessário apresentar provas de que a Bíblia de Genebra tem outras ocorrências da tradução de ἀποθανών por "morreu por". Caso contrário, ficamos com a possibilidade de que a Bíblia de Genebra traduz a expressão por "está morto por" e não por "morreu por" em razão do fato de que os tradutores achavam ser exatamente isso que o texto de fato quer dizer e que, na verdade, as duas traduções não são equivalentes. É claro que alongar o debate em torno desse ponto acabaria nos levando bem além do propósito temático destas páginas, mas o que está claro é que Boston acreditava em uma diferença entre as expressões e que elas não são equivalentes. Ele tinha certeza de que Preston havia encontrado algo importante na tradução e expressão "Cristo está morto por ti". Em uma nota sobre a semântica do texto, C. L. Rogers e C. L. Rogers III comentam, com algumas diferenças em relação a Moore: "ἀποθανών part(icípio) aor(isto) pass(ivo) ἀποθνήσκω [...] morrer. Part(icípio) usado como substantivo para enfatizar uma característica definidora. O aor(isto) indica logicamente uma ação anterior". C. L. Rogers Jr. e C. L. Rogers III, *The new linguistic and exegetical key to the Greek New Testament* (Grand Rapids: Zondervan, 1998), p. 332. Conforme veremos, é essa ideia de "característica definidora" que era tão importante para Boston. Para ele, a linguagem de Preston permite que, em razão de sua morte, ofereçamos Cristo definido como aquele que é capaz de salvar os que buscam a Deus por meio dele e que o ofereçamos a todos com essa capacidade. Examinar o pensamento de Preston nessa relação exigiria uma reavaliação mais ampla, mas isso foge à proposta do presente estudo.

[12]Outro indicador do motivo pelo qual os Irmãos do Cerne não estavam tão preocupados com o livro, mas, sim, com o destino do próprio evangelho.

Em contrapartida, ele desejava frisar que a essência do evangelho se encontra no *próprio Jesus Cristo*, crucificado por causa do pecado e ressuscitado para a justificação, com a implicação implícita de que *o próprio Cristo assim definido e descrito* deve ser proclamado como aquele que é capaz de salvar todos os que o buscam.

As ênfases centrais

Boston afirmava o calvinismo de sua igreja, mas frisava que essa ênfase em *The marrow* preservava dois importantes destaques da mensagem do Novo Testamento.

Primeiro, em Jesus Cristo há plenitude da graça para todos os que o buscam. Era essa a interpretação que Boston dava à ideia de que Deus celebrou uma "escritura de compromisso" com todos os homens em virtude de seu amor gratuito pela humanidade perdida. Temos aqui notícias verdadeiramente boas para cada ser humano. Não há exceção. "Cristo está morto por ele."

Segundo, isso preservava a ênfase neotestamentária não somente na *plenitude* da graça de Cristo, mas também na *gratuidade* dessa graça em Cristo. Até aqui Boston não divergia da intenção do Credo de Auchterarder, ou seja, não é correto afirmar que o indivíduo precisa *primeiramente* abandonar o pecado para se habilitar a receber a oferta de Cristo. A oferta do evangelho não deve ser apresentada aos justos nem mesmo aos arrependidos, mas a todos os homens. Ela pode ser apresentada de forma incondicional. A garantia da fé não reside em nada que esteja em nós. Na verdade, isso nem é possível. Afinal de contas, o homem natural "é incapaz de, pelo seu próprio poder, converter-se *ou mesmo preparar-se para isso*".[13]

A importância dessas declarações de Culverwell e Preston é óbvia, mesmo que se pense que elas foram feitas de maneira

---

[13] *A confissão de fé de Westminster* (São Paulo: Cultura Cristã, 2017), 9.3 (grifo do autor).

deliberada ou até mesmo perigosa. Boston achava que a clara gratuidade do Cristo do evangelho estava sendo ofuscada por um calvinismo que havia desenvolvido sua própria lógica da pregação e ficado insensível ao estilo e à atmosfera do Novo Testamento. Em seu modo de ver, a eleição particular de Deus havia sido facilmente distorcida e transformada na pregação de uma doutrina da graça condicional e condicionada. Isso costuma andar de mãos dadas com uma forma de pregação do evangelho que pode acarretar uma separação entre os elementos da *ordo salutis* e "Jesus Cristo, e este, crucificado"[14] — ou seja, uma separação do *próprio* Cristo.

Isso pode ficar mais claro se o pensamento ao qual os Homens do Cerne se *opunham* for apresentado na forma de um silogismo:

> *Premissa maior:* A graça salvadora de Deus em Cristo é concedida somente aos eleitos.
>
> *Premissa menor:* Os eleitos são conhecidos porque abandonam o pecado.
>
> *Conclusão:* Portanto, abandonar o pecado é um pré-requisito da graça salvadora.

Se essa fosse sua lógica, mesmo que presente em seu pensamento de modo subliminar e não consciente, você por certo seria alvo da desconfiança do Credo de Auchterarder e dos próprios Homens do Cerne. E muitos estavam nessa condição.

Qual a falácia aqui? A sutileza do movimento pelo qual o abandono do pecado como fruto da graça fundamentada na eleição passa a ser visto como requisito necessário à experiência da graça. Assim, o arrependimento, fruto da graça, transforma-se em condição para ela.

Isso é colocar o carro na frente dos bois. É inverter o evangelho, de modo que sua proclamação, ao lado do chamado à fé em

[14] 1Co 2.2.

Cristo, passa a depender de algo presente no ouvinte. Dessa forma, o evangelho se torna uma mensagem da graça para os que têm as credenciais, não uma oferta de Cristo a todos os homens acompanhada da promessa de justificação dos incrédulos que crerem. Esse "credenciamento" trazia implicações desastrosas da perspectiva da evangelização. Ademais, ele lançava as sementes de grandes problemas pastorais na vida dos que, apesar dele, eram conduzidos à fé por esse sistema de pregação. A entrada no reino por esse paradigma pode vir a moldar toda a vida do cristão.

Essa deformação do evangelho não foi apenas uma particularidade exclusiva de uma época na história do presbiterianismo escocês. Ela é perene e universal. Os elementos centrais da controvérsia do cerne continuam sendo hoje uma das mais importantes questões pastorais.

Diversos erros que distorciam a teologia reformada sadia estavam presentes nas posições combatidas pelos Homens do Cerne. Eles são uma vegetação estranha ao nosso jardim teológico e é preciso que sejam constantemente eliminados.

O que estava acontecendo naquela pregação distorcida?

Talvez a questão mais importante seja o fato de que o evangelho estava sendo pregado de uma forma que subentendia uma separação entre Cristo e os benefícios do evangelho. Ao afirmar a verdade bíblica "Cristo morreu por você" é possível separar a pessoa (agora ressurreta) da obra (ele "morreu" em algum tempo no passado). No pensamento de Boston, porém, parte da força da linguagem de Preston reside em como ela condensava a unidade da pessoa e da obra em Cristo: "'*ele está morto*' — e é assim que o ofereço a você: como um Salvador ressurreto e todo-suficiente".

Uma falsa separação

Essa ideia pode ficar mais clara se apresentada invertida. Os benefícios do evangelho (justificação, reconciliação, redenção, adoção) estavam sendo separados de Cristo, que é ele mesmo o evangelho. Os benefícios do evangelho estão *em Cristo*. *Eles não existem sem Cristo*. É somente *nele* que se tornam *nossos*. Não podem ser abstraídos de Cristo como se pudéssemos possuí-los sem ele.

Essa separação raramente acontece de propósito, como uma decisão consciente durante a exposição doutrinária ou na pregação do evangelho; mas ela acontece com grande frequência. Trata-se de uma mudança sutil na pregação e no ensino do Novo Testamento com efeitos que podem ter profundas consequências. Tal fenômeno jamais esteve circunscrito apenas à história da pregação *reformada*, mas é isso que nos interessa aqui.

Um grande indicador da ocorrência dessa separação é que uma das mais destacadas ênfases no Novo Testamento acaba sendo marginalizada, a saber, a união com Cristo.

Podemos pensar na importância dessa ênfase da seguinte forma: como costumo definir um crente? Talvez seja exatamente assim: "aquele que crê". Ou talvez "discípulo", "alguém que nasceu de novo" ou "santo" (mais bíblico, porém menos comum no protestantismo!). É mais provável que o definamos empregando o termo "cristão".

Mas essas descrições, embora legítimas, ocorrem com uma frequência relativamente baixa nas páginas do Novo Testamento. Na verdade, o termo mais comum hoje ("cristão") praticamente não ocorre no Novo Testamento, e os contextos nos quais ele aparece podem indicar um uso pejorativo referente à igreja primitiva (em vez de ser usado por ela).[15]

Os cristãos do Novo Testamento não pensavam em si mesmos como "cristãos"! Mas, nesse caso, como eles se definiam?

Compare essas designações com a forma predominante usada pelo Novo Testamento para descrever os que creem. Somos descritos

---

[15] Nas poucas ocorrências do termo "cristão" no Novo Testamento, é bem possível que essa seja a ideia subentendida: Atos 11.26; 26.28; 1Pedro 4.16.

como aqueles que estão "em Cristo". Nas treze cartas de Paulo, a expressão ocorre bem mais de cem vezes de uma ou outra forma.[16]

Ora, a conclusão que se tira é óbvia: se esse modo de pensar sobre nós mesmos não é predominante, não estamos pensando com a mente renovada do evangelho. Ademais, sem essa perspectiva é altamente provável que tenhamos a tendência de fazer separação entre Cristo e seus benefícios e de abstraí-los dele (eles se encontram somente nele) *como se os possuíssemos em nós mesmos*.[17]

Se os benefícios da obra de Cristo (justificação, reconciliação, adoção e assim por diante) forem abstraídos do próprio Cristo, e a proclamação do evangelho for feita da perspectiva do que ele oferece e não da perspectiva do próprio Cristo, a seguinte pergunta se tornará inevitável: "A quem posso oferecer esses benefícios?".

No âmbito de um particularismo confessional (crença que distingue entre eleição e redenção particular), uma separação dessa natureza leva a esta resposta: se os benefícios da obra de Cristo pertencem aos eleitos (somente), é somente aos eleitos que eles devem ser oferecidos. Mas, então:

Pergunta: Como sabemos quem são os eleitos?

Resposta: Os eleitos de acordo com a graça se arrependem dos pecados.

---

[16]Nos textos paulinos, *en Christō* ocorre 83 vezes, e *en kuriō*, 47 vezes — sem incluir a ocorrência frequente de "nele" etc. J. D. G. Dunn, *The theology of Paul the apostle* (Grand Rapids: Eerdmans, 1998), p. 396-7. Em face desses números e pelo fato de que eles servem como indicadores da centralidade dessa perspectiva, a negligência do tema é tão impressionante quanto a evidência dele — e, além disso, alarmante.

[17]O resgate do papel da aliança na teologia bíblica, seguido de perto pelas análises do papel da lei e de seu lugar no contexto do evangelho, leva por uma espécie necessariamente à retomada do interesse na união com Cristo — uma vez que ela responde, segundo o Novo Testamento, à pergunta sobre como devemos pensar na vida cristã. Portanto, é notável (para não dizer animador) que muita coisa sobre a união com Cristo tenha sido publicada desde a virada do milênio.

Conclusão: Portanto, os benefícios do evangelho devem ser oferecidos aos que se arrependem.

Dessa maneira sutil, ficamos insensíveis à diferença entre oferecer os benefícios de Cristo e oferecer o próprio Cristo. Quando a oferta de Cristo, gratuita e incondicional, feita pelos Homens do Cerne, era lida dentro desse paradigma, o atrito se tornava inevitável.

Essa era uma abordagem do evangelho e de sua proclamação tragicamente distinta daquela encontrada no Novo Testamento, nos ensinamentos da Reforma e nos puritanos de linha clássica.

Qual era o centro da mensagem do evangelho segundo eles? Calvino usa uma bela expressão que a resume bem: o evangelho é Cristo "vestido de seu evangelho".[18] Para usar um termo de Agostinho, esse é o *totus Christus*, o Cristo integral, a pessoa em quem a encarnação se realizou e em quem a expiação, a ressurreição, a ascensão e o reinado celestial estão agora realizados.

É possível fazer distinção entre a pessoa de Cristo e sua obra usando categorias teológicas analíticas, mas elas são inseparáveis uma da outra. Uma vez que não há nenhuma "obra de Cristo" que se realize *em abstração de sua pessoa e, nesse sentido, fora dela*, as bênçãos de sua obra não podem ser recebidas sem que o próprio Cristo seja recebido com todos os seus benefícios. Não devemos separar aquilo que Deus uniu.

Mas era exatamente isso que havia acontecido — e continua a acontecer. Em consequência, os benefícios da obra de Cristo estavam sendo oferecidos somente aos que viam em si mesmos sinais de que pertenciam aos eleitos. Em um contraste cristalino com isso — segundo entendiam os Irmãos do Cerne, e ninguém entendia isso melhor que Boston —, a oferta do evangelho é o

---

[18] João Calvino, *As institutas*, tradução de Waldyr Carvalho Luz (São Paulo: Cultura Cristã, 2006), 3.2.6, 4 vols.

próprio Cristo em quem se encontram as bênçãos. As notas que Boston preparou para sua própria edição de *The marrow of modern divinity* apresentam-nos um retrato das leituras e reflexões por ela despertadas. Edward Fisher levou-o a John Preston e a algumas palavras que podem muito bem ter representado as pistas de que ele precisava para solucionar as questões que o preocupavam no que dizia respeito à pregação do evangelho:

É preciso primeiramente receber o próprio Cristo para que se possa participar dos benefícios que dele advêm.[19]

Isso estava em perfeita harmonia com a ênfase de Calvino no fato de que a salvação se torna nossa *em* Cristo e não meramente *por meio de* Cristo.[20] Na verdade, esse conceito havia sido profundamente instilado na tradição teológica escocesa pela *Confessio Scotticana* de 1560: "Por essa fé apreendemos Cristo *com as graças e*

---

[19]Boston atenta para essas palavras por meio de sua própria leitura de Preston em Fisher, *Marrow*, p. 154. Em consonância com essa perspectiva, Boston faz uma impressionante exposição da união com Cristo como contexto para a aplicação da redenção e para a santificação. S. M'Millan, org., *The whole works of the late Reverend Thomas Boston* (Edinburgh: 1848-1852), 12 vols., 1:544-56; 2:5-14.

[20]Esses comentários são quase "retóricos" (embora poucos e dispersos nos escritos de Calvino!). Calvino declara algumas vezes sua preferência pelo uso da locução "em Cristo" em lugar de "por meio de Cristo". Embora a última transmita a ideia de que Cristo é a fonte e o mediador da salvação, a primeira enfatiza que a salvação se encontra unicamente nele, e se torna nossa apenas pela união com ele: "Mas prefiro manter as palavras de Paulo em Cristo Jesus, em vez de colocar-me ao lado da tradução de Erasmo "por Cristo Jesus", porque ela transmite com mais clareza a ideia de enxerto pelo qual somos transformados em um com Cristo". John Calvin, *The Epistles of Paul the apostle to the Romans and to the Thessalonians*, tradução para o inglês de Ross Mackenzie, edição de D. W. Torrance; T. F. Torrance (Edinburgh: Oliver & Boyd, 1965), p. 128. "Preferi manter 'nele' em vez de mudar para 'por ele', pois, em minha opinião, ela é mais clara e efetiva. Pois somos enriquecidos em Cristo, porque somos membros de seu corpo, e nele fomos enxertados; e, além disso, uma vez que fomos feitos um com ele, conosco ele compartilha tudo o que recebeu do Pai." *The First Epistle of Paul the Apostle to the Corinthians*, tradução para o inglês de J. W. Fraser, edição de D. W. Torrance; T. F. Torrance (Edinburgh: Oliver & Boyd, 1965), p. 21.

as bênçãos nele prometidas". Mas essa verdade havia sido deixada de lado e precisava muito ser recuperada.

O que naqueles dias era verdade pode continuar sendo verdade hoje. Não é apenas que até recentemente não havia na subcultura evangélica uma ênfase na união com Cristo, mas que também falta o corolário de que a razão por que precisamos apreender essa ênfase é que tudo de que precisamos para a salvação está *nele* e não em nós.

Essa ideia fica cristalina na conclusão que o professor John Murray faz de uma longa exposição de Romanos 3.24. Ele comenta a expressão "a redenção que está em Cristo Jesus" fazendo uso de palavras carregadas de importância para a pregação do evangelho:

> Além disso, devemos observar que o apóstolo concebe essa redenção como algo que habita permanentemente em Cristo; é "a redenção que está em Cristo Jesus". A redenção não é simplesmente aquela que temos em Cristo (Ef 1.7), mas aquela da qual Cristo é a personificação. A redenção não foi apenas efetuada por Cristo, mas no Redentor ela reside com toda virtude e eficácia. E a redenção assim concebida provê o meio pelo qual a justificação pela livre graça de Deus é aplicada.[21]

Observe-se aqui a diferença de ênfase. Quando os benefícios são vistos como algo que pode ser abstraído do Benfeitor, levantam-se as seguintes dificuldades:

1) *Para o pregador:* "Como posso oferecer esses benefícios?".
2) *Para o ouvinte:* "Como posso receber esses benefícios em minha vida?".

---

[21] John Murray, *The Epistle to the Romans* (Grand Rapids: Eerdmans), vol. 1, p. 116. Embora apoiar a interpretação que Boston faz da expressão "Cristo está morto por ti", usada por Preston, pudesse levar à condenação, é exatamente a ideia enfatizada aqui pelo professor Murray que confere à expressão o valor que Boston lhe atribuía.

Mas quando entendemos que Cristo e seus benefícios são inseparáveis e que os benefícios não são produtos passíveis de abstração, estas são as principais questões que se nos apresentam:

1) *Para o pregador:* "Como posso pregar o próprio Cristo?".
2) *Para o ouvinte:* "Como posso estar em Cristo?".[22]

A diferença na orientação do pensamento e, consequentemente, de nossa pregação, pode ser incidental — no final das contas, a salvação que recebemos não é sempre a mesma? Mas essa concentração nos benefícios tem um impacto profundo sobre como entendemos e pregamos o evangelho, fazendo com que, quase sem que o percebamos, *o próprio* Cristo deixe de ser central e se transforme em um meio visando a um fim. Por isso é possível até mesmo pregar com base em um dos Evangelhos e colocar o foco

---

[22]Nesse contexto, observe a grande preponderância de passagens do Novo Testamento que falam de estarmos "em Cristo" e não de "Cristo estar em nós". Muito mais ênfase é dada ao estar "em Cristo", mais do que ao modo pelo qual Cristo habita em nós, por mais importante que seja essa ênfase. Isso dá ensejo à sugestão de que nossa ênfase teológica de sustentação é que precisamos "sair de nós mesmos e estar em Cristo" em vez de "receber Cristo em nós". Embora se deva manter uma dualidade adequada (estamos "em Cristo" e, por seu Espírito, Cristo habita "em nós"), a dinâmica fundamental é centrífuga e não centrípeta. À luz disso, é provável que seja justa a crítica ao evangelicalismo do século 17 em diante, que deu mais importância ao tema "Cristo em nós" em comparação com a perspectiva "nós estamos em Cristo", contribuindo assim para um desequilíbrio de orientação subjetiva acima de uma orientação objetiva e da habitação acima da união fundamental. Portanto, paradoxalmente, o evangelicalismo, em sua face pietista (o adjetivo é usado aqui no sentido técnico e não emotivo), tornou-se solo fértil para elementos que lembram a ênfase de Schleiermacher na importância do "sentimento" subjetivo do cristão, em detrimento dos aspectos racionais e intelectuais do evangelho. O que às vezes (muitas vezes?) se perdeu de vista foi o princípio bíblico (não apenas "acadêmico" ou "intelectual") de que a transformação espiritual acontece pela renovação da mente (Rm 12.1,2). Esse é apenas mais um aspecto da história retratada por Mark A. Noll em *The scandal of the Evangelical mind* (Grand Rapids: Eerdmans, 1995), que começa com uma afirmação assustadora: "O escândalo da mente evangélica é que, a rigor, não existe uma mente evangélica" (3).

na *maneira de compartilharmos da experiência das várias personagens nas narrativas*. Embora haja hora e lugar para isso, essa abordagem pode nos desviar da pergunta central: "Quem é o Cristo que *é* o evangelho e como ele está preparado para nos salvar?".[23] Se tivermos dificuldade para compreender essa diferença, sua importância poderá ser explicada por uma reflexão acerca da pregação e dos textos evangélicos dos dias atuais. Sempre que os benefícios de Cristo são encarados como elementos a serem abstraídos do próprio Cristo, a ênfase em sua pessoa e obra é reduzida na pregação e nos livros publicados para dar suporte a essa pregação. Esse fenômeno se faz acompanhar por um aumento na ênfase sobre nossa experiência de salvação e não sobre a graça, majestade e glória do Senhor Jesus Cristo.[24]

---

[23]Como apêndice a esse comentário, devemos também observar que saber "pregar Cristo com base no Antigo Testamento", ou entender de teologia bíblica, ou compreender o fluxo da história da redenção, ou saber como chegar a Cristo a partir de qualquer trecho das Escrituras não significa necessariamente pregar a pessoa de Jesus Cristo. Entender Cristo como a solução para uma série de indicações feitas no Antigo Testamento não é o mesmo que proclamar o próprio Jesus, em nossa carne, levando nossos pecados, sofrendo nossa morte e ressuscitando para nossa justificação. Uma fórmula para pregar Cristo não é idêntica à *persona* de Cristo, e jamais devemos confundir princípios hermenêuticos com o próprio Cristo. Quem morreu por nós na cruz não foram os princípios hermenêuticos, mas Cristo.

[24]Isso pode ser ilustrado, por exemplo, pelo fato de jovens pastores lerem muito mais *Of the mortification of sin* [edição em português: *A mortificação do pecado* (São Paulo: Vida, 2003)], de autoria de John Owen, do que outros textos do mesmo autor, como *The glory of Christ* [edição em português: *A glória de Cristo* (São Paulo: Vida, 2003)] ou *Communion with God* [edição em português: *A comunhão com o Deus trino* (São Paulo: Vida, 2003)]. Isso é compreensível quando se leva em conta a profunda perspectiva pastoral de Owen em sua breve obra; mas também é colocar o carro prático à frente do boi teológico. O próprio Owen não estaria satisfeito com ouvintes que aprendessem sobre a mortificação sem aprender do próprio Cristo. É preciso haver uma mudança de paradigmas e não somente uma troca do subjetivismo superficial pelo subjetivismo rigoroso de Owen. É preciso haver uma nova e radical centralização em um conhecimento mais rico e mais profundo de Cristo, um conhecimento de sua pessoa e obra. Não se pode duvidar de que o próprio Owen enxergava assim essas realidades.

Será possível que a maior parte dos pregadores que agora leem estas páginas possuem mais livros sobre pregação (e até sobre pregação de Cristo!) do que livros sobre Cristo propriamente dito? Se a resposta for sim (uma pesquisa por certo seria esclarecedora), é provável que devamos fazer outra pergunta: Será que para mim é óbvio e uma preocupação constante que o foco, o assunto dominante nos sermões que prego (ou ouço), é "Jesus Cristo, e este, crucificado"? Ou será que a ênfase dominante (e talvez grande parte da energia do pregador) está em algum outro lugar, talvez em como vencer o pecado ou como viver a vida cristã, ou nos benefícios do evangelho que podemos receber? Todas essas ênfases são legítimas em seu devido lugar, mas esse lugar nunca deverá ser o centro do palco. A mesma pergunta pode ser feita de modo mais direto em nossa era de tecnologia para sermões, quando muitos cristãos ouvem não somente as pregações em sua igreja, mas escolhem seus pregadores "favoritos" na constelação de nossos dias. Será que "Jesus Cristo, e este, crucificado" é o tema dominante, a impressão duradoura e a associação mais natural das palavras ligadas aos sermões que ouço, ou será alguma outra coisa?[25]

Não havia dúvida de qual era o foco dos Irmãos do Cerne. Eles queriam que sua pregação estivesse cheia do próprio Cristo. Para eles, isso importava na conjunção das duas expressões em

---

[25]Sem querer desvalorizar a experiência de muitos que ouvem sermões pela rede mundial de computadores, aqui cabem duas palavras de cautela: (1) Tenho consciência plena das ênfases às quais estou me expondo? (Pois muitas vezes as pessoas ouvem mais sermões pela internet do que sermões pregados na comunhão de suas igrejas.) A ênfase desses sermões está totalmente em Cristo? (2) Que efeito essa prática exerce sobre a afeição que temos em relação ao sermão e ao pregador na igreja à qual pertencemos e que efeito ela exerce sobre o valor que lhes atribuímos? Será que estamos praticando atos que, sem que vigiemos nosso coração e nossos lábios, podem nos levar a depreciar os servos da Palavra que Deus concedeu às nossas igrejas e famílias? Pelo mesmo raciocínio, os pregadores cujos sermões estejam à disposição em qualquer lugar do planeta precisam conservar o devido foco no cuidado com o rebanho local e em um âmbito mais amplo incentivar uma postura de honra dirigida ao ministro local da Palavra.

The marrow que motivaram grande parte da controvérsia, a saber, que Cristo é "a escritura de compromisso para toda a humanidade" e que era possível dirigir-se a qualquer pessoa e dizer-lhe: "Cristo está morto por você"; isso equivale a dizer: "Há um Salvador que está vivo e que, por ter morrido e ressuscitado, é suficiente para salvar você e qualquer pessoa que o busque pela fé. No Cristo crucificado há plenitude da graça. E você também pode encontrar a salvação em nome dele".

Infelizmente, é bem nesse ponto que calvinistas e arminianos (do ponto de vista histórico, calvinistas deformados em sua teologia) cometeram o mesmo erro de abstrair da pessoa de Cristo as bênçãos do evangelho.

Os arminianos creem na expiação universal que viabiliza a salvação para qualquer pessoa (embora não a garanta para ninguém), pois Cristo morreu por todos sem exceção. Assim, uma resposta tipicamente arminiana à redenção particular (ou "expiação limitada") costuma ser: "Se eu cresse nisso não poderia mais pregar o evangelho a todo o mundo, pois não seria possível dizer às pessoas 'Cristo morreu por você'. Portanto, não é possível que esse ensino seja bíblico, uma vez que devemos pregar o evangelho a todos".[26]

Em certo sentido, o calvinismo deformado do início do século 18 abrigava o mesmo tipo de lógica implícita. Mas, dentro do contexto da redenção particular, essa lógica dizia que os benefícios da morte de Cristo não pertencem a todos e, portanto, não devem ser oferecidos indiscriminadamente.

Já percebemos que o passo dado em falso está na separação entre benefícios e Benfeitor. Então, qual a resposta bíblica para essa questão? Ela está simplesmente no fato de que em nenhum

---

[26]Nesse sentido, J. I. Packer, *Evangelism and the sovereignty of God* (London: InterVarsity, 1961) [edição em português: *A evangelização e a soberania de Deus* (São Paulo: Cultura Cristã, 2002)] continua sendo um guia valioso. Veja em especial p. 65ss.

momento os apóstolos pregaram o evangelho usando palavras como estas: "Crede, porque Cristo morreu por vós". Não, a garantia da fé em Cristo não reside nem no conhecimento da eleição nem na convicção de uma redenção universal. Ela também não se encontra em nosso senso de pecaminosidade. Ela está no fato de que Jesus Cristo tem condições de salvar todos os que buscam a Deus por meio dele, uma vez que dele é o único nome dado debaixo do céu pelo qual podemos ser salvos.[27]

O próprio Cristo é o evangelho.

De volta a Jesus

De uma perspectiva pastoral, é sempre bom voltar a Jesus e a seus ensinamentos para perguntar: Como o próprio Jesus pregava seu evangelho? Neste ponto, no contexto de uma oração que reflete sua crença na eleição, encontra-se um exemplo de como ele fazia pregação evangelística:

> *Oração:* Agradeço-te, Pai, Senhor do céu e da terra, por teres ocultado essas coisas dos sábios e entendidos e por tê-las revelado aos pequeninos; sim, Pai, pois assim foi da tua vontade graciosa.

Isso, com certeza, é eleição incondicional. Mas em seguida Jesus diz:

> *Pregação:* Vinde a mim, todos vós, que estais cansados e sobrecarregados, e eu vos darei descanso. Tomai sobre vós meu jugo e aprendei de mim. Porque sou manso e humilde de coração, e achareis descanso para vossa alma. Pois meu jugo é suave, e meu fardo é leve.[28]

---

[27]Hb 7.23-25; At 4.12.
[28]Mt 11.25,26,29,30. Em janeiro e fevereiro de 1711, Boston pregou uma série de sermões baseados nesse texto; *Works*, 9.169-219.

Nesse texto, "cansados" e "sobrecarregados" não são *condições* a serem preenchidas pelos que se voltam para Cristo. São garantias de que ninguém está desqualificado de receber Cristo por causa de alguma fraqueza ou por ser indigno. Sim, até os "desqualificados", os fracos e incapazes, são convidados a se dirigir a ele! Os Evangelhos não deixam margem para dúvida: é aos "desqualificados" que ele tem prazer em se oferecer.

A separação entre os benefícios do evangelho e Cristo, que é o evangelho, é também a mãe de muitos tipos de cristianismo de "múltiplos estágios" segundo os quais o indivíduo pode desfrutar de algumas bênçãos aqui e ali, mas não de todas. Desse modo, ele pode ter a experiência de abstrair uma "segunda bênção"; ou pode desfrutar as bênçãos da salvação sem obediência, tendo Cristo como Salvador, mas não (pelo menos não por enquanto) como Senhor. Mas, conforme observa Calvino, isso é o mesmo que "desmembrar" o Salvador.[29] O que a teologia do Cerne entendeu foi a ênfase neotestamentária no fato de que, quando estamos "nele", possuímos o próprio Cristo; "nele" todas as bênçãos espirituais são nossas, imediatamente e todas ao mesmo tempo. Sim, isso é verdade de uma perspectiva escatológica — no sentido de que a plena realização dos crentes depende da glorificação. Mesmo assim, se estamos em Cristo, todas as bênçãos são de fato nossas.

Essa ênfase paulina na união com Cristo foi tema dominante nas exposições que Calvino fazia do evangelho e da vida cristã. Ele a expôs longamente nas *Institutas*, entrelaçando os aspectos dinâmicos e forenses da união na ênfase que dava à justificação e à

---

[29]Cf. seus comentários de Romanos 8.13: "Portanto, aprendam os crentes a abraçá-lo, não só para receber a justificação, mas também a santificação, pois ele nos foi dado com ambos esses propósitos, para que eles não o desmembrem com sua própria fé mutilada". *Epistles of Paul the Apostle to the Romans and to the Thessalonians*, p. 166. Ele tece comentários semelhantes acerca de 1Coríntios 1.30 e de outras passagens.

santificação como dimensões distintas, porém realidades inseparáveis.[30] Ele também fez uma rica exposição de como essa união com Cristo acontece na vida cristã em uma mortificação (*mortificatio*) e vivificação (*vivificatio*) tanto interior (em relação ao pecado e ao eu) quanto exteriormente no sentido de que a vida do indivíduo que crê e da comunidade composta pela igreja são moldadas segundo um padrão de morte-e-ressurreição.[31]

Nesse contexto, uma consulta aos registros pessoais de Boston no que diz respeito a seus estudos teológicos[32] e à tradição da educação teológica na Escócia durante o século 17[33] deixa a clara impressão de que *As institutas* de Calvino haviam sido preteridas em favor de resumos da fé cristã feitos posteriormente. O próprio Boston nos informa ter estudado três textos:

> Lancei-me ao estudo de teologia; o sr. James Ramsey [...] tendo-me passado às mãos o livro, a saber, o texto de Pareus[34] sobre o Catecismo de Ursino, o qual eu já havia lido integralmente três ou quatro vezes antes de ir para a escola de teologia. [...]
> Por volta do dia 20 de janeiro de 1695, fui para a escola de teologia em Edimburgo, na época dirigida pelo eminente sr. George Campbell. [...] Alguns de nós, que havíamos acabado de ingressar na escola de teologia, estudamos por um tempo o

---

[30]Verdade expressa com eloquência por Paulo em Efésios 1.3-14.
[31]Calvino, *As institutas*, 3.5.10.
[32]Boston, *Memoirs*, p. 20-1.
[33]Um bom panorama pode ser encontrado em Jack Whytock, *"An educated clergy": Scottish theological education and training in the Kirk and Secession, 1560-1850* (Milton Keynes: Paternoster, 2007).
[34]David Pareus (1548-1622) foi aluno de Zacarias Ursino (1534-1583) no Collegium Sapientiae em Heidelberg, do qual se tornou diretor em 1591. Entre 1598 e 1622, lecionou Antigo Testamento e Novo Testamento na faculdade de teologia da universidade. "Catecismo" é uma referência ao Catecismo de Heidelberg, do qual Ursino foi um dos principais autores e sobre o qual escreveu um longo comentário.

compêndio de Riissenius,³⁵ na sala do professor. No saguão, em público, ele ensinava o compêndio de Essenius.³⁶

Em certo sentido, essas três obras se propunham a dar um preparo teológico coerente: a metodologia escolástica com seu formato de perguntas e respostas mais o compêndio de teologia proporcionavam o caminho mais curto a ser percorrido por um aluno que desejasse entender a arquitetura da teologia sistemática. Mas não se pode deixar de perceber que houve uma perda da genialidade do projeto de vida de Calvino de escrever comentários sobre o texto das Escrituras e de desenvolver e aperfeiçoar as *Institutas* como guia para compreensão das Escrituras.³⁷ Sua abordagem profundamente expositiva da teologia levou-o a escrever uma *summa pietatis*³⁸ como obra distinta de uma *summa theologiae*. Isso lhe deu a oportunidade de refletir longamente sobre a pessoa e a obra de Cristo e sobre a importância da união com ele. Eis o que Calvino frisa no primeiro parágrafo do terceiro volume das *Institutas*:

> E, primeiramente, deve ter-se em conta que, por quanto tempo Cristo estiver fora de nós e dele estivermos separados, tudo quanto ele sofreu e fez para a salvação do gênero humano nos é improfícuo e de nenhuma relevância.

---

³⁵Leonardus Rijssenius (Leonard van Rijssen, 1636-1700) foi um teólogo holandês reformado cujo ministério concentrou-se inteiramente no contexto pastoral. Escreveu sua própria *summa theologiae* (1571) e um compêndio baseado na obra de Francis Turretin.

³⁶Boston, *Memoirs*, p. 20-1. Andreas Essenius (1618-1677) foi professor de teologia na Universidade de Utrecht entre 1653 e 1677, tendo ocupado o cargo de *rector magnificus* da universidade em 1673-1674. Essenius publicou uma teologia sistemática de três volumes (1659-1665), e em 1669 uma versão abreviada à qual deu o título de *Compendium theologiae dogmaticum*.

³⁷Veja "João Calvino ao leitor", *As institutas*, 1.4-5.

³⁸Expressão que fazia parte do subtítulo da edição original de *As institutas*, em 1536, e contrastava (embora sem contradizer) com o conceito de *summa theologiae*.

A realidade dessa união é efetuada, ele continua,

por meio da secreta operação do Espírito, mercê da qual fruímos de Cristo e de todas as suas benesses.[39]

E a essas palavras ele acrescenta mais adiante:

Este, portanto, é o verdadeiro conhecimento de Cristo: se o recebemos como é oferecido pelo Pai, isto é, vestido de seu evangelho.[40]

Talvez mais uma década tenha passado até que Boston, incentivado por *The marrow* e compreendendo a "grande ideia" em Preston, percebesse que o que recebemos no evangelho não são os benefícios, mas Cristo, e que, portanto, a pregação pública e o ministério pastoral privado devem se concentrar na apresentação de Cristo.

Isso o levou a abraçar e compartilhar em forma poética a perspectiva expressa por Calvino nos termos das declarações do Credo Apostólico:

Quando vemos a salvação por inteiro — cada uma de suas partes se encontra em Cristo,
precisamos estar atentos para de outro lugar um só ponto não derivar.

Se a salvação buscamos,
    o próprio nome de Jesus
nos ensina
    que ele a possui.

Se buscados forem outros dons concedidos pelo Espírito — em sua unção eles se encontram;

---

[39] Calvino, *As institutas*, 3.1.1.
[40] Ibidem, 3.2.6.

força — em seu reinado; e pureza — em sua concepção;
ternura — expressa em sua natividade,
pela qual ele se fez como nós em todos os aspectos, para que
pudesse sentir nossa dor:

Redenção, quando a buscamos, em sua Paixão ela se encontra;
absolvição — em sua condenação reside;
e libertação da maldição — em sua cruz se faz conhecida.
Se buscarmos o pagamento de nossos pecados — em seu sacrifício o encontraremos.

Há purificação em seu sangue.
E se reconciliação precisamos, foi por ela que ele entrou no Hades;
se mortificação de nossa carne — então em seu túmulo ela jaz.
E novidade de vida — sua ressurreição traz
e a imortalidade acompanha essa dádiva.

E se ansiamos por encontrar nossa herança do reino do céu,
sua entrada ali a garante agora
com nossa proteção, segurança também, e bênçãos abundantes
— tudo a fluir de seu domínio real.

A suma de tudo para os que buscam tais tesouros de bênçãos,
Bênçãos de todos os tipos, é esta:
elas não podem ser obtidas a não ser nele;
Pois são nossas em Cristo somente.[41]

---

[41]João Calvino, *As institutas*, 2.16.19, 1559, edição em latim, tradução e versificação do autor.

Capítulo 3

PREPARAR, DISTORCER, ENVENENAR

O que é o evangelho e como devemos pregá-lo? A controvérsia do cerne trouxe à baila essas perguntas essenciais. É por isso que ela é de interesse não só como tema do passado. Também não se trata de uma controvérsia étnica, especificamente escocesa. Trata-se de uma controvérsia em torno do evangelho. Ela enfatiza o erro que se comete quando se faz separação entre os benefícios da obra de Cristo e o próprio Salvador.

Um falso preparacionismo

Havia outro perigo envolvido no paradigma que fazia separação entre Cristo e seus benefícios e tendia a colocar a obra subjetiva do Espírito nos eleitos como condição para apresentação do evangelho. Ele incentivava um preparacionismo que, no final das contas, transformava-se em obstáculo à apresentação gratuita do evangelho:

> Você pode conhecer esses benefícios — caso esteja entre os eleitos.
> Você pode receber o perdão — caso se afaste bastante do pecado.

Você pode conhecer a mensagem da graça — se chegar a um nível aceitável de convicção de pecado.

Mas isso era colocar o carro à frente dos bois e virar a mensagem do evangelho de cabeça para baixo. E isso costumava (e costuma) acontecer de forma sutil e imperceptível.[1] Pois, sempre que crer em Cristo se torna uma conclamação que em qualquer nível dependa de nossa condição subjetiva, nós a estamos distorcendo. Arrependimento, abandono do pecado e graus de convicção de pecado não constituem as bases sobre as quais Cristo nos é oferecido. Eles podem ser meios pelos quais o Espírito atua quando o evangelho exerce sobre nós seu impacto. Mas nunca constituem a base de arrependimento e fé.

Essa é a ideia proclamada por C. H. Spurgeon em seu sermão intitulado "Cristo crucificado", pregado em 1858. Em uma digressão tipicamente espirituosa, ele faz um comentário crítico sobre um de seus livros favoritos, *The pilgrim's progress*,[2] escrito por um de seus autores prediletos, John Bunyan:

> A propósito, permitam-me contar-lhes uma rápida história sobre *The pilgrim's progress*, de Bunyan. Sou um grande admirador de John Bunyan, mas não o julgo infalível. Outro dia ouvi uma história sobre ele que apreciei bastante. Havia um jovem em Edimburgo que queria ser missionário. Era um jovem inteligente, de modo que pensou:
> — Para ser missionário, não é preciso que eu me desloque para longe de casa. Posso ser missionário também em Edimburgo.

---

[1] Como também acontece com tudo o mais, havia, e há, um espectro e uma graduação no impacto que a teologia de uma pessoa exerce sobre sua pregação do evangelho.

[2] Edição em português: *O peregrino* (livro eletrônico), tradução de Eduardo Pereira e Ferreira (São Paulo: Mundo Cristão, 2013).

Muito bem, aquele jovem determinou que começaria falando com a primeira pessoa que encontrasse. E encontrou uma daquelas velhas vendedoras de peixe, que carregava nas costas um cesto cheio de seus produtos. Quem já viu uma dessas senhoras não consegue esquecê-las. A verdade é que elas são mulheres extraordinárias.

Então, dirigindo-se a ela, disse:

— Aqui está a senhora levando seu fardo sobre as costas, mas permita-me perguntar-lhe: a senhora também leva outro fardo, um fardo espiritual?

— Como? — ela perguntou. — Você se refere ao fardo do peregrino, de John Bunyan? Porque, se for isso, meu jovem, eu me livrei desse fardo já faz muitos anos, provavelmente antes de você nascer. Mas eu segui por um caminho melhor que o caminho percorrido pelo peregrino. Evangelista, sobre quem John Bunyan escreve, era como um de seus líderes leigos de hoje que não pregam o evangelho, pois ele disse: "... fixe o olhar nessa luz, e suba direto até lá. Ao chegar você verá a porta". Pois, homem de Deus, não era para lá que ele deveria correr! Ele deveria ter dito: "Vês aquela Cruz? Corre direto para lá". Mas, em vez disso, ele mandou o pobre peregrino primeiramente para a porta, e o que ele ganhou indo para lá? Ele caiu no desfiladeiro e quase morreu.

O jovem ficou um pouco sem graça e lhe perguntou:

— Mas a senhora não passou por nenhum Desfiladeiro da Dificuldade?

— Sim, passei, mas achei muito mais fácil passar por ele sem meu fardo e não com ele sobre mim!

A velha senhora [continuou Spurgeon] tinha razão. John Bunyan deixou para muito depois do início da peregrinação o livrar-se do fardo. Se sua intenção era descrever o que geralmente acontece, ele estava certo. Mas, se ele pretendia mostrar o que deve acontecer, ele estava errado. A cruz deve estar bem à frente da porta estreita e devemos dizer aos pecadores: "Dirigi-vos para lá e estareis seguros, mas não estareis seguros enquanto não vos livrardes do fardo, colocar-vos ao pé da Cruz e encontrardes paz em Jesus".[3]

A bem da verdade, devemos dizer que os comentaristas de *O peregrino* têm debatido sobre qual seria a exata intenção de John Bunyan nesse ponto da narrativa. Será que ele está fazendo um retrato da conversão ou da certeza da salvação? Não há dúvida de que Spurgeon e a vendedora de peixes acreditavam que a intenção da narrativa era descrever a conversão. Se for assim, então nosso argumento é válido.[4] Não estamos negando que o Espírito Santo atue nas pessoas levando-as à convicção do pecado. Mas estar convencido do pecado ou abandoná-lo não constituem uma condição para a apresentação do evangelho. O próprio Cristo é a condição, pois é capaz de salvar todos os que o buscam.[5] Ele é oferecido sem que se imponham condições. Devemos nos dirigir diretamente a ele! Para comprar Cristo não é necessário ter dinheiro.[6]

A coluna dorsal do evangelho

A sutileza da questão aqui levantada aparece em uma diferença um tanto curiosa entre duas obras publicadas em extremos opostos da era puritana. Tanto William Perkins (1558-1602) quanto John Bunyan (1628-1688) produziram o que Perkins descreve como um "catecismo ocular" — no caso dele, um diagrama da

---

[3]Sermão de Charles Spurgeon em *Metropolitan Tabernacle pulpit*, vol. 44, p. 211-2.
[4]Ainda que, segundo pensam alguns, Bunyan esteja retratando a certeza da salvação, o comentário de Spurgeon assim mesmo dá apoio ao argumento aqui apresentado.
[5]Hb 7.25.
[6]Is 55.1,2.

"Corrente de Ouro da Salvação" e no caso de Bunyan, um "Mapa Indicador da Ordem e das Causas da Salvação e Condenação".[7]

Ambos os diagramas parecem ter o mesmo objetivo — apresentar uma visualização de como Deus atua na salvação e na condenação. Eles ocupam somente uma página cada um e são representações visuais de verdades que, para serem expostas, exigiriam um livro inteiro; por serem diagramas, foram úteis para os que não sabiam ler direito e talvez até para quem não sabia ler. Eram basicamente apresentações puritanas de PowerPoint!

Traçando a salvação de eternidade a eternidade, os mesmos elementos aparecem nesses diagramas. Há, porém, uma diferença importante e digna de nota, apesar de enigmática.

No diagrama de Perkins, cada um dos aspectos da salvação está vinculado a uma coluna dorsal que representa Cristo segundo as várias declarações do Credo Apostólico. Poderíamos supor que as palavras de Calvino anteriormente citadas tiveram um profundo impacto sobre ele.[8]

Todavia, no diagrama de Bunyan, o Pai, o Filho e o Espírito Santo são retratados como a fonte da salvação. É deles que todas as coisas fluem. Mas o mapa de Bunyan não tem uma coluna dorsal

---

[7]Ambos os diagramas podem ser facilmente encontrados (e em alguns casos também adquiridos) em vários sites da internet fazendo-se uma busca por *Perkins chart* e *Bunyan map of salvation*.

[8]João Calvino, *As institutas*, tradução de Waldyr Carvalho Luz (São Paulo: Cultura Cristã, 2006), 2.16.19, 4 vols. Faço essa afirmação consciente de que alguns acadêmicos assumem uma postura oposta, a saber, que a teologia de Perkins é uma das principais influências da teologia federal posterior que se distanciou de Calvino e que, nesse sentido, estava menos centralizada em Cristo. Mas o profundo calvinismo do diagrama de Perkins não deve nos impedir de ver o papel central de Cristo que nele se retrata. Veja uma perspectiva melhor em Richard A. Muller, *Christ and the decree: Christology and predestination in Reformed theology from Calvin to Perkins* (1986; reimpr., Grand Rapids: Baker Academic, 2008).

cristológica.⁹ Por certo, a Trindade é considerada fonte e causa originais da salvação. Mas os vários aspectos da salvação aplicada se relacionam *entre eles*, não diretamente a Cristo. Empregando a metáfora de Perkins, é como se os elos na corrente estivessem vinculados uns aos outros, mas ligados apenas de longe *ao próprio Cristo* como elo original e causa primeira.

Sem dúvida seria necessária uma tese de doutorado se quiséssemos examinar as questões envolvidas nessas diferenças e até que ponto elas se projetam na pregação do evangelho.¹⁰ Mas, qualquer que seja a influência que isso tenha exercido sobre a pregação de Bunyan, esses diagramas representam diferentes configurações do evangelho e sua obra. No caso da *Corrente de ouro* de Perkins, a importância central de Cristo e da união com ele fica óbvia; no diagrama de Bunyan, ela não é clara. Em Perkins, todas as bênçãos espirituais estão relacionadas com Cristo; os benefícios jamais são separados ou abstraídos do Benfeitor. Mas é o que acontece no mapa de Bunyan.

Se esse modo de pensar permear nossa postura em relação à pregação do evangelho, o foco mudará inevitavelmente para as bênçãos abstraídas e separadas, depois para como as recebemos e em seguida virá a pergunta: "Sob quais condições essas bênçãos tornam-se minhas?". A tendência é de nos virarmos para nós mesmos. Mas a garantia da fé justificadora em Cristo não reside dentro de nós. Foi exatamente esse o erro do jovem Lutero. Por isso, a famosa instrução de Staupitz para que buscasse sua predestinação "nas feridas de Cristo" foi uma exortação reveladora que o levaria a descobrir que a garantia do evangelho está fora de nós, não dentro.

---

⁹Enfatizo que a questão por mim levantada não é se Bunyan chegou às últimas consequências lógicas de seu diagrama. Minha preocupação é que, como modelos, essas duas representações têm importantes diferenças no que diz respeito à configuração da *ordo salutis* em relação à obra e à pessoa de Cristo.

¹⁰Veja Pieter de Vries, *John Bunyan on the order of salvation*, tradução para o inglês de C. Van Haaften (Bern: Peter Lang, 1995).

Aos poucos, esse modo de pensar sobre a *ordo salutis* pode descambar para o que algumas vezes é chamado de "passos da salvação", uma ordem de experiências praticamente cronológica que precede a verdadeira fé. Isso pode se transformar em um misterioso eco da *ordo salutis* medieval. No devido tempo, uma vez que tais passos seguem uns aos outros, a finalização de um passo necessariamente antecede o início do próximo.[11] Exatamente neste ponto surge a pergunta: que nível de convicção de pecado, ou de tristeza pelo pecado, ou de abandono do pecado, é necessário antes que se possa dar início ao próximo passo ou fase?

Nesse sentido, em harmonia com os mais sábios pastores e teólogos reformados, John Owen escreve:

> Não há regra ou medida que possa ser prescrita quanto à necessidade ou antecedência desses elementos na conversão [...] não se exigem aflições, tristezas, melancolia, terrores, medos; [...] Deus tem prazer em exercer sua prerrogativa e soberania em toda essa questão e trata da alma das pessoas com uma variedade indizível. Há quem ele conduza pelos portões da morte e do inferno até acharem descanso em seu amor [...] e as veredas de outros, ele facilita e desobstrui. Alguns andam ou vagueiam longamente pelas trevas; na alma de outros, Cristo é formado na primeira visitação da graça.[12]

---

[11]Isso se torna especialmente dominante quando a metáfora da "corrente" é vista como chave hermenêutica e não meramente heurística, uma vez que cada elo se fecha em torno do elo imediatamente anterior.

[12]John Owen, *Pneumatologia* ou *A discourse concerning the Holy Spirit* (London, 1674); W. H. Goold, org., *The works of John Owen* (Edinburgh: Johnstone & Hunter, 1850-1855), 24 vols., 3:360-61. As duas últimas frases da citação poderiam ser prontamente vistas como transcrições da experiência do próprio Bunyan e, dolorosamente, da experiência de Owen. Bunyan faz um detalhado registro de sua peregrinação em sua autobiografia, *Grace abounding to the chief of sinners* (London, 1666) [edição em português: *Graça abundante ao principal dos pecadores* (São José dos Campos: Fiel, s.d.)]. A experiência de

O sermão de Pedro no dia de Pentecostes nos apresenta um modelo. Ele não transforma a convicção de pecado de seus ouvintes em condição para a apresentação de Cristo. O próprio Cristo é a garantia da fé, de modo que seu sermão é profundamente cristocêntrico. Quem é proclamado é Cristo, o benfeitor em quem se acha o perdão dos pecados.
A reação?

Ouvindo isso, eles foram profundamente tocados no coração e disseram a Pedro e aos outros apóstolos: "Irmãos, que faremos?".

E Pedro lhes disse: "Arrependei-vos e cada um seja batizado em nome de Jesus Cristo para o perdão de seus pecados, e recebereis o dom do Espírito Santo".[13]

Esta é a "ordem":

Cristo é proclamado na plenitude de sua pessoa e de sua obra como o Salvador que foi crucificado e ressuscitou como Senhor (vindicado e capaz de salvar).

A convicção do pecado é operada pelo Espírito.

Crer (implícito no que Pedro diz) e arrepender-se (dois aspectos da mesma realidade no Novo Testamento) e experimentar as bênçãos que se encontram em Cristo (simbolizado no batismo).

Owen, embora descrita por ele pouquíssimas vezes e sem riqueza de detalhes em seus textos, também foi uma peregrinação sofrida, à qual ele faz alusões veladas da perspectiva da perícope do evangelho que o conduziu a uma paz consolidada, a saber, a tempestade que Cristo acalmou. Mas a experiência de indivíduos, por mais intensa e excruciante que seja, não pode tirar de Cristo o papel de única garantia da fé salvífica. Infelizmente, vir a Cristo é algo que tem sido transformado em uma ação mais difícil do que aquela pretendida pelo Salvador. O próprio Spurgeon tece algumas sábias considerações pastorais no tocante à convicção do pecado em *The full harvest* (Edinburgh: Banner of Truth, 1973), p. 235.

[13] At 2.37,38. Lucas registra assim a resposta do Pai à oração que Jesus fez na cruz (Lc 23.34) em que pede o perdão dos indivíduos presentes, que não sabiam o que estavam fazendo.

Já dissemos que mudar o modo de pensar segundo Perkins para um modo segundo Bunyan geralmente é algo que acontece de forma imperceptível e subconsciente. Mas exatamente por causa disso é que a reversão dessa postura pode se mostrar difícil e exigir uma percepção autoconsciente e até mesmo certa crítica. Para alguns indivíduos, tal reversão pode acontecer somente se os ensinamentos da Bíblia fizerem "cair a ficha" e eles passarem a ver as coisas de outra perspectiva. Pelo menos foi assim que aconteceu com Thomas Boston.

Se pudéssemos perguntar a Bunyan:

— Por que o senhor fez uma mudança tão drástica em relação ao "Catecismo Ocular" de William Perkins ao desenhar seu "mapa"?

Ele poderia muito bem responder:

— Eu fiz?

Pois tal diferença de paradigma costuma ser talhada nas lentes dos óculos pelos quais olhamos para o evangelho. Sem que percebamos, essas lentes determinam a medida do que enxergamos. Por isso é que se trata de uma força bem mais sutil e subliminar do que podemos imaginar.

Quando mais jovem, parece que Thomas Boston não entendia a estrutura que dava sustentação à sua pregação enquanto não recebeu o estímulo de sua leitura de *The marrow* e passou a ter uma nova percepção da pregação do evangelho de uma perspectiva bíblica. Quando ele teve essa percepção, sua pregação foi tomada pela alegria e por uma nova liberdade. Ele percebeu (e outros reconheceram) que nela havia uma nova "tintura".[14]

"Tintura" era um termo que cabia muito bem. Ele deriva do latim *tinctura*, palavra que denota o processo de tingimento — pelo qual uma peça de roupa ganha nova cor quando mergulhada

---

[14] Thomas Boston, *Memoirs of Thomas Boston* (Edinburgh: Banner of Truth, 1988), p. 171.

em tinta líquida. A roupa permanece a mesma, mas agora com uma cor ou tonalidade inteiramente nova. Tanto para ele quanto para outros, a pregação de Boston parecia ter sido tingida. Estendendo a metáfora, poderíamos dizer que agora a vestimenta do evangelho com a qual Cristo estava vestido na pregação de Boston havia sido tingida com um tom de "Cristo-em-quem-se-encontram-todas-as-bênçãos-espirituais" e não um mero tom de "Eu lhe ofereço bênçãos espirituais".

Mas por trás da controvérsia do cerne havia outra questão ainda mais profunda.

Um Deus distorcido

O objetivo do Credo de Auchterarder era verificar se determinado candidato ao ministério cria na graça irrestrita de Deus e na gratuidade e plenitude da oferta do evangelho e as enfatizaria em sua pregação e ministério pastoral. A mesma motivação era o que dava energia aos Irmãos do Cerne. Eles entendiam que tornar a oferta da graça dependente de qualquer coisa, em particular das graças, era distorcer a verdadeira natureza da graça.[15]

Assim se dava *a realização da salvação em Cristo*. A teologia do cerne enfatizava que a salvação é realizada por meio da graça. Passagens como Romanos 5.6-8 sublinhavam essa verdade. Pois quando e como Deus mostrou sua graça para conosco? Deveríamos atender a alguma condição que antecedesse a graça de Cristo? É claro que não, pois:

> *Enquanto ainda éramos fracos,* no tempo certo Cristo morreu pelos *ímpios.*

---

[15]Isso faz com que uma *ordo salutis* evangélica regrida a uma forma medieval segundo a qual o que era realizado no indivíduo "pela graça" se tornou a base para outras operações da graça e, no final das contas, até para a justificação.

Enquanto ainda éramos pecadores, Cristo morreu por nós.

Enquanto éramos inimigos, fomos reconciliados com Deus pela morte de seu Filho.[16]

Quais condições atendíamos para que Deus enviasse seu único Filho ao mundo para morrer pelos pecadores? Nenhuma. A verdade é que não pode haver nenhuma condição. Foi isso que Boston achou valioso na expressão "Cristo está morto por ti". Para ele, isso significava o seguinte: "Eu não estou lhe apresentando Cristo com base em seu arrependimento. Eu o estou oferecendo a homens e mulheres que se encontram mortos em seus pecados e transgressões. Essa oferta que o evangelho faz do próprio Jesus Cristo é feita a você, não importa o que ou quem você seja".

Um dos perigos detectados por Boston é que o condicionalismo retroalimenta o modo de vermos a Deus. Ele introduz um grau de distorção em seu caráter. Pois é possível perceber que não podemos atender a nenhuma condição que nos disponibilize a graça e ainda assim sustentar uma condicionalidade sutil na própria graça divina.

Essa realidade vem à tona quando o evangelho é pregado nos seguintes termos:

Deus o ama porque Cristo morreu por você!

Como essas palavras distorcem o evangelho? Elas deixam subentendido que a morte de Cristo é a razão por que Deus me ama.
Em contrapartida, as Escrituras afirmam que o amor de Deus por nós é a razão da morte de Cristo. Essa é a ênfase de João 3.16. Deus (ou seja, o Pai, uma vez que "Deus" é o termo antecedente de "seu [...] Filho") *amou tanto* o mundo que Deus seu Filho por nós. O Filho não precisa fazer alguma coisa para que o Pai nos ame; ele já nos ama!

---

[16]Veja Rm 5.6-8,10.

O perigo sutil aqui deveria ser óbvio: se falarmos da cruz de Cristo como *causa* do amor do Pai, deixamos subentendido que, se não fosse pela cruz, ele não poderia nos amar de fato. Ele precisa receber o "pagamento" de um resgate para que possa nos amar.[17] Mas, se foi necessário que Cristo morresse para convencê-lo a nos amar ("Pai, se eu morrer, o senhor passará a amá-los?"), como poderemos ter certeza de que o próprio Pai nos ama — "profundamente" com amor eterno? A verdade seja dita: o Pai não nos ama *porque* somos pecadores; mas ele nos ama *apesar de* sermos pecadores. Ele nos amou antes que Cristo morresse por nós. É *porque* ele nos ama que Cristo morreu por nós!

Não devemos confundir a verdade de que nossos pecados são perdoados somente por causa da morte e ressurreição de Cristo com o pensamento bem diferente de que Deus nos ama somente por causa da morte e ressurreição de Cristo. Não, "ele nos amou desde o início do tempo"[18] e, *por isso*, enviou seu Filho, que veio de livre e espontânea vontade morrer por nós. Assim, um entendimento correto da obra de Cristo conduz ao verdadeiro entendimento do amor incomparável do Pai por nós. Não existe nenhuma disfuncionalidade na comunhão da Trindade.

As reflexões de Boston nesse sentido são esclarecedoras. Em *Memoirs*, de sua autoria, ele comenta o fato de que antes sua

---

[17]Infelizmente, esse ensinamento distorcido foi em parte responsável pelo uso incorreto da doutrina da expiação conhecida como substituição penal. Mas a consequente caricatura do próprio evangelho está sujeita a críticas. Os críticos de posições doutrinárias bem consolidadas devem (1) ser exatos ao apresentar as posturas às quais eles se opõem e (2) devem escolher a versão mais bem elaborada da posição que procuram criticar. Caso contrário, o máximo que se consegue é chutar um espantalho e revelar certa falta de integridade intelectual na crítica. Infelizmente, a distorção da doutrina da expiação costuma estar no pensamento do crítico, que acaba criticando sua própria compreensão errada da questão e disseminando-a como insight, em vez de perceber que está expondo uma falta de conhecimento pessoal do evangelho e ateando fogo em um espantalho.

[18]Do hino *Let Christian faith and hope dispel*, em *Scottish translations and paraphrases* (1745), paráfrase de Romanos 8.31-39.

pregação estava contaminada pelo legalismo de seu próprio espírito: "Eu tinha diversas convicções legalistas naquilo que eu mesmo fazia", escreveu ele em 1704 ao olhar para os primeiros anos de seu ministério.[19] Tempos depois, no entanto, ele pensava de modo bem diferente: "Não tenho nenhum apreço pela doutrina da condicionalidade da aliança da graça".[20]

É interessante observar que Boston também tinha reservas quanto ao que é conhecido como "aliança da redenção" ou "aliança da paz [*pactum salutis*]," a ideia de uma aliança supratemporal feita entre o Pai e o Filho visando à nossa redenção. Foi nesse contexto que Jonathan Edwards comentou que não "entendia o esquema de pensamento" de Boston em *The covenant of grace* [A aliança da graça], embora tenha dito o seguinte acerca de *Human nature in its fourfold state* [A natureza humana em quatro estados]: "Gostei muito dele. Ali, penso eu, ele se revelou um teólogo verdadeiramente admirável".[21]

---

[19] Boston, *Memoirs*, p. 168.
[20] Ibidem, p. 170.
[21] O fato de Edwards dizer na mesma sequência de pensamento que não entendia Boston, mas o considerava um "teólogo verdadeiramente admirável", pode ser visto como um elogio. Os comentários de Edwards encontram-se em uma carta notável datada de 4 de setembro de 1747 e endereçada a seu correspondente, o escocês Thomas Gillespie. Veja *The works of Jonathan Edwards* (1834; reimpr., Edinburgh: Banner of Truth, 1974), 1:xci, 2 vols. Nessa época, Edwards mantinha correspondência com vários pastores escoceses que, de vez em quando, enviavam-lhe livros publicados no Reino Unido. Foram esses irmãos que originariamente lhe propuseram a ideia de um "Concerto para Oração". Na época da saída de Edwards da igreja de Northampton, Ralph Erskine (um dos principais entre os Homens do Cerne) aventou com ele a possibilidade de imigrar para a Escócia para trabalhar no ministério presbiteriano. Edwards era — em face de suas datas de nascimento e morte — súdito britânico, mas curiosamente descrevia a América do Norte como "meu país". Ao declinar a proposta, Edwards nos dá uma visão esclarecedora de seu pensamento: "Quanto à essência da Confissão de Westminster, eu não teria dificuldade para endossá-la; e no que diz respeito à forma de governo presbiteriana, faz muito tempo que não tenho opinião favorável sobre nossa forma de governo eclesiástico instável, independente e confusa neste país; e a forma presbiteriana sempre me pareceu estar mais em harmonia com a Palavra de Deus, com a razão e com a

Boston afirmava que a aliança da graça foi feita com Cristo na condição de segundo homem e último Adão, e nele em favor de seu povo. A provável motivação de sua rejeição da ideia da aliança da redenção é que ela poderia dar a entender que o compromisso de amor do Pai com os pecadores estava condicionado à obediência do Filho, em vez de constituir o contexto para essa obediência. Isso por sua vez indica um "lapso de amor" entre o Pai e o Filho quanto à disposição que ambos tinham em relação aos pecadores. Tal doutrina não somente implicaria uma disfuncionalidade na vida da Trindade, mas acima de tudo distorce o caráter do Pai na mente do cristão. Podemos ter certeza de que a disposição de Jesus em relação a nós é motivada apenas por amor, mas receamos que a disposição do Pai seja resultado de um ato de persuasão, não de devoção pessoal. A verdade é que isso abre a possibilidade de que ele dispense sua graça com relutância, uma vez que para que isso acontecesse foi necessária a morte de Cristo.

Se essa é a atmosfera na qual pregamos o evangelho e as pessoas respondem a ele, é possível que uma desconfiança em relação ao Pai persista por muito tempo em nossa mente e seja um grave obstáculo no curso da vida cristã. Ainda que costume se calar em nossa alma, de vez em quando virá à tona o pensamento de que o Pai, em si mesmo, não nos ama tanto quanto o Filho. Tal disposição leva a um espírito de desconfiança e até de servidão, não de liberdade e alegria. Assim, quando perguntamos: "Quem é esse Deus Pai com quem temos de tratar e que tipo de Pai é ele?", podemos nunca ficar livres da desconfiança de que, no final das contas, ele não é um Pai de amor infinito.[22]

---

natureza das coisas". No entanto, para que nenhum escocês se deixasse levar por esse elogio, Edwards acrescenta: "... embora eu não possa afirmar que penso que o governo eclesiástico presbiteriano da igreja da Escócia seja tão perfeito que não possa ser retocado em alguns aspectos". Ibidem, 1:cxxi.

[22]O peso dessa ideia traz grandes danos à vida de muitos cristãos no que diz respeito à comunhão que eles têm com o Pai. Esse é um bom exemplo das ramificações de uma falsa visão do relacionamento entre a Trindade e a expiação.

Acreditando na mentira

Na realidade, foi com essa mentira que Eva foi enganada.[23] Ela "trocou a verdade de Deus por uma mentira".[24]

A verdade é que o Senhor havia entregado a Adão e Eva um mundo cheio de boas dádivas a serem desfrutadas. Em troca, ele lhes deu uma única lei "positiva".[25] Eles deviam mostrar o amor que tinham por Deus recusando-se a comer do fruto de uma única árvore, com base no fato de que seu Pai de amor havia falado isso e que qualquer coisa que ele ordenasse seria para o bem deles.

A mentira com que a serpente enganou Eva estava envolvida na dupla sugestão de que

1) aquele Pai era de fato avarento, voltado para si mesmo e egoísta, uma vez que não lhes permitiria comer de nenhuma das árvores,[26] e

2) sua promessa de morte no caso de desobediência era simplesmente falsa.[27]

Por isso a mentira atentava contra a generosidade de Deus e contra sua integridade. Nem seu caráter nem suas palavras eram dignas de crédito. O fato é que essa é a mentira na qual os pecadores têm acreditado desde sempre — a mentira do falso Pai que não é digno de confiança porque não me ama.

---

[23]Embora seja costume vincular essa observação a Paulo (2Co 11.3; 1Tm 2.14), ele a faz apenas a título de exegese e de exposição das palavras da própria Eva em Gênesis 3.13 ("a serpente me enganou").

[24]Rm 1.25.

[25]Aqui emprego o termo "positiva" no sentido técnico de que não comer do fruto da árvore do conhecimento do bem e do mal foi uma ordem acrescentada à obediência instintiva gravada na constituição de ambos como imagem de Deus.

[26]Gn 3.1.

[27]Gn 3.4.

O evangelho existe para nos libertar dessa mentira. Pois ele revela que, por trás da vinda de Cristo e de sua morte por nós, e nelas manifestado, encontra-se o amor de um Pai que nos dá tudo o que ele tem: primeiro seu Filho para morrer por nós e depois seu Espírito para viver dentro de nós.[28]

Se pudéssemos expressar a preocupação dos Irmãos do Cerne em termos bem diretos, diríamos o seguinte: a questão que veio à baila era semelhante à questão entre o Senhor Jesus Cristo e os fariseus. A razão por que as palavras mais severas do Senhor foram dirigidas a eles é que os fariseus também concordavam com a teologia da serpente:

> Vós sois de vosso pai, o Diabo, e vossa vontade é atender aos desejos de vosso pai. Ele não se firma na verdade, pois nele não há verdade. Quando mente, ele fala com base em seu caráter, pois é mentiroso e pai das mentiras.[29]

Os fariseus eram homens que acreditavam na santidade de Deus, em sua lei, na realidade sobrenatural e em predestinação e eleição. "Graça" era uma ideia importante para eles.[30] Mas os fariseus criam na graça condicional (no final das contas, era por causa de alguma coisa neles que Deus lhes dispensava a graça). O Deus dos fariseus era um Deus condicional. Para eles não havia algo como: "Vinde, vós os que tendes sede, vinde às águas; e quem não tem dinheiro, vinde, comprai e comei! Vinde, comprai vinho e leite

---

[28] Gl 4.4-7.
[29] Jo 8.44. É dessa perspectiva que devemos ler as palavras de João em João 1.17. A verdade que reverte as mentiras do Diabo se revela plenamente na encarnação.
[30] Com seu gênio narrativo, Jesus retrata o fariseu (na Parábola do Fariseu e do Publicano) agradecendo a Deus especificamente a distinção soberana entre ele próprio e o publicano — um mau uso da graça que na verdade é uma desgraça!

sem dinheiro nem preço".[31] Não, pois tal graça incondicional pode advir somente de um Pai cujo amor não é condicionado por outra coisa que não seja seu próprio coração.

E assim Jesus traz sobre eles seu anátema dominical de sete ais.[32] As implicações pastorais dessa visão distorcida do Pai são expressas com muita força em uma passagem reveladora de autoria de John Owen:

> A falta de conhecimento das misericórdias que são nossas, dos nossos privilégios, é nosso pecado tanto quanto nosso problema. Damos ouvidos não à voz do Espírito que nos é dado "para que conheçamos as coisas que nos foram concedidas gratuitamente por Deus" (1Co 2.12). Isso nos faz viver debaixo de tristeza, quando

---

[31] Is 55.1. Um dos textos prediletos de Thomas Boston.
[32] Lc 23.13,15,16,23,25,27,29. Essa afirmação é feita com plena consciência dos argumentos da erudição recente: (1) a religião do Antigo Testamento era uma religião baseada na graça e (2) declarações como as feitas acima, que afirmam um legalismo entranhado nos fariseus, representam uma falsa visão sobre eles. Quanto ao primeiro argumento — é claro que a religião dos fariseus era uma religião baseada na graça da perspectiva do ensino do Antigo Testamento. Mas uma razão pela qual o ministério profético domina grande parte do Antigo Testamento é justamente o fato de que o povo de Deus não vivia segundo aquela graça e sempre a transformava em presunção, licenciosidade ou legalismo. Quanto ao segundo argumento, não é necessário negar que havia fariseus que valorizavam a graça de Deus, mas é claro que os fariseus que Jesus costumava encontrar haviam desfigurado, e não exaltado a graça de Deus. Certamente não é sem motivo que Lucas nos diz: "Ele [...] contou esta parábola a alguns que confiavam em si mesmos e se achavam justos" (Lc 18.9). Ademais, dizer "os fariseus, que amavam o dinheiro" (Lc 16.14) equivale a dizer que eles viviam em oposição à graça de Deus (veja as mesmas palavras usadas para descrever os ímpios em 2Tm 3.2). O Senhor deixa isso claro quando lhes diz: "Vós sois os que vos justificais perante os homens, mas Deus conhece o vosso coração" (Lc 16.15). Certamente, Saulo, o fariseu (Fp 3.5) viveu segundo "uma justiça própria que vem da lei" e não uma "justiça que vem de Deus e depende da fé" (Fp 3.9). Pode ser que nem todos os fariseus fossem pintados com as mesmas cores. Mas Jesus descreve aqueles que encontrou como "raça de víboras" (Mt 12.34; 23.33). Jesus afirmou serem eles filhos do Diabo (Jo 8.44).

poderíamos nos regozijar; e nos enfraquece, quando poderíamos ser fortes no Senhor.

Ele continua fazendo um diagnóstico tão perspicaz que poderíamos ter razão de pensar que alguns membros da igreja de Owen em Londres haviam se mudado para Simprin ou Ettrick ao norte da fronteira:

Como são poucos os santos que conhecem por experiência própria esse privilégio de manter comunhão imediata com o Pai em amor! Com pensamentos de ansiedade e dúvida olham para ele! Que temores, que questionamentos, em relação à sua boa vontade e bondade! No máximo, alguns pensam não haver ternura alguma em Deus para conosco, exceto a que é comprada pelo alto preço do sangue de Jesus. *É verdade que solitário é o caminho da comunicação; mas a fonte gratuita, o manancial de tudo, está no seio do Pai* (1Jo 1.2).[33]

The marrow foi um catalisador para a teologia da graça de Boston. Ele não mais podia crer em uma eleição incondicional que não fosse expressão do amor inexprimível do Pai como "fonte e manancial". Portanto, era impossível que existisse uma realidade chamada "graça condicional". No final das contas, o que estava em jogo na controvérsia do cerne não era nada menos que o caráter de Deus Pai. Tratava-se de uma questão importante o suficiente para justificar qualquer sacrifício de reputação que dele se exigisse. Afinal, foi para demonstrar o amor do Pai que o Filho "esvaziou a si mesmo".

---

[33]John Owen, *On communion with God* (1657), *Works* 2:32; grifo do autor. Curiosamente, Thomas Goodwin, colega mais velho de Owen em Oxford, em um sermão intitulado *Encouragements to faith* [Estímulos à fé], publicado em 1650, reconhece o mesmo problema. Thomas Goodwin, *The works of Thomas Goodwin* (Edinburgh: James Nicoll, 1861-1866), 12 vols., 4:208.

Envenenando os pastores?

Essas considerações nos conduzem a uma importante aplicação para o ministério cristão. Um entendimento deformado do evangelho tem impacto sobre o espírito de um ministro, afeta seu estilo, sua atmosfera de pregação e todo seu ministério pastoral. O que de fato a controvérsia do cerne colocou a descoberto foi a possibilidade de reconhecer separadamente a verdade de cada capítulo da Confissão de Fé sem que essas verdades sejam vivificadas por um entendimento da graça de Deus no evangelho. A dissonância que isso inevitavelmente produzia acabaria se entranhando em todo o ministério pastoral e na pregação. Há um tipo de ortodoxia na qual os vários pontos da teologia sistemática, ou estágios da história da redenção, estão todos alinhados, mas destituídos da vida do todo, assim como braços, pernas, tórax, cabeça, pés, olhos, orelhas, nariz e boca podem estar todos presentes — mas ao corpo faltar energia e talvez a própria vida. A forma da espiritualidade não é a mesma que seu poder.

Uma ortodoxia confessional casada com uma visão de um Pai celestial cujo amor está condicionado ao sofrimento de seu Filho e condicionado ainda ao nosso arrependimento leva inevitavelmente a uma restrição na pregação do evangelho. Por quê? Porque leva a uma restrição no coração do pregador que se encaixa com a restrição que ele vê no coração de Deus! Um coração assim pode ter sido submetido ao processo que Alexander Whyte descreve como "santificação pelo vinagre". Portanto, ela costuma ser inflexível e cortante. Esse é o efeito de um ministério com raízes na graça condicional; ele produz ortodoxia sem amor pelos pecadores e um amor condicional e condicionado pelos justos.

Os cristãos têm um tipo de tendência psicológica de associar o caráter de Deus ao caráter dos sermões que ouvem — não somente a essência e o conteúdo dos sermões, mas o espírito e a atmosfera que eles transmitem. Afinal, é por meio dos sermões que eles "ouvem a Palavra de Deus" habitual e publicamente. Mas e se houver uma distorção no entendimento e no coração do pregador que sutilmente desfigure sua exposição do caráter de Deus? E se a estreiteza de coração do pregador estiver poluindo o ambiente no qual ele expõe o coração do Pai? Quando as pessoas estão combalidas pelo pecado, envergonhadas, sentindo-se frágeis, conscientes do fracasso, com vergonha de si mesmas e necessitadas de orientação, elas não querem ouvir um sermão que exponha separadamente a verdade das doutrinas da confissão de fé de sua igreja, mas deixe de vinculá-las à essência da graça do evangelho e do Pai de amor infinito pelos pecadores. O que elas precisam conhecer é um Pai de amor e graça.

Infelizmente, foram pastores exatamente desse tipo que se colocaram ao lado do pobre Jó e o agrediram com sua doutrina de que Deus estava contra ele. Daquelas bocas saíram algumas das mais sublimes declarações teológicas isoladas que se podem encontrar nas páginas da Bíblia. Mas elas estavam desligadas do amor que concede vida, o amor de Deus por Jó, seu filho necessitado e arrasado. Eles dessa forma também "trocaram a verdade de Deus por uma mentira".[34]

Isso não acontece no ministério do evangelho. Pelo contrário, os pastores precisam eles mesmos ser dominados pela graça incondicional de Deus. Os vestígios de um farisaísmo de autodefesa e do condicionalismo precisam ser eliminados deles. À semelhança do Salvador, eles precisam lidar com canas feridas sem quebrá-las e pavios esfumaçantes sem apagá-los.[35]

Afinal, o que é um pastor piedoso, que se parece com Deus, com um coração tomado pela graça, alguém que vê Deus recebendo filhos pródigos e corre para abraçá-los, chora de alegria por

---

[34]Veja Rm 1.25.
[35]Is 42.3.

terem voltado para casa e os beija — sem fazer perguntas — sem impor qualificações ou condições?

Nesses aspectos, a controvérsia do cerne tem uma pertinência perene para todos os cristãos. Mas tem uma pertinência específica para pregadores do evangelho e pastores.

Ela faz a seguinte pergunta: que tipo de pastor sou para minhas ovelhas?

Será que sou como o pai?

Ou será que talvez eu seja como o irmão mais velho que não queria, não conseguia, e no final não se reuniu aos outros para festejar?

Afinal, como um irmão mais velho conseguiria se sentir bem em uma festa se ainda está preocupado em saber se seu irmão que havia sido pródigo está tomado por um grau suficiente de tristeza por causa de seu pecado e envergonhado por suas faltas?[36]

---

[36]Uma de minhas mais tristes lembranças no ministério pastoral é a história que ouvi sobre o que aconteceu em uma recepção de novos membros que incluía um jovem marido "com um passado", durante a qual duas "colunas da igreja", estimadas pela maneira exemplar com que cumpriam todas as suas responsabilidades como membros, foram vistas tecendo o seguinte comentário: "O que ele acha que está fazendo se filiando à igreja?". Como é fácil cair em um *espírito* de graça condicional para com os pródigos, mesmo quando se ouve a música doutrinária correta!

Capítulo 4

PERIGO!
LEGALISMO

O que é *legalismo*? A resposta genérica de cristãos evangélicos seria algo provavelmente assim: "Tentar obter a salvação pela prática de boas obras". Mas por trás dessa resposta existe uma rede emaranhada e invisível, que se estende muito além e apanha os desavisados. E essa rede é sempre muito mais forte do que imaginamos, pois o legalismo é uma realidade bem mais sutil do que geralmente supomos.

Na Igreja da Escócia do século 18 nenhum pastor teria negado expressamente que a salvação é pela graça. O que preocupava os Irmãos do Cerne, porém, era sua percepção de que a rede de legalismo havia sido tecida no coração e no ministério de muitos de seus amigos presbiterianos, incluindo — às vezes principalmente — a alma dos pastores. Alguns deles, a exemplo de Thomas Boston, falavam por experiência própria e sabiam que haviam sido necessários anos para que se libertassem.

Mas, para refletir sobre esse assunto, precisamos retroceder a um tempo anterior ao século 18.

Teologia bíblica, aliança e lei

Sempre que há um avivamento da teologia bíblica, há também uma redescoberta da importância da estrutura da *aliança* na atividade redentora de Deus, desde Noé, passando por Moisés, até a nova aliança em Cristo. Nesse contexto é inevitável que surjam perguntas sobre o papel da lei de Deus na vida do povo da nova aliança. Quando Paulo se deu conta de que todas as alianças apontavam para Cristo e nele se cumpriam, ele se viu de frente com esta pergunta: "Então, por que a lei?".[1] Ao longo de seu ministério, ele costumava deparar com duas respostas erradas. Uma delas levava ao legalismo porque introduzia a lei no evangelho; a outra levava ao antinomianismo com a implicação de que o evangelho havia acabado de vez com a lei.

Esse modelo de pensamento ressurgiu na época da Reforma[2] e no século seguinte, no período dos puritanos. Por volta das décadas de 1630 e 1640, o papel da lei estava sendo alvo de debates acalorados tanto na Velha quanto na Nova Inglaterra.[3] Os teólogos de Westminster deram grande atenção tanto ao capítulo *Da lei de Deus* quanto às outras seções da Confissão de Fé.

Assim, foi dentro de um contexto de boatos e temores envolvendo legalismo e antinomianismo que *The marrow of modern divinity* [O cerne da teologia moderna] surgiu em 1645.

---

[1] Gl 3.19.

[2] A ênfase anterior de Martinho Lutero sobre a lei como inimiga que nos condena parecia algumas vezes perder de vista o fato de que se trata da lei de Deus. Por causa de discípulos que levaram seu ensino a uma conclusão lógica, ele mais tarde se veria defendendo a lei contra o antinomianismo.

[3] A controvérsia na Nova Inglaterra teve uma espécie de epicentro entre 1636 e 1638 com foco no papel de Anne Hutchinson, membro da igreja de John Cotton que reagiu com bastante entusiasmo à ênfase que ele dava à graça e ao ministério do Espírito, mas perdeu o senso de equilíbrio mantido por Cotton, tendo sido excomungada depois de julgada e considerada culpada, entre outras coisas, de antinomianismo. A família Hutchinson era grande e, portanto, teve muitos descendentes, que parecem incluir os dois presidentes americanos George Bush (pai e filho).

Os "ismos" (tais como *legalismo* e *antinomianismo*) podem ser perigosos não somente para os que os defendem, mas também para os que fazem uso dessas categorias. Eles facilmente se transformam em categorias universais. Indivíduos não são categorias, e tratá-los como tais pode ser bem enganoso e muitas vezes ignorar o contexto desses indivíduos. Devemos tomar cuidado para não fazer uso da linguagem de forma pejorativa. Palavras que terminam com *-ismo* e *-ista* costumam se prestar a usos emotivos, e não descritivos.[4] Na era do próprio *The marrow*, "legalista" era um conveniente rótulo ofensivo para um puritano. Pense por um momento na caricatura de Shakespeare em sua representação do estraga-prazeres legalista Malvólio (do latim *malum* + *voleo* = "Eu quero o mal"!). Todavia, na Escócia do século 18 eram os Irmãos do Cerne que temiam o "legalismo" e eram acusados de um antinomianismo incipiente pelos que receavam que *The marrow* o promovia, pois o ato condenatório da Assembleia Geral fez uma lista de uma série de suas expressões consideradas de natureza antinomiana.

Abolição de um credo, mas com preservação de uma cátedra

O Credo de Auchterarder havia sido condenado pela Assembleia Geral de 1717. Mas, na sessão da manhã do mesmo dia, os pais e irmãos haviam para todos os fins práticos feito vista grossa para todas as acusações de falso ensino levantadas contra John Simson,

---

[4]Eu mesmo, ao mencionar o nome de um amigo em conversa com uma desconhecida, "vi" a palavra *calvinista* sair da boca de uma senhora idosa voando junto com saliva a uma velocidade que fazia crer que a própria palavra estava contaminada com a peste bubônica! Embora eu não fosse propriamente o alvo daquele desprezo todo, o que me chocou foi que a pessoa que expressava tamanha hostilidade ao "calvinismo" provavelmente juraria amor e tolerância por todos os seguidores de Jesus. Mas ela pareceu emocionalmente indiferente ao fato de que o pastor presbiteriano sentado ao lado dela devia ser uma das espécies odiadas. Sem dúvida, a palavra *arminianismo* tem voado a velocidades semelhantes! O mesmo se pode dizer das palavras às quais daremos muita atenção aqui, a saber, *legalismo* e *antinomianismo*.

professor de teologia na Universidade de Glasgow. O processo contra ele se arrastava desde 1715 e continuaria assim pelos próximos anos. As minutas da Assembleia declaram que Simson havia

> adotado algumas hipóteses diferentes das que costumavam ser usadas pelos teólogos ortodoxos, as quais evidentemente não se fundamentam nas Escrituras e tendem a dar muito crédito à razão natural e ao poder da natureza corrompida — que a promoção indevida da razão e da natureza acontece sempre em detrimento da revelação e da livre graça eficaz.[5]

Mas na verdade ele não recebeu mais do que uma leve reprimenda. Em contrapartida, o tratamento dado pela assembleia ao Credo de Auchterarder foi para o outro extremo. Ele foi condenado como uma "doutrina insana e abominável". Aparentemente, o antinomianismo era visto como um desvio mais grave que o arminianismo.

The marrow of modern divinity receberia tempos depois um tratamento semelhante. Em 20 de maio de 1720, a Assembleia Geral aprovou o "Ato concernente a um livro intitulado The Marrow of Modern Divinity", que condenava seus ensinos em cinco áreas doutrinárias e suas expressões "duras e ofensivas":

> Portanto, a Assembleia Geral, por meio deste ato, proíbe expressamente e desobriga todos os ministros desta igreja, seja pregando, escrevendo ou imprimindo, de recomendar o referido livro ou, por meio de discurso, de dizer alguma coisa em seu favor; mas, pelo contrário, por meio deste ato eles são intimados e deles se exige que façam advertências e exortações a seu povo, em cujas mãos tal livro se encontre ou possa vir a se encontrar, a que não o leia nem dele faça uso.[6]

---

[5] *Acts of the General Assembly of the Church of Scotland 1638-1842*, edição de Church Law Society (Edinburgh: Edinburgh Printing & Publishing, 1843), sessão 12, de 14 de maio de 1717.
[6] Ibidem, sessão 5 de 20 de maio de 1720.

Sem dúvida, muitos dos que votaram na assembleia haviam lido apenas algumas citações de *The marrow* feitas em declarações polêmicas contra ele ou da crítica mais ampla apresentada por uma Comissão para a Preservação da Pureza da Doutrina da Igreja. Expressões fora do contexto podem facilmente ser usadas de forma inadequada — e algumas das declarações contidas em *The marrow* foram fácil e relativamente mal-usadas. No entanto, não é de todo surpreendente que simpatizantes do zelo evangelístico revelado pelos Homens do Cerne tenham ficado preocupados com o que lhes foi apresentado como uma guinada na direção do antinomianismo. Mas os Irmãos do Cerne achavam que as críticas não tinham fundamento e que as declarações extraídas de *The marrow* estavam fora de contexto. O corajoso James Hog, que havia conhecido *The marrow* por meio de Thomas Boston e foi peça importante para sua reimpressão em 1718, usou de sarcasmo ao escrever que, se os livros fossem tratados do modo que *The marrow* havia sido, nenhum estaria a salvo, nem mesmo a Bíblia! O que deixou Boston profundamente incomodado foi a acentuada discrepância entre o tratamento superficial e tolerante dispensado às aberrações doutrinárias do professor Simson e a condenação sumária e integral de *The marrow*. Ele viu nessa discrepância o sintoma de uma grave doença instalada na igreja que ele tanto amava.

Não estamos negando que alguns dos que defendiam convicções evangélicas tenham sentido que *The marrow* continha elementos preocupantes. Mas a seu próprio modo essa preocupação em si estava se revelando um teste de papel tornassol: as reações que o livro despertava apontavam para a mente e o coração de muitos pregadores e pastores. Sem dúvida, como grupo na Assembleia eles haviam demonstrado grande leniência aos desvios de Simson, bem mais do que à tentativa do Credo de Auchterarder de expressar a gratuidade da graça de Deus (embora, nas palavras de Boston, ele não houvesse sido "bem redigido"). O arminianismo do qual o professor Simson também foi acusado abriu caminho para um papel adjuvante na aplicação da salvação. Era esse papel que o Credo de Auchterarder, com sua redação meio complicada, pretendia rejeitar.[7] Dessa forma, a Assembleia Geral deu assentimento verbal à ênfase que a Confissão dava à livre graça, mas tolerou sua rejeição e a essência do legalismo à qual os Irmãos do Cerne tanto se opunham.

Quais eram, então, a natureza e os perigos desse legalismo?

O antigo regime

Para os Irmãos do Cerne, o legalismo não era um tema doutrinário obscuro reservado aos debates teológicos dos momentos de lazer. Boston em especial o considerava um assunto de grande importância pastoral. Ele sabia por experiência que um espírito ou "estrutura legalista" pode tomar conta da vida do indivíduo. O legalismo tem condições de afetar a alma de tal forma que ela pode se aproximar e depois se desviar da graça de Deus no evangelho. Se estiver presente especificamente em alguém que desenvolve um ministério pastoral e de pregação, o legalismo pode se multiplicar e se transformar em uma epidemia dentro da igreja.

A raiz do legalismo é quase tão antiga quanto o Éden, e isso explica por que ele é um problema pastoral básico ou até mesmo o principal problema. Quando procuramos nos libertar do legalismo, estamos desfazendo uma antiga ação de Satanás.

No Éden, a serpente convenceu Adão e Eva de que Deus estava possuído por um espírito rígido e proibitivo que beirava um

---

[7]Tempos depois, Boston escreveu que o processo contra Simson "foi encerrado com grande brandura para o professor", que mais tarde haveria de "subverter os fundamentos do cristianismo". Ele também acreditava, provavelmente com razão, que o Credo de Auchterarder havia sido formulado com o propósito de "se opor à doutrina errônea do professor Simson". Thomas Boston, *Memoirs of Thomas Boston* (Edinburgh: Banner of Truth, 1988), p. 317. Os ensinos de Simson tiveram efeitos calamitosos principalmente sobre alunos de Ulster e levaram ao surgimento do arianismo na Igreja Presbiteriana da Irlanda. Em 1729, a Assembleia Geral acabou destituindo Simson de sua cadeira acadêmica, mas continuou a pagar-lhe salário. Naquela ocasião, Boston levantou-se sozinho na Assembleia para protestar, dizendo que aquilo não era "um justo testemunho da indignação desta igreja contra a desonra que o sr. Simson havia imposto a nosso glorioso Redentor". Ibidem, p. 416.

espírito maligno. Afinal de contas, a serpente sussurrou: "Não é verdade que ele os colocou aqui neste jardim cheio de prazeres e agora lhes está negando todas as coisas?".

Isso trazia duas implicações.

A primeira era a intenção de deixar Eva em dúvida acerca da clareza da palavra de Deus ("Foi assim que Deus disse [...]?"). A segunda era um ataque dirigido à autoridade da palavra de Deus ("Com certeza, não morrereis"). Mas não era só isso. Também se tratava de um ataque ao caráter de Deus. Pois a pergunta da serpente continha uma insinuação sinistra: "Que Deus é esse que lhes negaria prazer e alegria se ele realmente os amasse? Ele não lhes permite nada e ainda por cima exige obediência".[8]

Apesar de inicialmente ficar em dúvida, os ouvidos de Eva logo se fecharam para a palavra de Deus. A tática da serpente era levá-la a ver e interpretar o mundo com seus olhos (*o que ela viu* quando olhou para a árvore) e não com seus ouvidos (*o que Deus havia falado* sobre o mundo). Desse modo, o olhar de Eva desviou-se da plena abundância que Deus havia *ordenado* a nossos primeiros pais que desfrutassem. O uso do verbo[9] com certeza é importante nesse contexto: desfrutar da fartura é o primeiro elemento da ordem; a proibição de uma árvore é o segundo. A tática da serpente foi se fixar na ordem negativa: "Não comereis do fruto da Árvore do Conhecimento do Bem e do Mal, para que não morrais".

Ora, Eva viu apenas uma ordem negativa. Um pequeno objeto bem próximo dos olhos pode tornar invisíveis todos os outros objetos maiores. A visão da árvore proibida estava agora impedindo a visão de um jardim cheio de árvores. Eva agora não tinha condições de enxergar a floresta por causa de uma árvore. Agora seus olhos estavam voltados para o Deus legislador e juiz negativo. Tanto na mente quanto nos sentimentos a lei de Deus estava agora

---

[8]Gn 3.1-4.
[9]Gn 2.16: "O Senhor Deus ordenou ao homem, dizendo: 'Certamente, podes comer de toda árvore do jardim'". A declaração afirmativa faz parte da ordem tanto quanto a negativa.

divorciada de sua pessoa cheia da graça. Agora ela achava que Deus não lhe queria dar nada. Todas as coisas haviam se transformado em um "agora" míope e distorcido.

Essa teologia dá à luz o pensamento de que, para receber alguma coisa dessa divindade misantropa, você deve fazer jus a essa coisa e pagar por ela. Em contrapartida, isto é o que o Pai de fato havia falado:

> Eu lhes dou tudo o que há neste jardim. Vão e divirtam-se. Mas, antes que saiam, eu lhes dou todas essas coisas porque amo vocês. Quero que vocês cresçam e se desenvolvam na compreensão e no amor que têm por mim. O plano é o seguinte:
> Aqui existe uma árvore, a "Árvore do Conhecimento do Bem e do Mal". Não comam do fruto dessa árvore.
> Eu sei — vocês querem saber *por que*, não é mesmo?
> Muito bem, eu os criei segundo minha imagem. Dei-lhes instintos para que vocês gostem daquilo que eu gosto. Assim, em certo sentido vocês fazem naturalmente aquilo que me agrada e ao mesmo tempo também lhes dá prazer.
> Mas quero que vocês cresçam na confiança e no amor que têm por mim, somente por minha causa, porque Eu sou quem Eu sou.[10]
> Vocês serão capazes de fazer isso de fato somente se quiserem me obedecer, não porque estão programados para tal, mas porque querem me mostrar que confiam em mim e me amam.
> Se assim o fizerem, vocês verão que se fortalecerão e que o amor que têm por mim se aprofundará.
> Confiem em mim, eu sei o que estou dizendo.
> É por isso que coloquei ali aquela árvore. Quero muito que vocês sejam abençoados, tanto que estou ordenando que comam e aproveitem os frutos de todas essas árvores. Isso é uma *ordem*! Mas tenho outra ordem. Quero que vocês façam algo bem simples: não comam do fruto daquela árvore ali.

---

[10]Significado do nome da aliança, YHWH (Êx 3.13,14).

Não lhes estou pedindo isso porque a árvore seja feia — na verdade, ela é tão atraente como todas as outras. Eu não crio nada feio, jamais![11] É impossível que vocês olhem para aquele fruto e pensem: "Isso deve ter um gosto horrível". É uma árvore de ótima aparência. É simples. Confiem em mim, obedeçam a mim e me amem por aquilo que eu sou e porque vocês estão desfrutando de tudo o que lhes dei. Confiem em mim, obedeçam a mim, e vocês crescerão.

Uma raiz surpreendente

O que foi injetado na mente e nos sentimentos de Eva durante a conversa com a serpente foi uma profunda desconfiança em relação a Deus, que logo ficou mais distorcida ainda e se transformou em rebelião contra ele. A raiz de seu *antinomianismo* (oposição à lei e transgressão da lei) estava realmente no *legalismo* que obscureceu seu entendimento, embotou seus sentidos e destruiu a afeição que ela nutria por seu Pai celestial. Então, à semelhança de uma filha malcriada com um pai supergeneroso, ela se comporta como se quisesse dizer a Deus: "O senhor nunca me deu nada. E insiste em que devo conquistar tudo o que eu queira ter".

Pode ser que não seja esse o tipo de legalismo que estamos acostumados a ver. Mas ele está na sua raiz. Porque o que a serpente causou na mente, nos sentimentos e na vontade de Eva foi um divórcio entre a vontade revelada de Deus e seu caráter de graça e generosidade. A confiança em Deus foi transformada em desconfiança quando ela olhou para a "lei nua e crua" em vez de ouvir "a lei que sai dos lábios do Pai celestial cheio da graça". Para ela, Deus se tornou "aquele cujo favor precisa ser conquistado".

É isto o que está na raiz do legalismo e o controla: a incapacidade de enxergar a generosidade de Deus e seus planos amorosos para nossa vida.

---

[11] É importante observar que a descrição que se faz da árvore é semelhante à descrição de todas as outras árvores do jardim. Cf. Gênesis 2.9 com 3.6.

Vale a pena repetir: *no caso de Eva, o antinomianismo (sua oposição à lei de Deus e a rejeição dessa lei) era em si mesmo a expressão de seu legalismo!*

Quando essa distorção do caráter de Deus é total, é inevitável que desconfiemos dele; perdemos de vista seu amor e sua graça; passamos a vê-lo essencialmente como um Deus de proibições. Geerhardus Vos expressa bem essa ideia em outro contexto:

> *Legalismo é um tipo peculiar de submissão à lei de Deus*, algo destituído da capacidade de sentir o toque pessoal divino na regra a que ele se submete.[12]

Legalismo é simplesmente fazer separação entre a lei de Deus e a pessoa de Deus. Eva olha para a lei de Deus, mas perde de vista o *próprio* Deus verdadeiro. Assim, ao fazer separação entre sua lei e sua pessoa de amor e generosidade, ela foi enganada e passou a "ouvir" a lei somente como uma privação negativa e não como expressão da sabedoria de um Pai celestial.

Essa é a distorção, a "mentira sobre Deus", que passou para a corrente sanguínea da raça humana. É o veneno que provoca a mutação para o antinomianismo tanto na forma de rebelião contra Deus quanto como um falso antídoto para ele mesmo. Basta sondar alguém que não é cristão e você verá (não importa o que a pessoa possa *dizer)* que essa é sua atitude no coração. Qualquer declaração em contrário é em si mesma mais uma forma de autoengano.

Assim, a essência do legalismo tem suas raízes não apenas em nossa visão da lei como tal, mas em nossa visão distorcida de Deus como legislador. Na psique humana (não apenas no intelecto, que jamais é uma parte isolada de nosso ser), a verdade foi trocada pela mentira. Deus se torna um policial que outorga sua lei somente porque

---

[12]Geerhardus Vos, *The self disclosure of Jesus*, edição e revisão de J. G. Vos (1926; reimpr., Nutley: Presbyterian & Reformed, 1953), p. 17; grifo do autor. Veja também Geerhardus Vos, *The kingdom and the church* (Philipsburg: Presbyterian & Reformed, 1972), p. 60-1.

deseja nos privar de algo e, em particular, deseja destruir nossa alegria. A "mentira" em que agora acreditamos é que "glorificar a Deus" não é, nem pode ser, "desfrutá-lo para sempre", mas, sim, perder toda a nossa alegria. Quando aconteceu essa trágica troca, Adão e Eva, e com eles toda a sua descendência, com uma exceção, perderam o instinto para afirmar, crer e sentir a visão que a fé tem de Deus como "minha grande alegria"[13] e para fazer esta simples confissão de fé:

> Tu me fazes conhecer o caminho da vida;
> em tua presença há plenitude de alegria,
> à tua destra, prazeres para todo o sempre.[14]

O que Deus uniu (e que nenhum homem ou mulher deveria separar), a saber, sua glória e nossa alegria, foi objeto de divórcio. Assim, a não ser pelo evangelho, não é mais possível a um homem ou mulher conhecer seu "fim principal".

Essas considerações nos dão algumas indicações da razão por que o legalismo e o antinomianismo, na realidade, são gêmeos não idênticos que nasceram do mesmo ventre. A rejeição da lei de Deus (antinomianismo) por parte de Eva era na verdade fruto de sua visão distorcida de Deus (legalismo).

Portanto, o legalismo pode ser eliminado somente quando percebemos que a "verdade sobre Deus" está no fato de que, quando o glorificamos, também podemos "gozá-lo para sempre", e com ele desfrutar de todas as coisas que ele nos deu.[15] O incrédulo não tem condições de compreender isso. Mas esse é o primeiro princípio da vida de felicidade daquele que crê.[16]

Uma vez que a "mentira sobre Deus"[17] foi injetada no genoma humano, por assim dizer, ela se alojou de modo permanente no

---

[13]Sl 43.4.
[14]Sl 16.11.
[15]1Tm 6.17.
[16]Uma óbvia alusão ao Breve Catecismo da Assembleia de Westminster, pergunta e resposta 1.
[17]Rm 1.25.

fundo da psique humana. É a condição básica do coração do homem natural. As ramificações teológicas e pastorais dessa verdade são fundamentais. Pois o que costumamos chamar de "legalismo", seja no cristão, seja no incrédulo, é de fato sintoma de um problema bem maior, mais básico, mais radical e mais abrangente do que a questão do papel da lei. Nessa acepção, legalismo e antinomianismo parecem ser simplesmente antônimos — o necessário, aparentemente, se resume à doutrina correta. Mas esta é a pergunta mais básica: o que eu penso sobre Deus, e quais instintos, disposições e sentimentos para com ele esse pensamento desperta em mim? Nesse nível, legalismo e antinomianismo compartilham de uma raiz em comum que invadiu não apenas mente e coração, sentimentos e vontade — mas também como nos sentimos em relação a Deus e a doutrina de Deus que professamos.

Portanto, o legalismo não é uma simples questão do intelecto. É claro que também é isso, pois o que *pensamos* determina como vivemos. Mas não somos intelectos abstratos. E o legalismo também se relaciona ao coração e aos sentimentos — o que *sentimos* em relação a Deus. Não nos relacionamos com Deus em algum contexto isento de sentimentos e emoções, como se fosse do cerebelo da criatura para o cerebelo do Criador, mas, sim, como pessoas integrais — mente, vontade, disposições, motivações e sentimentos em diferentes graus de integridade e desintegração.

Dentro dessa matriz, o legalismo em sua raiz é a manifestação de uma disposição de coração restrita em relação a Deus, que o vê pelas lentes da lei negativa que obscurece o contexto mais amplo do caráter de amor santo do Pai. Essa é uma doença fatal.

Paradoxalmente, é essa mesma visão de Deus, e a separação entre sua pessoa e sua lei, que também está na raiz do antinomianismo. Os resultados desses dois -*ismos* são idênticos. É por isso que o remédio do evangelho para eles é o mesmo. Boston tece um comentário perspicaz dentro desse contexto:

O princípio antinomiano, ou seja, que não é necessário ao homem perfeitamente justificado pela fé esforçar-se para observar a lei e praticar boas obras, é um indício muito claro de que o legalismo encontra-se tão impregnado na natureza corrompida do homem, que, enquanto a pessoa não se achegar a Cristo pela fé, a disposição legal continuará imperando dentro dela; não importa a forma que ela tome nem os princípios que se tenha na religião; embora corra para o antinomianismo, o indivíduo levará junto de si seu espírito legalista, e tal espírito sempre será escravizado e perverso.[18]

O legalismo está incorporado ao coração humano praticamente desde o dia da criação do homem[19] e reside em nós desde a concepção.

No entanto, essa questão se torna bem mais complexa no meio do povo de Deus se os próprios pastores têm a mesma veia legalista que corre de seus instintos distorcidos em relação ao Senhor, mas confundem tais instintos com a verdade do evangelho. Pois nesse caso não somente a verdade é trocada por uma mentira, mas a mentira é tratada como se fosse a verdade. Temos aqui uma falha que leva ao erro de receitar uma dose de antinomianismo para curar o legalismo, e vice-versa, em lugar do antídoto do evangelho, ou seja, nossa união com Cristo pela graça.

Portanto, as questões levadas à luz pela controvérsia do cerne chegam aos mais profundos alicerces do ministério. Se temos um espírito legalista, seu hálito será sentido em tudo o que fizermos, incluindo os conselhos que oferecemos aos outros. Trata-se de uma questão do coração, conforme Boston havia aprendido por meio de seu encontro com *The marrow*.

---

[18] Em Edward Fisher, *The marrow of modern divinity* (Ross-shire: Christian Focus, 2009), p. 207.

[19] O autor de *The marrow* defendia a ideia de que a Queda aconteceu no mesmo dia da criação. Boston compartilha dessa opinião juntamente com outros teólogos que ele cita. Ibidem, p. 67.

Assim, nunca será demais afirmar que todos são legalistas no coração. Na verdade, se algo fica evidente nos antinomianos, é o legalismo.

A natureza do legalismo

Os dicionários costumam definir *legalismo* segundo seus elementos externos. Assim o faz, por exemplo, o *Concise Oxford dictionary*:

> **legalismo.** s. (*teol.*) preferência à lei em lugar do evangelho, doutrina da justificação pelas obras; exaltação da lei ou das fórmulas, procedimento burocrático.[20]

A vida quase nunca é tão simples quanto as definições de dicionários. Isso certamente se aplica aqui. Legalismo é mais do que uma mera *doutrina* de justificação pelas obras e não pela graça. Se assim não fosse, o legalismo poderia ser curado com relativa facilidade. Os comentários de Boston feitos a John Drummond na Assembleia Geral de 1717 poderiam ter se limitado ao seguinte: "Achei os capítulos XI e XIX da Confissão de Fé extremamente úteis" (os capítulos "Da justificação" e "Da lei de Deus"). "Você deve estudá-los!"

Mas o legalismo não se rende a uma consulta de cinco minutos com nosso médico-pastor:

Dr. Pastor:
— Em que posso ser útil? Você está com algum problema?

João Legalidade:
— Sim! Parece que eu tenho um problema de legalismo. Queria saber se o senhor pode me aconselhar e talvez me receitar um remédio.

---

[20] "legalism", in: H. W.; F. G. Fowler, orgs., E. McIntosh; G. W. S. Friedrichson, revs., *Concise Oxford dictionary of current English*, 5. ed. (Oxford: Oxford University Press, 1964).

Dr. Pastor:
— Claro, sr. João Legalidade. Esse problema é comum. O senhor se engana pensando que pode ser justificado pelas obras. Felizmente existe uma cura imediata. Primeiro vou explicar o meu diagnóstico e depois faço a receita do remédio. Somos pecadores e, por isso, não temos condições de justificar a nós mesmos. Mas aqui está o remédio: ele é bem potente. É com alegria que lhe dou uma boa notícia: Cristo morreu pelos seus pecados. Se o senhor depositar sua fé no que Cristo fez, será justificado pela graça, não pelas obras. Mas o senhor precisa parar de confiar em seus esforços próprios. Entendeu?

João Legalidade:
— Bom... sim, entendi.

Dr. Pastor:
— Ótimo! Então o prognóstico é excelente. É com satisfação que lhe digo que o senhor não é mais um legalista! O senhor está curado. Mas, no caso de uma recaída, sabe como é, lembre-se do que eu lhe disse.

João Legalidade:
— Bom...

Dr. Pastor (respondendo ao sorriso amarelo de João Legalidade):
— Que bom que consegui ajudá-lo. Desejo-lhe um ótimo dia. O senhor me faria a gentileza de pedir à próxima paciente que entre? Acho que o nome dela é Jane Antinomiana. O senhor não era namorado dela? Mas não tente puxar conversa com ela; ela é um dos meus pacientes mais difíceis!

Lógico que tudo isso é caricaturesco.[21] Ao longo do ministério pastoral, descobrimos que o legalismo não é uma doença tão simples.

---

[21] Com meu pedido de desculpas a Edward Fisher, autor de *The marrow*, por copiar seu estilo de diálogo.

Ele é mais como a Hidra de Lerna, que Héracles mata no segundo de seus doze trabalhos.[22] Ele é multidimensional e multifacetado. Assume muitas formas e tem muitas faces. Os sintomas aparentes podem ser difíceis de diagnosticar, analisar e tratar. Ele pode se revelar quase intratável. Isso será verdade principalmente se tivermos nos tornado imunes ao remédio do evangelho em consequência de uma automedicação recomendada em um dos últimos livros populares que tratam de como ser bem-sucedido na vida cristã.

Mas a essência do legalismo, como vimos, está no coração e na distorção que ele faz da graça de Deus e do Deus da graça. Portanto, à medida que isso agora está mais claro, o legalismo é necessariamente não apenas uma distorção do evangelho, mas *sua característica fundamental é que ele é também uma distorção da lei.*

É por isso que, ao tratar do legalismo, Paulo não o trata às expensas da lei, antes ele explica o papel adequado da lei dentro do contexto do evangelho: "Anulamos a lei pela fé?". Sua resposta é enfática: "De jeito nenhum! Pelo contrário, confirmamos a lei".[23]

O evangelho jamais anula a lei de Deus pela simples razão de que tanto a lei quanto o evangelho são expressões da graça de Deus. Portanto, o inverso é verdade: a graça confirma a lei e seu verdadeiro caráter.

O legalismo que distorce a *graça* é também o legalismo que distorce a *lei* em seu caráter e sua função dados por Deus e, no fundo, distorce o caráter do Deus que a outorgou.[24] Esse problema estava no centro da oposição que os fariseus faziam a Jesus.

Será que uma nova perspectiva ajudaria?

Tome como exemplo os fariseus. Eles têm sido tradicionalmente retratados como os legalistas definidos pelos dicionários, cujas

---

[22] "Hércules" para os romanos.
[23] Rm 3.31.
[24] Da mesma forma, antecipando a abordagem que faremos mais adiante, o antinomianismo também distorce tanto a graça quanto a lei de Deus.

convicções eram uma forma inequívoca de justiça mediante as obras. Mas, desde a década de 1970 em particular,[25] os acadêmicos têm despendido bastante energia para corrigir essa impressão. O judaísmo (e, portanto, o farisaísmo), afirmam eles, era uma religião da graça. Assim, alguns têm defendido a ideia de que a "conversão" de Saulo de Tarso não foi exatamente uma conversão, mas um "chamado". E, se foi uma conversão, com certeza não foi uma conversão das "obras" para a "graça", uma vez que, por definição, o judaísmo, a religião do Antigo Testamento, era uma religião da graça do início ao fim. Essa é a "nova perspectiva de Paulo", embora não se limite a Paulo, mas seja uma nova perspectiva sobre o judaísmo (pelo menos para os não judeus). Ela teve um papel importante o suficiente para merecer sua própria sigla (NPP).

Não seria adequado examinar aqui esse assunto em detalhes.[26] É suficiente dizer que a Nova Perspectiva tem razão em sustentar que a religião ensinada no Antigo Testamento era uma religião da graça. A teologia reformada defende essa posição sistematicamente desde a época de Calvino. Em vários pontos, a Confissão de Fé expressa a unidade dos dois Testamentos das Escrituras, das relações pactuais de Deus com seu povo e do caminho da salvação em Cristo.[27] A Bíblia é de capa a capa uma extensa narrativa da graça de Deus.

---

[25] O consenso diz que E. P. Sanders, *Paul and Palestinian Judaism* (London: SCM, 1977), foi quem motivou os estudos modernos, embora os debates contemporâneos tenham precursores que escreveram antes dele.

[26] O melhor e mais abrangente estudo encontra-se na coleção de dois volumes de D. A. Carson; P. T. O'Brien; M. A. Seifrid, orgs., *Justification and variegated nomism* (Grand Rapids: Baker Academic, 2001-2004), vol. 1: *The complexities of second Temple Judaism* (2001); vol. 2: *The paradoxes of Paul* (2004). As referências e os dados bibliográficos nesses volumes dão uma ideia de como a Nova Perspectiva se tornou uma pequena indústria. Assim como teólogos medievais provavam seu valor escrevendo comentários sobre *Os quatro livros das sentenças*, de Pedro Lombardo, também os acadêmicos de Novo Testamento nos dias de hoje têm quase uma necessidade de expressar sua "posição" sobre a nova perspectiva de Paulo.

[27] *A confissão de fé de Westminster* (São Paulo: Cultura Cristã, 2017), 7.5.6; 8.6; 19.6.3,7.

Mas o que é verdade *no âmbito da revelação de Deus* não é necessariamente verdade *no âmbito da prática religiosa*. No período do Antigo Testamento e do Novo, a "religião da graça" vivia sendo transformada em preocupação com a aparência, em um espírito legalista e na presunção de que Deus seria gracioso por causa de quem seu povo era e em consequência do que esse povo fazia. Se a graça tivesse "reinado" por todo o período do Antigo Testamento, não haveria tanta necessidade de profetas nem de tantas críticas ao povo em virtude da forma em que este desfigurava o Deus da graça.

Além disso, quando nos voltamos para os Evangelhos, não há dúvida de que, mesmo que a linguagem da "graça" seja empregada, a verdadeira religião dos fariseus e daqueles por ele influenciados era dominada por um espírito legalista. Por isso Jesus contou uma de suas mais fortes parábolas "a alguns que confiavam em si mesmos e se achavam justos".[28] E com certeza não foi apenas a imaginação fértil do Senhor que o levou a retratar uma de suas personagens que se dirigiu a seu senhor, dizendo-lhe: "Tive medo porque o senhor é um homem severo. O senhor toma o que não deu e colhe o que não semeou".[29] Essa era uma transcrição da linguagem do coração que seus ouvidos atentos tinham escutado mesmo que palavras nem fossem usadas. É o legalismo da teologia da serpente. Ela troca abertamente a verdade de Deus por uma mentira.[30] O Salvador dificilmente teria descrito pessoas que viviam na graça de Deus com palavras tão depreciadoras como fez quando expôs

---

[28]Lc 18.9.
[29]Lc 19.21.
[30]Isso se revela na Parábola do Fariseu e do Publicano com grande sutileza e maestria. O fariseu é retratado dando graças a Deus (em reconhecimento da graça divina!) por aquilo que ele mesmo havia conseguido e o fazia se sentir superior ao publicano. Aqui não se vê nenhum "miserável pecador" nem consciência alguma de que ele é "o menor dos fariseus, o maior dos pecadores". Com toda aquela linguagem da "graça" ("dou-te graças porque..."), o fariseu é legalista no coração.

os fariseus como "túmulos caiados" ou "raça de víboras".[31] Paulo nos apresenta sua "velha perspectiva de Saulo" nestes termos: "Eu mesmo tenho razão para confiar na carne [...] quanto à justiça sob a lei [ou, na lei], irrepreensível". Mas ele, em vez disso, se alegra por não ter "uma justiça própria que vem da lei, mas a que vem pela fé em Cristo, a justiça de Deus que depende da fé".[32]

Alguns expoentes da nova perspectiva sobre Paulo se queixam de que o apóstolo é lido pelas lentes da Reforma, como se o problema entre os reformadores e a Igreja Católica Romana fosse idêntico ao problema entre Jesus e os fariseus ou entre Paulo e os judaizantes — um conflito entre a graça e as obras, estando de um lado os que defendiam a "salvação pela graça" e de outro os que apoiavam a "salvação pelas obras".

---

[31] Mt 23.27,33.
[32] Fp 3.4,6,9. O retrato do que aconteceu com ele pode ser formado a partir dos indícios espalhados em suas cartas e no registro que Lucas faz de sua vida em Atos dos Apóstolos (o qual, uma vez que Lucas não estava com ele no início de sua vida, baseia-se provavelmente na perspectiva do próprio Paulo). Paulo diz aos gálatas que "no judaísmo eu ultrapassava a muitos da minha idade entre meu povo, de tão zeloso que eu era das tradições de meus pais" (Gl 1.14). Isso equivale a dizer que ele tinha certeza de que havia ultrapassado a todos de seu grupo de convivência. Porém, então — curiosamente na sinagoga frequentada por seus patrícios da Cilícia (e, portanto, podemos presumir que também por ele mesmo) — Saulo teve um encontro com Estêvão e não conseguiu "resistir à sabedoria e ao Espírito com que ele falava" (At 6.9,10). Até que enfim ele havia encontrado alguém superior! Isso, porém, também significava que havia encontrado um rival. O que era aquilo que pela primeira vez trouxe à superfície o profundo retrato interno do décimo mandamento (Rm 7.7,8)? Qualquer um que tenha ultrapassado os outros terá poucas razões para cobiçar o que eles possuem. Mas Estêvão possuía algo que ele, Saulo, claramente não tinha; Saulo sabia que Estêvão era superior. Agora vinha à luz a inveja, a cobiça em relação ao que outra pessoa possuía, embora tal pessoa fosse objeto de seu ódio. Diante de duas reações possíveis (abraçar a fé que Estêvão tinha em Cristo ou livrar-se dele), Saulo escolheu a segunda e, ao agir assim, descobriu que estava espiritualmente morto — conforme ele dá a entender em Romanos 7.7-12. Na história de Saulo de Tarso há mais convicção de pecado do que permitiria boa parte da teologia da Nova Perspectiva.

No entanto, esse tipo de erudição está dissociado das realidades históricas e pastorais, além de não entender o verdadeiro paralelo. Pois o problema em questão era e é mais complexo e sutil. Os reformadores foram concebidos no ventre da teologia da igreja medieval. Ela era obcecada com a ideia da graça. Nenhum período da história da igreja deu mais atenção à pergunta: como recebemos a graça? Mas o que os reformadores perceberam foi que o solo onde a linguagem da graça frutifica é possivelmente o mesmo solo onde a realidade do legalismo frutifica ainda mais. O problema era que a "graça", entendida de uma perspectiva existencial, deixava completamente de ser graça. Ela havia se transformado em um fenômeno sacramental. À medida que o indivíduo cooperava com a graça que lhe era infundida, esperava-se que um dia sua fé fosse inundada pelo amor perfeito.[33] Nesse dia, a graça teria tornado a pessoa irrepreensivelmente justificável.[34]

Mas a graça não é uma substância que se infunde. E, no Novo Testamento, a justificação não é o produto que se espera da atuação subjetiva da graça com a qual o indivíduo colabora. Ela é a declaração de Deus feita bem no início da vida cristã. A visão medieval levou a uma impossibilidade prática da certeza da salvação; a visão bíblica levou a uma explosão dessa certeza na Reforma.

Professar sem possuir?

Por sua própria natureza, a graça de Deus encontra no próprio Deus e *nunca* em nós a única razão de ser exercida. Deus não escolheu seu povo por causa do que este era.[35] Mas o sentimento que o povo nutria quanto à escolha graciosa de Deus foi sutilmente descambando para uma mentalidade de direito que acabou

---

[33] *Fides formata caritate.*
[34] Era nesse contexto que Roma acusava os reformadores de ensinarem a justificação como "ficção legalista".
[35] Dt 7.7.

desvirtuando a graça. Isso se aplica ao povo da antiga aliança, aos fariseus, à igreja do período anterior à Reforma e, infelizmente, à igreja da Escócia no período posterior à Reforma, para não mencionar outros lugares.[36] A Confissão de Fé da igreja não foi alterada. Mas uma erudição ingênua acabou exorbitando do que era *professado* para o que era *pregado* e, certamente, do que era pregado para o que era *possuído*. Todos os pastores precisam ter consciência dessa realidade e, portanto, jamais partir da premissa de que todos os que os ouvem foram alcançados pela maravilha da graça de Deus — mesmo que esses ouvintes confessem o credo da igreja. Conforme reconhecem os ministros do evangelho desde Paulo até a presente época, poucos problemas pastorais apresentam-se tão disfarçados quanto a sutil mescla de uma profissão da graça com um coração legalista. A "graça" não é negada; ela é diluída, ou distorcida, e destituída de seu poder. *The marrow of modern divinity* serviu como uma espécie de teste de tornassol exatamente dessa realidade espiritual.

John Colquhoun de Leith, um "Homem do Cerne" nascido fora de tempo, faz este comentário perspicaz:

> Um indivíduo deve ser considerado legalista ou alguém que conta com a justiça própria se, apesar de não alegar uma perfeita obediência, mesmo assim confiar que ela pode lhe dar algum direito na vida. Em todas as épocas, indivíduos que confiam na justiça própria consideram impossível cumprir aquela condição da aliança das obras imposta por Deus a Adão e configuram para si mesmos diversos modelos de aliança que, embora estejam longe de ser instituições divinas e se baseiem em condições aquém da perfeita obediência, mesmo assim têm a natureza da aliança das obras. Os judeus que não criam e procuravam ser justos pelas obras

---

[36]Veja essa história na Igreja da Inglaterra em C. FitzSimons Allison, *The rise of moralism: the proclamation of the gospel from Hooker to Baxter* (New York: Seabury Press, 1966).

da lei não eram tão ignorantes ou arrogantes a ponto de alegar uma obediência perfeita. O mesmo se pode dizer dos cristãos na Galácia que desejavam estar debaixo da lei e ser justificados pela lei, sobre os quais o apóstolo testemunhou terem "caído da graça" (Gl 5.4); eles também não afirmavam viver em perfeita obediência. Pelo contrário, a profissão de fé cristã pública que eles faziam revelava possuírem algum senso de necessidade da justiça de Cristo. Mas o grande erro que eles cometiam é que não criam que a justiça de Jesus Cristo por si mesma era suficiente para lhes dar o direito à justificação da vida; portanto, para terem direito a essa justificação, eles dependiam parcialmente de sua própria obediência à lei moral e cerimonial. Era isso, e não suas alegações de obediência perfeita, que o apóstolo tinha em mente quando os criticou por se apegarem à lei das obras e esperar a justificação pelas obras da lei.

Ao confiar parcialmente que poderiam ser justificados com base em suas próprias obras de obediência às leis morais e cerimoniais, eles, conforme lhes diz o apóstolo, haviam caído da graça; Cristo não mais tinha efeito para eles. Eles estavam "em débito com toda a lei" (Gl 5.3,4).

Neste ponto, Colquhoun está mostrando que Paulo faz os gálatas enxergarem a conclusão lógica da posição que haviam assumido, algo que eles não estavam levando em conta ao juntar as obras e a graça. Ele continua:

> Dependendo parcialmente da obediência à lei para serem justificados, eles amoldaram a lei a uma aliança das obras, e essa aliança das obras permitiria obras imperfeitas, e não perfeitas; ao confiar parcialmente na justiça de Cristo, eles misturaram a lei com o evangelho e as obras com a fé no que diz respeito à justificação. Assim, perverteram tanto a lei quanto o evangelho e formaram para si mesmos uma aliança das obras eclética.[37]

---

[37]John Colquhoun, *A treatise on the law and gospel*, organização de D. Kistler (1859; reimpr., Morgan: Soli Deo Gloria, 1999), p. 18-9. Colquhoun (1748-1827)

Essa mesma distorção fica evidente quando o evangelho é pregado ao homem natural. Boston sabia muito bem que, baseado em seus instintos, o indivíduo consciente pode dizer: "A partir de agora vou caprichar mais e vou me sair melhor". Parece algo lógico: Entendo que errei. Preciso corrigir esse erro me saindo melhor. Mas essa lógica é convoluta, pois simplesmente compõe o velho espírito legalista. É o instinto natural do filho pródigo, um ex-antinomiano que, ao cair em si, raciocina da perspectiva de reconquistar o favor do pai.[38]

A proclamação do evangelho é um ato de repúdio ao legalismo doutrinário. Mas *o que o coração ouve* ("Eu errei assim ou assado e preciso me esforçar mais") costuma ser retrato de uma reação do legalismo baseado na experiência. Ele atinge níveis bem profundos. É costume dizer que podemos ter uma cabeça legalista e um coração também legalista. Mas também é perfeitamente possível ter uma *cabeça evangélica* e um *coração legalista*. Foi essa realidade que os Homens do Cerne se viram enfrentando, muitos deles primeiro em si mesmos, pois uma das doenças que *The marrow* desnudou foi o pensamento sutil de que o crescimento em santidade fortalece a justificação. Ele pode confirmá-la? Sim. Mas fortalecê-la? Jamais! Isso não parece levemente antinomiano? Claro — *mas somente se estivermos ouvindo com ouvidos legalistas.*

A situação se mostrou ainda mais complicada pelo fato de seus opositores professarem uma ampla ortodoxia na tradição reformada da Confissão de Fé. Mas foram necessários uma declaração desajeitada como o Credo de Auchterarder e um livro ousado

---

não tem recebido muita visibilidade fora da Escócia, sua terra natal (e mesmo ali a atenção que lhe é dada é esparsa), e raramente aparece em dicionários de história da igreja ou de biografias. Mas ele foi um dos principais ministros evangélicos (talvez o principal) da Igreja da Escócia. Hoje ele é lembrado somente por seu astuto comentário feito a alunos que lhe pediram indicações de livros: "Não, eu não ousaria recomendar-lhes que leiam *The marrow of modern divinity*, pois, conforme vocês sabem, a Assembleia o condenou. Mas eles não condenaram as notas de Thomas Boston sobre *The marrow*!".

[38]"Trata-me como um de teus empregados" (Lc 15.19).

como *The marrow* para acender uma luz que expôs corações legalistas. Às vezes isso é necessário. Juntos, o credo e *The marrow*, à semelhança do papel de tornassol — de importância apenas relativa em si mesmo —, revelaram a presença na mente e no coração de elementos ácidos ou alcalinos, do legalismo ou da graça. Na verdade, os Irmãos do Cerne não eram antinomianos, mas, no momento em que o ensino deles entrou em campo, expôs com toda nitidez a "índole" legalista de cristãos e não cristãos.

Portanto, o legalismo é tão velho quando o próprio Éden. Sua essência está em qualquer ensino que diminua ou distorça o amor generoso de Deus e a plena gratuidade de sua graça. Ele desvirtua a graça de Deus revelada em sua lei e deixa de vê-la dentro do contexto adequado na história da redenção como expressão de um Pai gracioso. Essa é a natureza do legalismo. Na verdade, poderíamos dizer que essas são as *naturezas* do legalismo.

Capítulo 5

A ORDEM DA GRAÇA

A razão por que o Credo de Auchterarder causou uma reação tão violenta foi que ele tocou um nervo espiritual exposto ao afirmar que o arrependimento não é uma condição para receber Cristo. *The marrow* expôs outro nervo ao frisar que a santificação não presta contribuição alguma à justificação. Será que esse pensamento era certamente um convite ao antinomianismo e a uma vida de indiferença para com a lei de Deus?

A história por trás de tudo

A plena importância da controvérsia do cerne fica ainda mais clara quando a situamos dentro das outras dimensões de seu contexto teológico mais amplo.

Thomas Boston estava preocupado com a forma pela qual o arrependimento estava recebendo prioridade não somente lógica, mas também cronológica em relação à fé na *ordo salutis* (a ordem dos vários aspectos da aplicação da redenção).

Com o passar dos anos na tradição reformada na Escócia e em outros lugares, houve uma mudança sutil em relação à *ordo salutis* reformada. Nesse contexto, o Credo de Auchterarder havia introduzido a visão de que não havia pré-requisitos na oferta do evangelho do Cristo crucificado e ressurreto. Entre o pecador e o ato de receber o Salvador não há nenhum estágio intermediário. Quando o indivíduo aceita Cristo, o arrependimento não vem antes da fé.

A *ordo salutis*[1]

O conceito de *ordo salutis* está há muito tempo vinculado à teologia reformada, embora sua ocorrência no período pós-Reforma tenha se dado primeiramente em um contexto luterano. Mas o termo em si tem origem bem mais antiga e aparece já no século 10 nos textos de Odo, Abade de Cluny.[2] Na teologia posterior à Reforma, o termo era cada vez mais usado no contexto da aplicação da obra de Cristo ao indivíduo. Suas melhores formulações tinham por objetivo expressar a lógica interna e as inter-relações dos vários aspectos dessa aplicação, não delinear um processo cronológico em que o indivíduo passava de um estágio a outro.

Vimos que William Perkins empregou a metáfora de uma "corrente" para descrever a interação de elementos como eleição, regeneração, fé, justificação, mortificação, vivificação, arrependimento e nova obediência no contexto do relacionamento do indivíduo com Cristo.[3] A metáfora da corrente ganhou tamanha força na teologia evangélica, principalmente em relação a Romanos

---

[1]Veja o conceito de *ordo salutis* em um contexto sistemático na análise feita por Sinclair B. Ferguson, *The Holy Spirit, contours of Christian theology* (Downers Grove: IVP Academic, 1996), p. 94-113.

[2]Odo (879-942) emprega o termo no contexto da realização da redenção.

[3]Neste ponto, Perkins sofreu influência da obra de Teodoro Beza (1519-1605). Colega e sucessor de Calvino em Genebra, Beza havia sido o autor de *Tabula Praedestionis* (Genebra, 1555), uma iniciativa de combater o pensamento de Jerome Bolsec, que havia feito oposição aos ensinamentos de Calvino. A "tábua" foi publicada na Inglaterra em 1575, em tradução feita por William Whittingham, que havia sido colega de John Knox.

8.29,30, que sua heurística e natureza metafórica costumam ser esquecidas. Uma repercussão desse emprego é a forma em que os vários aspectos da redenção, vistos cada um como elos da corrente, seguem uns aos outros e precedem o próximo. Essa visão inclinava-se a mudar a perspectiva dos aspectos lógicos para os cronológicos e principalmente transferir o foco, desviando-o de Cristo para os benefícios específicos do evangelho.[4]

Foi nesse contexto que vieram à tona as questões sobre o relacionamento entre fé e arrependimento e, na sequência, o debate sobre o que vem primeiro, arrependimento ou fé, e em que sentido isso acontece.

Penitência ou arrependimento?

Por trás do conflito que levou à Reforma encontravam-se debates medievais sobre como a graça é recebida. Restrita à Bíblia em latim de Jerônimo (a Vulgata),[5] a igreja havia entendido a exortação de Jesus, "arrependei-vos", como *paenitentiam agite*,[6] interpretando-a como "fazei penitência". Assim, a ideia bíblica de arrependimento ficaria vinculada, ou até limitada, aos atos concretos e específicos que um sacerdote prescreveria por causa do pecado como parte

---

[4]É possível que haja uma "corrente" metafórica ou simbólica em Apocalipse 20.2, mas, a despeito da história da metáfora, algo assim não está implícito em Romanos 8.29,30, e é importante não confundir a metáfora com o que Paulo de fato diz.

[5]O Concílio de Trento, parte do movimento conhecido como Contrarreforma, confirmou que a Vulgata (concluída em 404 d.C.) "deve ser considerada autêntica (*pro authentica*) nas leituras feitas em público, nas disputas, em sermões e exposições, e que ninguém ouse ou presuma rejeitá-la por quaisquer motivos". Council of Trent, quarta sessão, 8 de abril de 1546, "Decree on the Vulgate Edition of the Bible and on the Manner of Interpreting Sacred Scripture", in: Heinrich Denzinger, *Compendium of creeds, definitions, and declarations on matters of faith and morals*, revisão e edição de P. Hünermann, 43. ed. (San Francisco: Ignatius Press, 2012), p. 369.

[6]Mt 4.17.

do sistema de sacramentos. Para os pecadores, isso se transformou em um pré-requisito para o recebimento de mais graça, à medida que, aos poucos (mas raramente, e não certamente), a primeira infusão da graça no batismo se desenvolvia por meio do sistema de sacramentos até se consumar na plena justificação.[7] Com a cooperação do beneficiário, se a fé fosse plenamente impregnada pelo perfeito amor por Deus (*fides formata caritate*), o indivíduo poderia ser justificado em definitivo — na verdade, poderia ser *justamente* justificado, uma vez que a "graça" havia produzido internamente uma justiça que serviria de base para a justificação.

Desse modo, Deus justificava aqueles que a graça *já havia tornado justos*. Nesse sentido, a justificação era "pela graça". Mas não era *sola gratia*. Ela se consolidava no final de um longo processo interno de cooperação. Além disso, costumava-se afirmar que a graça produz a justiça, de tal modo que a justiça de Deus se revela no que poderíamos chamar de "justificação dos que se tornaram justos pela graça".

Ao ler a edição de Erasmo do Novo Testamento em grego, os jovens que estavam na vanguarda do recém-nascido movimento da Reforma perceberam que a mensagem de Jesus não era *paenitentiam agite* ("fazei penitência"), mas *metanoeite* ("arrependei-vos").[8] O arrependimento não é um ato exterior que se pratica separadamente; é a reviravolta de toda a vida pela fé em Cristo.

---

[7]Nessa *ordo salutis*, a penitência era e continua sendo descrita como a "segunda tábua": "Cristo instituiu o sacramento da penitência para todos os membros pecadores de sua Igreja, acima de tudo para aqueles que, depois do batismo, caíram em pecado grave, perdendo assim a graça batismal e ferindo a comunhão eclesial. Para eles o sacramento da Penitência oferece uma nova oportunidade de conversão e recuperação da graça da justificação. Os Pais da Igreja apresentam esse sacramento como a 'segunda tábua [de salvação] depois do naufrágio, que é a perda da graça'". J. Ratzinger; Christoph Schönborn, *Introduction to the catechism of the Catholic Church* (San Francisco: Ignatius Press, 1994), p. 363 [edição em português: *Breve introdução ao catecismo da Igreja Católica* (Aparecida: Santuário, 1997)].
[8]Mt 4.17.

Lutero entendeu essa diferença quando afixou suas 95 teses em Wittenberg. A primeira tese diz: "Quando nosso Senhor Jesus Cristo disse 'arrependei-vos', ele queria dizer que a vida cristã como um todo deve ser marcada pelo arrependimento". Assim, o arrependimento não é uma decisão pontual de um momento, mas uma transformação radical do coração que inverte toda a direção da vida. No contexto da fé, o pecador arrependido é justificado de imediato, plena e definitivamente — no início da vida cristã. Não era sem motivo que isso trazia alegria e certeza da salvação!

Fé em primeiro lugar?

Mas a pergunta ainda não havia recebido resposta: "Segundo concebido no evangelho, como o arrependimento se relaciona com a fé?".

Dentro desse cenário na teologia medieval, Calvino havia insistido na prioridade da fé. O arrependimento pode estar em harmonia com o evangelho apenas dentro do contexto da fé que se apropria de Cristo, em quem encontramos a graça de Deus que nos é dispensada. Portanto, o arrependimento não pode preceder a fé, seja de uma perspectiva lógica ou cronológica, pois seria um ato anterior à fé e desta separado. Em seus escritos, Calvino sempre manteve com naturalidade a visão de arrependimento como penitência.[9]

Um século depois, os teólogos de Westminster se esforçaram para enfatizar o contexto da graça em relação ao "arrependimento para a vida":

O arrependimento para a vida é uma graça evangélica. [...] Movido pelo reconhecimento e sentimento, não só do perigo,

---

[9]João Calvino, *As institutas*, tradução de Waldyr Carvalho Luz (São Paulo: Cultura Cristã, 2006), 3.3.1-2, 4 vols.

mas da impureza e odiosidade de seus pecados, como contrários à santa natureza e justa lei de Deus, *e se conscientizando da misericórdia divina manifesta em Cristo aos que são penitentes*, o pecador, pelo arrependimento, de tal maneira sente e aborrece os seus pecados que, deixando-os, se volta para Deus, tencionando e procurando andar com ele em todos os caminhos de seus mandamentos.[10]

Portanto, no âmbito da tradição confessional de que Thomas Boston fazia parte, o arrependimento acontece no contexto da fé que entende a graça de Deus em Cristo. A graça motiva a fé, não o contrário.

Thomas Boston batia muito nessa tecla. Não podemos fazer divisão alguma entre fé e arrependimento, mas podemos estabelecer uma cuidadosa distinção entre ambos:

> Em suma, o arrependimento segundo o evangelho não antecede a remissão dos pecados, mas vem depois, de acordo com a ordem natural.[11]

As implicações dessa verdade para a pregação do evangelho haviam libertado Boston: Cristo deve ser apresentado em toda a plenitude de sua pessoa e obra; então a fé entende diretamente a misericórdia de Deus em Cristo; quando isso acontece tem início a vida de arrependimento como seu fruto.[12] *The marrow* já havia tratado desse ponto em uma conversa entre Nomista, o legalista, e Evangelista, o pastor:

---

[10]*A confissão de fé de Westminster* (São Paulo: Cultura Cristã, 2017), 15.1-2 (grifo do autor).

[11]Thomas Boston, *The whole works of the late Reverend Thomas Boston*, organização de S. M'Millan (Edinburgh, 1848-1852), 12 vols., 6:109; cf. 6:77-78.

[12]Ibidem, 6:78.

Nomista:

— Mas, assim mesmo, senhor, entendes que Cristo exige que o indivíduo tenha sede[13] antes que o busque, mas isso, penso eu, não é possível sem o verdadeiro arrependimento.

Evangelista:

— No último capítulo de Apocalipse, versículo 17, Cristo estende o mesmo convite, dizendo: "Aquele que tem sede, venha"; e como se o Espírito Santo já naquele tempo respondesse à mesma objeção que o senhor faz, eis a sequência daquelas palavras: "E quem quiser, receba gratuitamente da água da vida"; mesmo que não tenha sede, se quiser, pois "aquele que vem a mim, de modo algum o lançarei fora" (Jo 6.37). Mas como tu achas que ele deve se arrepender antes de crer, rogo-te que me digas o que entendes por arrependimento ou em que ele consiste.

Nomista:

— Ora, acho que o arrependimento consiste nos atos de o indivíduo se humilhar perante Deus, entristecer-se e lamentar-se por ofendê-lo com seus pecados e voltar-se deles todos para o Senhor.

Evangelista:

— E tu exigirias que um homem realmente fizesse tudo isso antes de aceitar Cristo pela fé?

Nomista:

— Sim, certamente, acho que é exatamente isso que ele deve fazer.

Evangelista:

— Pois então, sou sincero em dizer, o senhor o obrigaria a fazer o que é impossível. Porque, em primeiro lugar, a humilhação

---

[13] Em uma referência a Isaías 55.1.

espiritual, nos verdadeiros penitentes, procede do amor de Deus, seu Pai bondoso, e, portanto, do ódio dirigido ao pecado que o desagradou; e sem fé é impossível que tal aconteça.

Em segundo lugar, a tristeza e o lamento causados pelo pecado que desagrada a Deus necessariamente são provas do amor de Deus; é impossível amar a Deus se não soubermos, pela fé, que somos amados por ele.

Em terceiro lugar, homem algum pode voltar-se para Deus se antes não tiver se afastado de Deus; depois que ele se afasta, ele se arrepende; por isso diz Efraim: "Depois de convertido, eu me arrependi" (Jr 31.19). A verdade é esta: primeiro o pecador crê que Deus fará o que prometeu, a saber, perdoar seus pecados e levar suas iniquidades; em seguida, ele descansa nessa esperança e, a partir de então, e por causa disso, abandona o pecado e deixa sua antiga vereda, pois ela não agrada a Deus; então fará o que é agradável e aceitável a ele. De modo que, antes de qualquer outra coisa, apreende-se o favor de Deus e se crê na remissão dos pecados; em seguida, com base nisso, vem a mudança de vida e de comportamento.[14]

Thomas Boston dá sua chancela a essas palavras e mostra com longos comentários que esse era seu entendimento do caminho da salvação.[15] O arrependimento é impregnado de fé;

---

[14]Edward Fisher, *The marrow of modern divinity* (Ross-shire: Christian Focus, 2009), p. 162. Nomista responde dizendo que Cristo ensinou que a fé vem depois do arrependimento, afirmação à qual Evangelista apresenta uma longa resposta. Ibidem, p. 162-4.

[15]É possível que a confusão na mente daqueles que, embora evangélicos, se opunham a *The marrow* como antinomiano pode ser a premissa enganosa de que a única alternativa ao ato de "abandonar o pecado a fim de aceitar Cristo" seria dizer que o indivíduo pode aceitar Cristo e continuar no pecado — exatamente a ideia repudiada por Paulo em Romanos 6.1ss. Mas Thomas Boston sabia que essa lógica binária era um exemplo da falácia *tertium non datur* — em linguagem comum, a falácia do "isto ou aquilo". A verdade é que existe uma terceira opção, a saber, abandonar o pecado é um ato indispensável que acompanha a decisão de

do contrário, é legalismo. Mas, sem arrependimento, a fé não passa de mera imaginação.

Não obstante os Irmãos do Cerne estarem sob a acusação de fomentar o antinomianismo, nenhum membro da igreja de Thomas Boston em Ettrick teria sequer imaginado que ele não fosse plenamente inocente das acusações. O fato é que no exato ano em que o Credo de Auchterarder estava sendo esquadrinhado e condenado na Assembleia Geral, Boston pregou muitas vezes sobre o tema que ele havia escolhido como seu tema "corriqueiro": a necessidade absoluta de arrependimento, o perigo de adiá-lo e, como um extra, outra mensagem poderosa: "O caso incomum do ladrão na cruz não constitui argumento para adiar o arrependimento".[16] Em todos esses pontos, Boston e os Irmãos do Cerne parecem estar em plena harmonia com Calvino.

No final das contas, não é possível fazer uma separação cronológica entre fé e arrependimento. O verdadeiro cristão crê com uma postura de arrependimento e arrepende-se com uma postura de fé.

---

aceitar Cristo, mas não é algo que vem antes da fé. Como assim? Nas categorias usadas por Paulo em Romanos 6, a pessoa que se une a Cristo pela fé em sua morte e ressurreição, visando à justificação, nessa mesma união morre para o reinado e o domínio do pecado. Portanto, seria uma contradição estar em Cristo e continuar pecando. A união com Cristo é o alicerce de toda a estrutura; se ela for omitida, o edifício virá abaixo. Veja um tratamento sucinto da união com Cristo segundo Boston em Philip G. Ryken, *Thomas Boston as preacher of the fourfold state*, Rutherford Studies in Historical Theology (Carlisle: Paternoster, 1999), p. 184-220.

[16]Boston, *Works*, 6:468. Em *Works* 6:76-99, Boston também abordou a necessidade de arrependimento como "questão de consciência". Veja a série de sermões sobre arrependimento em *Works*, 6:377-481. Os dois sermões sobre o ladrão na cruz foram pregados em junho de 1717, clara e imediatamente precedidos pelos outros. Isso significa que nos dias em que Boston foi à Assembleia Geral em Edimburgo e ouviu a condenação do Credo de Auchterarder ("creio não ser saudável nem ortodoxo ensinar que abandonamos o pecado para que possamos aceitar Cristo e estabelecer nossa aliança com Deus"), ele estava pregando uma série notável de sermões sobre a absoluta necessidade de arrependimento e a insensatez de imaginar que ele poderia ser adiado.

É por essa razão que, no Novo Testamento, qualquer um dos termos pode ser empregado quando se tem em vista ambas as dimensões; e a ordem em que eles são usados pode variar. Mas na *ordem natural*, no que diz respeito à lógica interna do evangelho e ao funcionamento de sua "gramática", jamais se pode dizer que o arrependimento *precede* a fé. Ele não pode existir fora do contexto da fé.[17]

Aliás, Calvino tem em mente a ideia anterior à Reforma segundo a qual a ordem de arrependimento dada pelo evangelho significa fazer penitência. Mas seu pensamento vai além disso:

> Ora, uma vez que Cristo nos confere ambas *essas coisas* [arrependimento e perdão dos pecados], isto é, novidade de vida e reconciliação graciosa, e a ambas alcançamos pela fé.
>
> Entretanto, deve estar fora de controvérsia que o arrependimento não apenas segue de contínuo a fé, mas até mesmo nasce dela. Ora, uma vez que pela pregação do evangelho é oferecido perdão e remissão para que o pecador, liberado da tirania de Satanás, do jugo do pecado e da mísera servidão dos vícios,

---

[17] Às vezes, o apelo que acompanha a pregação do evangelho é: (1) Arrependei-vos! Mateus 3.2: Jesus prega o reino de Deus e chama os ouvintes ao arrependimento; Atos 2.38: em resposta ao sermão de Pedro, os ouvintes devem se arrepender e ser batizados no nome de Jesus Cristo; Atos 17.30: Deus agora ordena que todos os homens, em todos os lugares, se arrependam. No entanto, há casos em que o apelo é feito especificamente para que se creia: João 3.16; cf. Atos 16.30: Que preciso fazer para ser salvo? Crê no Senhor Jesus Cristo. Vale a pena destacar que, em Atos 17.34, onde se exige uma resposta de arrependimento (cf. At 17.30 acima), o texto informa que alguns homens creram. (3) Em outras ocasiões, o apelo é feito para que os ouvintes se arrependam e creiam: Marcos 1.15, em resposta à proclamação das boas-novas do reino. Com base nesses textos, parece ficar claro que, embora denotem elementos diferentes na conversão a Cristo, tanto a fé quanto o arrependimento se revelam tão essenciais a essa conversão, que um não pode existir sem o outro e, em consequência disso, qualquer um deles pode ser usado onde ambos são denotados, como se tanto a fé quanto o arrependimento possam funcionar como sinédoque da conversão (fé e arrependimento). A fé sempre será penitente; o arrependimento, se genuíno, sempre se dará em um contexto de fé.

seja transportado ao reino de Deus, por certo que ninguém pode abraçar a graça do evangelho a não ser que se afaste dos erros da vida e tome a via reta, e aplique todo seu esforço à prática do arrependimento. Mas, os que pensam que o arrependimento precede à fé e não é produzida por ela, como o fruto de sua árvore, estes jamais souberam no que consiste sua propriedade e natureza, e, ao pensar assim, se apoiam num fundamento sem consistência.

[...] Contudo, quando atribuímos à fé a origem do arrependimento, não sonhamos algum espaço de tempo no qual se lhe dê à luz; ao contrário, queremos pôr à mostra que o homem não pode aplicar-se seriamente ao arrependimento, a não ser que reconheça ser de Deus. Mas, ninguém é verdadeiramente persuadido de que é de Deus, salvo *aquele* que haja antes reconhecido sua graça.[18]

Voltar, correr, recusar

O poder dessa perspectiva, é claro, está presente já na Parábola do Filho Pródigo contada por Jesus. Mesmo que a parábola seja lida como defesa de uma única mensagem, esta se expressa em diversas dimensões. Nos termos de nosso estudo, podemos chamá-la, sob uma perspectiva, "A Parábola do Salvador da Graça Livre de Exigências"; de outra perspectiva, "A Parábola do Antinomiano Congraçado"; e de outra perspectiva (talvez a mais incisiva no presente contexto), "A Parábola do Legalista Destituído da Graça".

O filho pródigo pensa em voltar para casa porque sabe que na casa de seu pai poderia ter suas necessidades supridas:

---

[18]Calvino, *As institutas*, 3.3.1-2. Ademais, para Calvino o arrependimento é a realidade da regeneração, a qual para ele é a conversão da vida como um todo em mortificação e vivificação. Isso explica seu título de capítulo em *As institutas* 3.3: "Somos regenerados mediante a fé. Onde se trata também do arrependimento" (título que do contrário seria alarmante). (Para que o argumento seja entendido, tempos depois, nas classificações teológicas reformadas, as palavras "regeneração pela fé" teriam soado como distintamente arminianas por darem prioridade à fé em relação à regeneração!)

Mas, caindo em si, disse: "Quantos dos trabalhadores de meu pai têm mais do que o suficiente para comer, mas eu aqui estou morrendo de fome!"

Na casa de seu pai há provisão para suas necessidades, mas ele — muito naturalmente — continua lutando com os resquícios do veneno do Éden, a mentira sobre o Deus-cujo-favor-precisa-ser--conquistado. O que mais se poderia esperar do pai de um moço tão pecador?

Eu me levantarei, irei até meu pai e lhe direi: "Pai, pequei contra o céu e diante de ti. Não mereço mais ser chamado teu filho. *Trata-me como um de teus empregados*".

Quando ele se aproxima de casa, o pai que havia sido desprezado ignora todas as normas sociais (o rapaz deveria ter sido recebido com uma cerimônia vexatória). Em vez disso, ele corre para cumprimentá-lo. Então, em meio aos abraços e beijos do pai, o filho pródigo balbucia as palavras que havia ensaiado:

Pai, pequei contra o céu e diante de ti. Não mereço mais ser chamado teu filho.

Mas as últimas palavras ensaiadas, "Trata-me como um de teus empregados", são abafadas pelo abraço do pai! Ele não receberá seu filho em casa somente sob a condição de que "faça penitência" a fim de conquistar de novo a graça do pai. Ele não precisa mostrar um "grau suficiente de arrependimento" para ser acolhido.

Infelizmente, o coração daquele pai abriga uma profunda preocupação por seu filho mais velho. Ele de novo sai de casa para encontrá-lo. A introdução de Lucas à narrativa de Jesus deixa claro que o ponto alto da história está no irmão, não no filho pródigo: "Os fariseus e escribas se queixavam, dizendo: 'Este homem [Jesus] recebe pecadores e come com eles'". Essa queixa remete ao filho mais velho: "Ele estava com raiva". A reação do filho mais velho foi bem captada pela Nova Versão Internacional (NVI):

> Olha! Todos esses anos tenho trabalhado como um escravo ao teu serviço e nunca desobedeci às tuas ordens. Mas tu nunca me deste nem um cabrito para eu festejar com os meus amigos.

A essas palavras o pai responde com amor:

> Meu filho, [...] tudo o que tenho é seu.[19]

O que Jesus desmascara aqui é um coração legalista, um coração impregnado do veneno do Éden.[20] Um coração assim olha para o Senhor como se este fosse um senhor de escravos, não um Pai gracioso, como se ele fosse avarento, e não generoso. Tudo o que o Pai possui está à disposição dele. Mas o coração do filho mais velho está trancado; ele acha que não possui nada. Ele estava em casa e, no entanto, encontrava-se mais distante que seu irmão mais novo. Ele pensava ter direito sobre algo que poderia usufruir somente pela graça.

Particularmente esclarecedora é a impressão que temos de que somente em um contexto de manifestação profusa da graça o veneno oculto da postura legalista do irmão mais velho pode ser visto à plena luz. Será que a mesma realidade se aplicava aos

---

[19] Lc 15.1,2,11-32. O pai havia repartido "sua propriedade entre eles" (v. 12). Observe também como o irmão mais velho se refere ao pródigo como "este teu filho" e não como "este meu irmão".

[20] Observe na narrativa os ecos de Gênesis 3.1 e 1.26-30.

fariseus? E seria a profusão da graça nos ensinamentos de *The marrow* motivo de tão grande acirramento de ânimos?

Essa é a parábola de Jesus de que mais gostamos, em geral porque nossos olhos se voltam para o filho pródigo e seu pai. Mas, assim como nas piadas, as parábolas também encerram um princípio na "ênfase do fim". O "ponto alto" está no fim. Sendo assim, a mensagem alarmante aqui é que o espírito do irmão mais velho, o legalista, é mais fácil de ser encontrado perto da casa do pai do que no chiqueiro — ou, em termos concretos, é mais fácil de ser encontrado na igreja e entre os fiéis. E às vezes (só às vezes?) esse espírito aparece no púlpito e no coração do pastor.

Então esse espírito se torna altamente contagiante.

Mas de onde vem essa postura?

Reflexões sobre a controvérsia do cerne e sobre a literatura que dela se originou indicam que o espírito legalista geralmente remonta aos mesmos princípios básicos, não importa que tipo de máscara seja usado.

Justificação somente pela graça — entendeu?

A ideia de que a justificação pela fé é o artigo pelo qual a igreja se sustenta ou cai costuma ser associada a Martinho Lutero. Sem dúvida, ela também é o artigo pelo qual o cristão como indivíduo se sustenta ou cai. O nível do entendimento que temos da justificação pela fé está integralmente relacionado a nossa liberdade e alegria em Cristo.[21]

A justificação gratuita somente pela graça, somente por meio da fé e somente em Cristo está no centro da aplicação da redenção.

---

[21]Meu objetivo neste ponto não é tecer comentários sobre o antigo debate acerca de qual é o princípio arquitetônico na aplicação da redenção: justificação ou união com Cristo. No Novo Testamento, elas são inseparáveis, uma vez que fé, graça e justificação, em diferentes aspectos, são "em Cristo". Justificação e união, imputação e comunicação não são alternativas. Não existem uma sem a outra e nunca devem ser colocadas em distinção uma da outra.

A fé que nos une a Cristo também nos traz todas as bênçãos espirituais que dele advêm: a paz com Deus, a exultação na esperança da glória de Deus, nas tribulações e até no próprio Deus. Para aquele que crê não há condenação nem existência em uma cela de prisão. Pois Deus fez aquilo que a lei estava impedida de fazer por ser fraca em nossa carne. Ele enviou seu Filho à semelhança da carne do pecado, pelo pecado, para condenar o pecado na carne, de modo que as justas exigências da lei pudessem nele se cumprir. O espírito de escravidão não mais existe.[22]

Em sua argumentação em Romanos, Paulo havia antes empregado uma curiosa lógica do evangelho:[23]

> PERGUNTA: Se a justificação é pela graça somente, pela fé somente, em Cristo somente — por que haveríamos de nos orgulhar?[24]
>
> RESPOSTA: O orgulho foi excluído.
>
> PERGUNTA: Com base em qual princípio? Pelo princípio das obras?

Devemos fazer uma pausa antes de continuar a leitura do diálogo de Paulo.

Sem dúvida, a resposta aqui é sim. Pois Paulo está insistindo na ideia de que o orgulho *está* excluído porque todos nós pecamos e fomos destituídos da glória de Deus. Não podemos nos justificar por meio de nossas obras. Transgredimos a lei de Deus, seja a lei gravada na imagem de Deus na criação, seja a lei revelada no Sinai.

Portanto, é verdade que o orgulho está excluído pelo princípio das obras; não temos obras que possam dar base para nosso orgulho.

---

[22]Rm 5.1,3,11; 8.1-4,15.
[23]Rm 3.27.
[24]Para nossos propósitos neste ponto, não é essencial determinar se aqui e depois é Paulo quem está falando ou se ele usa a voz de um interlocutor.

Porém, no caso em questão, a resposta que Paulo dá é *outra*, pois não é essa a lógica que ele usa *nesse contexto*:

PERGUNTA: Com base em qual princípio (o orgulho está excluído)? Pelo princípio das obras?

RESPOSTA: Não, não pelo princípio das obras.

PERGUNTA: Então, com base em qual princípio?

RESPOSTA: Pelo princípio da graça.

O raciocínio de Paulo é inesperado e profundo. É verdade que a ausência de obras inviabiliza nosso orgulho. Mas o princípio ou lei das obras como tal, a priori, não exclui o orgulho. Se fôssemos apelar ao orgulho, poderíamos dizer: "Fiz do meu jeito". Em tese, teríamos algo de que nos orgulhar.

Assim, o princípio ou lei das obras exclui o orgulho como fato. A exclusão se dá a posteriori, mas não a priori.

Mas o princípio ou lei da graça exclui toda possibilidade de orgulho a priori! Ele tira de nossas mãos toda contribuição à justificação e a deixa inteiramente nas mãos de Deus. Por definição, a graça exclui todo requisito prévio. Portanto, a graça elimina o orgulho; ela o sufoca; faz calar toda e qualquer negociação que vise a algum tipo de contribuição de nossa parte, antes mesmo que ela possa começar. Por definição, não podemos nos "habilitar" para a graça de qualquer modo que seja, por meio algum nem por ação alguma.

Assim, é o entendimento da graça de Deus — isto é, *o entendimento do próprio Deus*[25] — que põe abaixo o legalismo. A graça põe em destaque a falência do legalismo e mostra que ele não é somente inútil; ele não tem sentido; nele o sopro de vida é sufocado.

---

[25] Nunca é demais repetir que, nas Escrituras, "graça" não é uma *res* ("uma coisa"). Não se trata de uma substância ou de um produto fora da pessoa do próprio Deus.

Às vezes, os cristãos anseiam por sondar as "verdades mais profundas" da vida cristã. É claro que existe um progresso legítimo no conhecimento que marca a maturidade.[26] Mas, na realidade, precisamos nos aprofundar nos primeiros princípios do evangelho. No entanto, o espírito legalista se insinua muito facilmente em nosso raciocínio. Isso acontece em duas áreas em particular.

1) EM NOSSO PENSAMENTO SOBRE A OFERTA DO EVANGELHO

Em seu livro *Christ dying and drawing sinners to himself* [Cristo morrendo e atraindo pecadores a si], Samuel Rutherford (houve poucos calvinistas como ele) faz uma declaração que, para alguns, pode parecer espantosa e até preocupante:

> Os réprobos têm uma base para crer em Cristo tão justa quanto a base dos eleitos.[27]

Mas negar as palavras de Rutherford é confundir as obras objetiva e subjetiva de Deus e tornar sua oferta de Cristo a nós dependente de alguma coisa que esteja em nós.

Contemporâneo de Rutherford e mais jovem que ele, James Durham nos apresenta uma ilustração de como isso se expressava na pregação do evangelho. Em um sermão pregado em dia de celebração da ceia do Senhor, "Os preparativos do evangelho são os mais poderosos convites", baseado em Mateus 22.4 ("Tudo está preparado. Vinde para a festa de casamento"), ele aborda a questão daqueles "a quem a oferta é apresentada":

> Os chamados não são um ou dois, nem poucos, não os mais importantes, nem os mais humildes, nem somente os santos, nem somente os profanos, mas todos são convidados; o chamado é

---

[26]Cf. o lamento do autor em Hebreus 5.11-14.
[27]Samuel Rutherford, *Christ dying and drawing sinners to himselfe* (London, 1647), p. 442.

feito a cada um de vós em particular, pobres e ricos, humildes e de alta posição, santos e profanos.

E Durham continua:

Apresentamos essa oferta a todos vós, os que sois *ateus*, os que sois *rudes*, os que sois *ignorantes*, a vós que sois *hipócritas*, a vós que sois *preguiçosos* e *mornos*, aos civilizados e aos vulgares — pedimos, imploramos, suplicamos, vinde para o casamento; chamai (diz o Senhor) *os cegos, os aleijados, os mancos* etc. e convidai-os para que todos venham, sim, *obrigai-os a entrar*. A graça pode operar outras e maiores maravilhas do que convidar essas pessoas; ela pode não somente lhes propor casamento, mas pode também efetivar com sucesso a união entre Cristo e elas.

Não diremos, nem ousaremos dizer, que todos vós recebereis Cristo como marido; mas realmente o oferecemos a todos vós, e vossa será a culpa se o desejardes, mas seguirdes sem ele. Portanto, antes de continuar, solenemente declaramos diante de Deus e de seu Filho Jesus Cristo, preparai-vos hoje, pois a oferta é feita a vós e vos é apresentada em seu nome: o Senhor Jesus deseja se casar convosco, até mesmo com os mais profanos e rudes, se desejardes vos casar com ele, e ele sinceramente vos convida para que venhais à festa de casamento.[28]

---

[28]James Durham, *The unsearchable riches of Christ, and of grace and glory in and through him* (Glasgow: Alexander Weir, 1764), p. 58-9. Essa eloquente ilustração da oferta gratuita do evangelho é apresentada no contexto de uma referência às palavras prediletas de Thomas Boston em Isaías 55.1. Philip G. Ryken fez uma lista dos livros e das leituras de Boston. Não há indícios de que Thomas Boston tenha tido acesso a essa obra em particular, mas ele conhecia vários escritos de Durham. Ryken, *Thomas Boston as preacher of the fourfold state*, p. 312-20. Para Durham e para Boston, não existem condições ou requisitos que nos sejam exigidos como base para a oferta do evangelho. A terminologia das "condições" tornou-se tão confusa que chega a ser inútil, e nesse contexto seria melhor evitá-la por completo ao nos referir ao papel da fé. Se usada, é preciso que se deixe claro que a "condição" é de natureza instrumental e receptiva, não se trata de uma contribuição. Ao apresentar sua crítica ao antinomianismo, John

Essas palavras constituem um bom teste para verificar se entendemos plenamente as implicações do evangelho de Cristo, pois sublinham o princípio de que a base para crer em Cristo não reside em nós, mas nele.

Mais tarde no século 17, Robert Traill trouxe à baila a mesma questão:

> Seria desejável que nos abstivéssemos de fazer uma oferta gratuita da graça de Deus em Cristo ao pior dos pecadores? Tal não pode ser admitido por nós: pois esta é a palavra do evangelho, fiel e digna de toda aceitação (e, portanto, digna de que a preguemos), que Jesus Cristo veio ao mundo para salvar os pecadores e o principal deles, 1Timóteo 1.15. Essa era a prática apostólica. Os apóstolos começaram em Jerusalém, onde o Senhor da vida foi

---

Flavel defende o uso do termo "condição" em *Planēlogia, a succinct and seasonable discourse of the occasions, causes, nature, rise, growth, and remedies of mental errors*, in: *The works of John Flavel* (1691; reimpr., Banner of Truth, 1968), vol. 3, p. 420-1. Curiosamente, o organizador da edição do século 19 introduziu uma rara nota de rodapé expressando sua divergência. Muitos dos autores reformados de antes teriam expressado com mais clareza a ideia de que as alianças de Deus não são "condicionais" no sentido de exigir nossa resposta a fim de serem estabelecidas, mas que suas promessas de bênção e maldição estabelecidas são efetivadas nos termos de fé e obediência ou incredulidade e desobediência. Elas têm um fundamento monopleural e uma execução dipleural. A citação de Durham feita acima destaca o fato de que Boston estava dentro do melhor da tradição escocesa no que diz respeito a uma pregação do evangelho livre e intrépida. O sermão de Durham "Preparativos do Evangelho" continua por mais quinze páginas depois do apelo acima, nas quais ele refuta as objeções e rejeições a Cristo antes de fazer o último apelo: "E agora, para concluir: Será que não existe a necessidade, uma grande necessidade de vir? E não tendes vós uma boa garantia para vir? [i.e., ao casamento]. [...] E se não tiverdes roupas, anéis ou joias para vos adornar, ele vos dará todas essas coisas. Então vinde à frente, vinde, vinde, ó vinde, e que este seja o dia de firmar aliança com ele. Por isso, como sinal e símbolo, submetei a ele vosso nome; e, como confirmação, recebei o selo de sua aliança, o sacramento com vossa mão, e bendizei-o com vosso coração, ele que de todo o coração vos recebe. E que a bênção de Deus seja derramada sobre vós, que vindes segundo esses termos". *Unsearchable riches*, p. 73-4. Quem não desejaria estar ali presente para responder àquelas palavras e tomar assento à mesa do Senhor?

perversamente morto pelos homens; mesmo assim, a vida em seu sangue e por meio de seu sangue foi oferecida a muitos daqueles homens, e eles a aceitaram e receberam. [...]

Por acaso diremos aos homens que, se eles não forem santos, não devem crer em Jesus Cristo? Que não devem procurar a salvação em Cristo enquanto não se habilitarem e se adequarem para serem recebidos e acolhidos por ele? Isso seria o mesmo que se abster de pregar o evangelho ou proibir a todos que creiam em Cristo. Pois jamais pecador algum se habilitou para receber Cristo. Ele se habilitou por nós, 1Coríntios 1.30; mas um pecador sem Cristo não tem habilitação alguma para receber Cristo, somente pecado e desgraça. Onde estaremos em melhores condições, a não ser em Cristo? Não; suponham ser impossível que um homem se habilite para receber Cristo; afirmo com coragem que tal homem não desejaria nem poderia jamais crer em Cristo. Pois a fé se traduz no pecador condenado que, perdido e sem esperança, lança-se sobre Cristo para receber a salvação; essa pessoa não tem nenhuma habilitação.

Haveremos de exortar as pessoas a que não creiam rápido demais em Cristo? É impossível que o façam rápido demais. Pode um homem obedecer ao grande mandamento do evangelho rápido demais, 1João 3.23? Ou realizar a grande *obra de Deus* rápido demais, João 6.28,29?[29]

O legalismo também se insinua:

---

[29]Robert Traill, *A vindication of the Protestant doctrine concerning justification*, in: *The works of the late Reverend Robert Traill* (Edinburgh: Banner of Truth, 1975), 1:263, 2 vols. (original de 1810 em 4 vols.). Traill (1642-1716) foi um "aliancista" profundamente dedicado que, no final de sua adolescência, esteve no cadafalso junto com James Guthrie por ocasião de sua execução em 1661. Mais tarde juntou-se a seu pai na Holanda antes de voltar ao ministério em Londres. Foi capturado e temporariamente encarcerado em Bass Rock durante uma visita à Escócia em 1677. Continuou a trabalhar como pastor presbiteriano em Londres até sua morte.

2) No que pensamos sobre o relacionamento entre santificação e justificação

Um aspecto disso ameaçava a jovem igreja dos gálatas. Depois de começar em Cristo por meio do Espírito que neles cumpria as exigências da lei, eles agora estavam terminando na carne ao fazer acréscimos a Cristo. A antiga sedução dos requisitos prévios, dos acréscimos e das contribuições pessoais os havia enfeitiçado.[30]

A igreja colossense também estava ameaçada por ensinamentos que diluíam a mensagem do evangelho. Depois de receberem Cristo e nele terem plenitude de vida, eles estavam recebendo ofertas de uma nova bênção, uma plenitude que não haviam conhecido pela fé justificadora. Mas havia condições que os impediam de alcançar tal plenitude: coisas que não deveriam ser tocadas ou alimentos que não deveriam ser comidos; práticas ascéticas que os levariam à plenitude.[31]

Tratava-se de uma santificação de uma vida de alto nível por meio da habilitação para uma vida de baixo nível. Mas a que isso levava? Paulo diz:

> Ao exigir que vos habiliteis para a plenitude, esse ensinamento vos está privando do poder da justificação e santificação, que vos pertence em Cristo, em quem morrestes, fostes sepultados e ressuscitastes, cuja ascensão vos levou à vida nas esferas celestiais. Em contrapartida, uma vez que estais em Cristo e todos os benefícios dele agora vos pertencem, é claro que deveis vos despir de tudo o que é incoerente com a condição de estar nele e crescer nessas graças que expressam uma vida como a dele.[32]

O "adicional" oferecido é, na realidade, um condicionalismo que levará à falência. Por isso Paulo insiste no andar em Cristo do

---
[30]Gl 3.1-6.
[31]Cl 2.6-23.
[32]Veja Cl 3.1-17.

modo que o recebemos no início — pela graça, por meio da fé, sem as obras, mas atuando pelo amor.[33]

Aliança das obras ou regra de vida?

Referir-se à lei como "aliança das obras" ou como "regra de vida" é reconhecidamente uma linguagem teológica dos séculos 17 e 18, não dos dias atuais. É a linguagem de *The marrow*, dos Homens do Cerne e da tradição da Confissão de Fé. Ela pode parecer estranha por empregar categorias desconhecidas. Mas, qualquer que seja a tradição teológica, essa forma de referência expressa uma importante verdade. A função contínua da lei de Deus não é servir de padrão a ser atendido com fins de justificação, mas servir de guia para a vida cristã. Assim, de acordo com a Confissão de Fé:

> Embora os verdadeiros crentes não estejam sob a lei como um pacto de obras, para serem por ela justificados ou condenados, contudo ela serve de grande proveito, tanto a eles, como aos demais como regra de vida.[34]

Quer empreguemos essa linguagem da "aliança das obras" consagrada pelo tempo, quer não,[35] o argumento aqui apresentado é importante. Pois o legalismo nasce não somente de uma distorção da graça de Deus, mas também de uma visão deformada da lei de Deus. Podemos expressar esse conceito da seguinte maneira: o legalismo começa a se manifestar no momento em que enxergamos a lei de Deus como um contrato com cláusulas que precisam ser cumpridas e não como as implicações de uma aliança que nos é oferecida graciosamente.

---

[33]Cl 2.6,7; Gl 5.6.
[34]*A confissão de fé de Westminster*, 19.6.
[35]Aqui não estamos tratando da questão da nomenclatura. A resposta à pergunta 12 do Breve Catecismo refere-se a ela como "pacto de vida".

A *aliança* de Deus é sua promessa incondicional que ele faz gratuitamente: "Eu serei o vosso Deus", promessa que encerra em si uma implicação multidimensional: *portanto*, "vós sereis o meu povo".[36] Em contrapartida, um *contrato* seria expresso da seguinte forma: "Eu serei o vosso Deus *se* viverdes como meu povo". Trata-se da diferença entre "portanto" e "se". O primeiro termo introduz as *implicações* de um relacionamento já estabelecido; o outro introduz as *condições* sob as quais o relacionamento será estabelecido.

Na história da teologia, na definição das doutrinas e na exposição das Escrituras, desde o início, se tem declarado sem grande proveito que "aliança é um contrato". Nos bons autores que assim se expressam, essas palavras são logo explicadas com o fim de estabelecer diferenças entre as alianças divinas e os contratos comerciais.[37] Mas deve-se fazer uma distinção mais clara entre os dois conceitos. "Contrato" não dá a entender necessariamente um ato soberano ou uma disposição graciosa da parte de quem o firma. Falta-lhe o elemento incondicional de autoentrega presente em uma aliança ("Eu serei..."). Em um contrato, as condições se estabelecem em consequência de negociações; uma aliança é firmada incondicionalmente. As alianças de Deus acarretam implicações, mas nenhuma delas é resultante de negociações divino-humanas. Esse princípio está expresso em dois aspectos encontrados nas Escrituras:

1) Os autores do Novo Testamento contavam com mais de uma palavra em grego para traduzir o hebraico *berith* ("aliança"): *sunthēkē* e *diathēkē*. Eles optaram por usar *diathēkē*. A presença do prefixo *sun-* ("com", "junto com") na palavra *sunthēkē* dá uma

---

[36]Cf. Êx 6.7; Dt 31.6; 14.2; Rt 1.16.
[37]Por exemplo, isso acontece com regularidade na literatura do período puritano e de períodos posteriores.

ideia do motivo provável. Ela tem mais probabilidade de ser interpretada em sua acepção contratual — um acordo que dois indivíduos fazem um com (*sun-*) o outro, e não como uma disposição unilateral de uma pessoa em relação a outra. Não há indícios de que a aliança de Deus fosse um acordo firmado por negociações e condições mutuamente acertadas entre duas partes. Não, a aliança de Deus é uma dádiva.

2) A principal metáfora bíblica que nos vem à mente quando pensamos na aliança de Deus é a metáfora do casamento. Em uma aliança de casamento não há cláusulas condicionais ("se"). Pelo contrário, o casal se compromete um com o outro sem estipular condições — "na alegria e na tristeza, na saúde e na doença, na riqueza e na pobreza, até que a morte nos separe". É em virtude dessa autoentrega incondicional de uma parte que as implicações da aliança são tão imensas para a outra parte. Assim, a aliança que não impõe condições (sem nenhum "eu farei *se* você fizer") acarreta implicações imensas ("Ela prometeu... *portanto*, eu preciso...").

Do mesmo modo, quando Deus firmou sua aliança com o povo, o vínculo entre suas ações e as ações do povo não era o "se", mas o "portanto". Usando termos atuais, Deus declarou o *indicativo* — seu compromisso com seu povo; isso por sua vez fez surgir o *imperativo* — as implicações para o estilo de vida de seu povo. As implicações são resultado de suas declarações.

A natureza da aliança mosaica estava sendo amplamente debatida na época em que *The marrow* foi escrito.[38] Sem dúvida, teólogos e pastores não tinham uma só opinião. Mas a Confissão de Fé adotou a visão de consenso ao enxergar na aliança do Sinai mais uma expressão da aliança da graça abraâmica. Isso se deve

---

[38] Os detalhes dessa abordagem podem ser vistos em Sinclair B. Ferguson, *John Owen on the Christian life* (Edinburgh: Banner of Truth, 1987), p. 20-32.

ao contexto no qual os Dez Mandamentos foram inicialmente ordenados, contexto no qual (1) Deus estava se lembrando de sua aliança com Abraão, Isaque e Jacó[39] e (2) a própria lei de Deus foi prefaciada por uma declaração de seu contexto nos atos de redenção vistos no Êxodo. Assim, os indicativos da graça de Deus davam sustentação aos imperativos de sua lei:

> *Indicativo*: "Eu sou o SENHOR vosso Deus, que vos tirou da terra do Egito, da casa da escravidão".
>
> *Implicações imperativas*: "Não tereis outros deuses além de mim".[40]

A exceção de Thomas Boston

Observe-se que neste ponto Boston expressa uma de suas (várias) diferenças com *The marrow of modern divinity* [O cerne da teologia moderna], mesmo que somente para ilustrar o princípio de que dentro da teologia reformada geral sempre houve uma diversidade de opiniões sobre várias questões. Se estivermos cientes disso, evitaremos dizer ingenuamente (mas dogmaticamente!): "A visão reformada é a seguinte:...", ao passo que temos o direito de dizer apenas: "A visão sustentada por vários autores reformados com os quais concordo é a seguinte:...".[41]

---

[39]Êx 3.6,16; 4.4,5; 6.1-8.
[40]Êx 20.2,3.
[41]Essa postura está longe de ser uma receita de vale-tudo teológico. As confissões de fé reformadas eram documentos de consenso que continham declarações defendidas pelo voto da maioria, não por unanimidade. Sabemos, por exemplo, que na Assembleia de Westminster havia o desejo de optar por uma redação que permitisse aos delegados concordar com uma teologia reformada genérica sem um perfeccionismo que poderia romper a unidade na comunhão. Seria um equívoco pressupor que, simplesmente porque uma expressão da teologia da aliança foi consagrada pelo uso na Confissão de Fé, todos os teólogos ortodoxos do século 17 apoiavam exatamente aquela visão. É preciso que a igreja tenha um pouco de consciência disso para o bem de sua vida em comunidade.

The marrow afirmava que a lei outorgada no Sinai era uma reedição da aliança das obras. Evangelista expressa assim essa posição:

> Ela foi acrescentada a título de instrumentalidade e frequência, para melhor promover e efetivar a aliança da graça, de modo que, embora a mesma aliança feita com Adão tenha sido renovada no monte Sinai, ainda assim, eu diria, isso não aconteceu com o mesmo propósito.[42]

Assim,

> Os dez mandamentos constituíam a substância de ambas as alianças e diferiam apenas na forma.[43]

Boston afirmava que o homem natural está "debaixo" da aliança das obras; ou seja, ele permanece obrigado a ela e é responsável por seu não cumprimento. Mas a causa dessa condição é o Éden, não o Sinai. Ele não está "em Moisés", mas "em Adão". Todavia, amparando-se especialmente em Gálatas 4.24 (o Sinai dá à luz filhos para a escravidão), Boston dizia que a aliança do Sinai é a aliança da graça, mas nela a substância da aliança das obras se repetiu para fins específicos de instrumentalidade:

> Não há confusão entre as duas alianças, a da graça e a das obras; mas esta foi acrescentada à primeira como instrumento, para que os olhos deles se voltassem à promessa ou aliança da graça.[44]

Assim, na aliança mosaica, a graça era o princípio em operação, mesmo que o conteúdo da aliança das obras (i.e., a lei) tivesse mais

---

[42] Fisher, *Marrow*, p. 84.
[43] Ibidem, p. 96.
[44] Ibidem, p. 77.

visibilidade! Isso não nos deve levar à conclusão errada de que as alianças eram uma só ou iguais.

Por isso, a base da estrutura do Sinai refletia a estrutura da vida no Éden: Deus é gracioso; ele age em soberania e estende sua graça a seu povo.[45] Em resposta a essa graça, o povo deseja agradá-lo, prestar-lhe obediência e nunca entristecê-lo. Portanto, a lei e a obediência a ela jamais devem ser abstraídas do caráter da Pessoa que a outorgou. O que valia na antiga aliança do Sinai continua valendo na nova aliança em Cristo. Pois, no Calvário, o compromisso e as implicações da aliança de Deus são publicados em letras garrafais: "Foi assim que vos amei; em troca, confiai em mim e dai-me vosso amor, pois este é meu *mandamento*: que ameis uns aos outros como eu vos amei".[46] Por isso, no Novo Testamento, o amor pelos irmãos, embora motivado pelo amor de Cristo por nós, é simultaneamente uma forma de obedecer ao mandamento. Pois o amor não ignora a lei; em vez disso, ele a cumpre.[47]

Então, embora a lei exponha nosso pecado, não devemos reduzir o Decálogo a uma simples vara que tem como único objetivo açoitar

---

[45]Em consonância com vários teólogos reformados anteriores (entre eles, Paul Baynes, Samuel Rutherford, Stephen Charnock, Anthony Burgess, Thomas Watson e John Owen), Thomas Boston refere-se ao relacionamento original entre Deus e o homem como algo baseado na graça: "Parece-vos algo de pouca importância que a terra estava assim aliada com o céu? Isso não poderia ser feito a ninguém, exceto a ele, a quem o Rei do Céu deleitou-se em honrar. Foi um ato da graça, digna do Deus gracioso de quem ele era seu favorito; pois havia graça e favor gratuitos na primeira aliança, embora as sublimes riquezas de sua graça, conforme termo usado pelo apóstolo, estivessem reservadas à segunda". *Human nature in its fourfold state* (London: Banner of Truth, 1964), p. 48 [*Works*, 8:18]. Para Boston, a graça está presente na criação, mas ela não deve ser confundida com graça *salvífica*.

[46]Veja Jo 15.12. Veja também 2Jo 4-6.

[47]Rm 13.10. Da mesma forma, a obediência à lei do Sinai na antiga aliança era motivada pelo amor ao Senhor. Aliás, esse mandamento era o mais importante de todos (Dt 6.4-6).

as costas dos pecadores. Sim, é verdade que, "se não fosse a lei, eu não teria conhecido o pecado".[48] Mas se a enxergarmos somente dessa perspectiva (a exemplo do que Lutero havia feito, e outros depois dele), logo nos veremos novamente sucumbindo ao veneno do Éden.

Se pensarmos em Deus como aquele que se concentra totalmente em expor nosso pecado, ficaremos míopes demais para enxergar sua graça. Seremos atingidos por um espírito de dúvida e desconfiança em relação ao Pai das luzes que nos dá suas boas dádivas.[49] Descobriremos que nos tornamos incapazes de responder a ele (e à sua lei) dentro de um vínculo de amor entre pai e filho. Portanto, Thomas Boston é enfático ao afirmar que a lei, expondo nosso pecado, serve a um propósito maior, a saber, fazer com que vejamos nossa necessidade de graça e perdão paternais e então experimentemos a alegria que eles nos dão. Esse equilíbrio é essencial para uma visão correta de Deus, da graça *e* da lei.

É com esse objetivo que a Confissão de Fé faz distinção entre a lei como aliança das obras e como regra de vida. É claro que, antes de estar em Cristo, enxergamos na lei apenas nossa condenação. Mas, conforme Paulo se esforça para destacar, a lei é boa, santa e justa.[50] Ademais, precisamos entender, perceber, sentir e então nos alegrar na *graça da lei*.[51] Pois, se não estivermos convencidos de que em sua lei Deus demonstra sua graça tanto quanto em seu Filho, não enxergaremos outra coisa no Sinai a não ser trovões e relâmpagos.

De novo recorro a John Colquhoun:

---

[48]Rm 7.7.
[49]Tg 1.17.
[50]Rm 7.12.
[51]O estudo que Ernest Kevan faz desse termo conserva seu valor como resumo informativo e abrangente dos ensinos reformados no período da Confissão de Fé: E. F. Kevan, *The grace of law: a study in Puritan theology* (London: Kingsgate, 1964).

A distinção da lei divina, em especial da lei como aliança das obras e como regra de vida, é de extrema importância. Trata-se de uma [...] distinção bíblica; é necessária para, sob a supervisão do Espírito, habilitar os crentes a entenderem com clareza a graça e a glória do evangelho, assim como a maneira aceitável de executar cada dever exigido na lei. Distinguir clara e verdadeiramente entre a lei como aliança e a lei como regra é, nas palavras de Lutero, "a chave que abre o tesouro oculto do evangelho". No momento em que o Espírito da verdade concedeu a Lutero um vislumbre dessa distinção, ele declarou que se sentiu recebido no Paraíso e que toda a face das Escrituras havia mudado para ele. A grande realidade é que, sem um conhecimento espiritual e verdadeiro dessa distinção, não é possível perceber e amar a verdade que está em Jesus, nem a ela obedecer em um grau aceitável.[52]

Verdade seja dita, a lei não é meio para justificação, exceto no sentido de que Cristo a cumpriu em nosso lugar. Mas a substância da lei é o formato moral que a salvação assume. Afinal de contas, é por intermédio do evangelho como dádiva do Espírito que "a lei" é gravada no coração — não como "aliança das obras", mas como "regra de vida". Mesmo que não estejamos acostumados com essa terminologia, precisamos nos acostumar com a verdade bíblica que ela procura expressar.

Diagnóstico e remédio

Em Romanos 7.14, o apóstolo Paulo dá expressão a um profundo grito de sofrimento e, talvez, de frustração: "Sabemos que a lei é espiritual, mas eu sou da carne, vendido sob o pecado".

Como esse ensino influenciou a perspectiva de Thomas Boston e de seus amigos?

---

[52]John Colquhoun, *A treatise on the law and gospel*, organização de D. Kistler (1859; reimpr., Morgan: Soli Deo Gloria, 1999), p. 40.

Os crentes estão agora livres da lei "como aliança das obras". Cristo obedeceu aos mandamentos de Deus em nosso lugar e em nosso favor pagou a penalidade por seu descumprimento. Estamos livres da condenação e do domínio do pecado. Paulo deixa isso claro em Romanos 3.21—6.23.

Mas não estamos livres da presença do pecado e, enquanto aquele dia não raiar, seremos assombrados pelo fantasma da lei visto como um poder de condenação (houve tempo em que a víamos exclusivamente assim). A verdade é que nós, uma vez vendidos debaixo do pecado, que por sua vez nos havia hipotecado (para usar as palavras de A. T. Robertson), fomos agora comprados pelo sangue precioso de Jesus Cristo. Não estamos mais debaixo da lei, mas debaixo da graça. Contudo, enquanto a lei expuser o pecado em nossa vida,[53] estaremos em perigo de cair outra vez na antiga visão legalista de nós mesmos.

É por isso que a psicologia da velha vida pode levar muito mais tempo para mudar do que a teologia dessa mesma velha vida. Compreendemos o evangelho, mas há uma continuidade da pessoa que viveu debaixo da condenação da lei e desconhecia por completo a graça de Deus em Cristo. Mudamos para uma nova casa cujo preço foi integralmente pago. Mas é possível que demore muito até que ela se livre de todos os vestígios de seu proprietário anterior. O mesmo acontece conosco: em nós permanece muita coisa que pode facilmente acordar os instintos legalistas de nosso passado. Por isso, muitos cristãos acham que o brilho da graça de Deus em Cristo não é de grande intensidade e caminham com incertezas no meio da escuridão, e não na luz. Eles precisam aprender que "há mais graça em Jesus do que pecado em mim".[54] O peregrino, personagem de John Bunyan, não foi o primeiro nem o último a desviar-se do

---

[53] A qual, devemos observar, Paulo praticamente personifica em Romanos 7, assim como havia personificado o pecado em Romanos 5.12—7.24.
[54] Do hino de John Wesley *O Jesus full of truth and grace* (primeira estrofe).

caminho e a rumar em direção à casa do "sr. Legalidade".⁵⁵ Não há dúvida de que essa era uma das grandes preocupações de Thomas Boston. É fato que os cristãos estão "mortos para a lei", mas ele faz a seguinte observação, com uma perspicácia própria de John Owen:

> No coração dos melhores filhos de Deus há tantos resquícios do espírito legalista e de sua inclinação à aliança das obras, que eles nunca estão totalmente isentos disso, mesmo no melhor cumprimento de seus deveres, de modo que o serviço que prestam tem um forte cheiro legalista, como se estivessem vivos para a lei e ainda mortos para Cristo. Às vezes, para corrigi-los, prová-los e exercitar-lhes a fé, o Senhor permite que o fantasma do marido falecido, a lei, como aliança das obras, venha sobre a alma deles e lhes faça exigências, lhes dê ordens, os ameace e assombre, como se estivessem vivos para a lei, e vice-versa. Uma das coisas mais difíceis na prática da religião é estar morto para a lei nessas situações.⁵⁶

Usando a metáfora do casamento empregada por Paulo em Romanos 7.1-6, o antigo casamento com a lei chegou ao fim. Mas há muitos no segundo casamento (com Cristo) que ainda são assombrados pelas lembranças do primeiro marido. Há um só remédio para isso: viver com a consciência de que a graça no novo marido é muito mais profusa do que a condenação no marido que lhes infligia maus-tratos. Isso produz o que Thomas Chalmers descreveu como "o poder repelente de uma nova afeição". Essa é a cristologia do evangelho, a teologia do evangelho e a psicologia do evangelho.

---

⁵⁵John Bunyan, *The pilgrim's progress* (1678), edição de Roger Sharrock (Harmondsworth: Penguin, 1965), p. 50-5 [edição em português: *O peregrino* (livro eletrônico), tradução de Eduardo Pereira e Ferreira (São Paulo: Mundo Cristão, 2013)].

⁵⁶Fisher, *Marrow*, p. 176.

Capítulo 6

SINTOMAS SUSPEITOS

O perigo do legalismo é que ele reedifica o que Cristo havia demolido.[1] Ele distorce e até pode destruir o evangelho. Ele é hostil à graça de Deus em Cristo. Encontra-se no coração de muitos problemas pastorais e é uma das doenças espirituais mais comuns. Infelizmente é uma doença infecciosa, especialmente se um pastor ou pregador a contrair. Por isso é importante reconhecer alguns de seus sintomas mais comuns.

Um "temperamento" de justiça (própria)

O legalismo produz o que alguns podem chamar de "temperamento" de justiça própria. A palavra *temperamento* pode estar ligada a uma acepção mais limitada, como "raiva" ou "fúria". Mas a palavra também pode ser usada em um sentido mais amplo e se referir à índole básica do indivíduo. O temperamento pode ser controlado, pelo menos até certo ponto; a índole, porém, dificilmente pode ser oculta. É como o hálito de um fumante ou um perfume agradável. Ele se manifesta de várias maneiras, algumas um pouco mais sutis

---

[1] Gl 2.18.

que outras. Pense no fariseu da Parábola do Fariseu e do Publicano contada por Jesus.[2]

Os fariseus viviam "segundo o mais rigoroso grupo da [...] religião".[3] A palavra provavelmente deriva da raiz de "separar". Em sua essência, o farisaísmo era um "movimento de santidade" conservador. Assim, o fariseu era um homem profundamente habilitado em questões de santidade pessoal e religiosa no que dizia respeito aos detalhes da vida. Aliás, o fariseu retratado por Jesus orando no templo ia além das exigências específicas da lei. Observe sua oração e o que ele pensa de si mesmo:

- É alguém diferente dos outros. (Por definição — afinal, ele é um fariseu.[4])
- É um especialista nos Dez Mandamentos. (Faz alusão a pelo menos três deles.)
- É capaz de comparar-se com os outros como alguém superior. (Ele se compara com um publicano que havia entrado no templo ao mesmo tempo que ele.)
- É um homem meticuloso em sua disciplina religiosa. (Jejua duas vezes por semana. A lei incluía mais festas que jejuns, e estes eram exigidos apenas uma vez por ano, no Dia da Expiação.[5])
- É um homem abnegado. (Dá dízimo de tudo. A lei exigia o dízimo apenas das colheitas, de frutas e animais.[6] Aparentemente, ele dava o dízimo não só de sua renda, mas também de seus bens.)

---

[2] Lc 18.9-14.
[3] At 26.5.
[4] É provável que a palavra seja derivada de "separado".
[5] Lv 16.29,31. Outros jejuns foram introduzidos, mas o texto que se refere a eles (Zc 8.19) frisa que eles devem ser transformados em festas!
[6] Lv 27.30-32.

Quem é esse homem?

Lucas nos diz que Jesus contou a parábola "a alguns que confiavam em si mesmos por se acharem justos e tratavam os outros com desprezo".[7] Mas Jesus mesmo não fez essa observação a seus primeiros ouvintes. Aliás, ficamos com a impressão de que eles provavelmente foram convencidos pela menção feita pelo fariseu de que ele "não era como [...] esse publicano". Certamente, o fariseu era um homem de Deus, o justo que podia sair do templo com a certeza de ter sido justificado diante de Deus. Não poderia ser o miserável cobrador de impostos, poderia? Pois, além de ser um coletor de impostos e, portanto, por definição, alguém associado aos "pecadores", ele:

- Não conseguia sequer erguer os olhos ao céu — algo esperado no comportamento de quem orava.[8]
- Batia no peito em face de sua pecaminosidade óbvia.
- Clamava a Deus para que este lhe fosse "misericordioso" (literalmente, "propício") — já que não havia nenhum sacrifício prescrito para suas elevadas transgressões.
- Reconhecia ser "um pecador".

Não há dúvida de que havia apenas uma resposta à pergunta implícita de Jesus: "Então, naquele dia, qual desses homens foi para casa justificado aos olhos do Deus santo?".

Conhecemos bem demais essa parábola.

Sabemos qual é a "resposta certa".

Estamos vacinados contra a verdade inesperada, aliás, estonteante.

Foi o cobrador de impostos.

---

[7] Lc 18.9.
[8] Veja Jo 17.1.

Como os cristãos de hoje também podem ficar chocados com a conclusão de Jesus? Em certo sentido, a resposta é simples. Ela nos deve chocar porque os cristãos evangélicos existencialmente podem ter mais em comum com o fariseu do que com o publicano. Aqueles cujo temperamento está plenamente impregnado da justificação pela graça:

- Não desprezam os outros — incluindo outros cristãos. O instinto de agir assim é um dos sinais mais óbvios de um coração do qual o legalismo ainda não foi total ou definitivamente eliminado, pois isso deixa subentendido que merecemos a graça mais que os outros.
- Não partem do princípio que de que nossa espiritualidade com o Senhor é a razão de Deus nos aceitar em lugar de outra pessoa que não possui a mesma espiritualidade.
- Não pressupõem que somos aceitos diante de Deus com base em uma decisão que tomamos ou em resultado de vários anos de compromisso com Cristo.
- Não desprezam ("tratam com desprezo" na expressão de Lucas) um comportamento inadequado do outro nem alguma exteriorização de tristeza.

Então, quando foi a última vez que você bateu no peito e disse: "Deus, tem misericórdia de mim, pecador"?

A exposição da graça

Em várias de suas parábolas, Jesus parece expor o espírito legalista ao falar das manifestações substantivas da graça de Deus de maneiras profundamente contraculturais. Em seus ensinamentos, a graça é inesperada e nos surpreende quando se manifesta, evocando reações muito básicas que expõem nosso coração.

Assim, a acolhida graciosa que o pai dá ao filho pródigo traz à tona o temperamento legalista do irmão mais velho. Da mesma forma, quem volta para casa justificado é o cobrador de impostos e não o fariseu. A lei nua e crua não tem condições de fazer nada disso. O evangelho é enfático: somos justificados independentemente da lei que expõe a doença, e ponto final — sem ressalvas, sem nenhum "se", sem nenhum "mas".

Na Parábola dos Trabalhadores na Vinha manifestam-se sintomas semelhantes.[9] Os trabalhadores foram contratados em horários diferentes do dia: à terceira hora, à sexta, à nona e à décima primeira. Eles são pagos na ordem inversa. Aqueles que trabalharam mais tempo recebem o pagamento por último. Portanto, eles têm condições de calcular o valor da hora usado pelo empregador para pagamento dos que chegaram por último. Mas os últimos recebem a quantia prometida aos primeiros trabalhadores! Naturalmente os que chegaram primeiro preveem que o valor que lhes seria pago seria maior do que o acordado:

> Ora, quando chegaram os que haviam sido contratados primeiro, pensaram que receberiam mais, mas cada um recebeu um denário [exatamente como os que haviam começado a trabalhar na última hora!]. Ao receberem o pagamento, reclamaram ao dono da propriedade.[10]

Em seu contexto, a parábola está ensinando uma lição mais profunda sobre o fluxo da história da redenção e, talvez, sobre a inclusão dos gentios. Mas dentro desse contexto é fascinante ver como Jesus desmascara o coração humano. Se os que haviam trabalhado o dia todo não tivessem visto os retardatários receberem o

---
[9]Mt 20.1-16.
[10]V. 10,11.

pagamento, é bem possível que aceitassem sem reclamar o valor inicialmente combinado. O que provoca sua "justa" indignação é a demonstração que o Senhor faz de sua graça. Por isso os ouvimos reclamar ao calcularem o que de fato mereciam receber por aquilo que haviam feito, tomando como critério o que os outros haviam recebido pela graça.

Essa é a exposição da graça. Se a graça não tivesse sido demonstrada, a verdadeira natureza do coração desses trabalhadores não seria revelada.

É claro que podemos imaginar que, mais tarde, eles disseram uns aos outros que sua queixa fugia à normalidade. Eles não costumavam "ser assim". Mas a verdade é que aquela reação foi reveladora. Ela nunca havia se manifestado simplesmente porque eles nunca haviam testemunhado uma manifestação da graça como aquela.

Esse "temperamento legalista" tem muitas faces.

Às vezes ele se manifesta em nosso serviço a Deus. Outros (com menos dons, menos experiência, menor preparo) recebem cargos na igreja, e nós somos ignorados. Ficamos incomodados, mas não somos legalistas! Ao contrário, porém, o que nos incomoda é a graça de Deus, porque no fundo ainda pensamos que a graça deve sempre agir segundo o princípio do mérito, como recompensa ou, pelo menos, reconhecimento de nosso serviço fiel. Afinal, quem é fiel no pouco não deve receber muito?

Toda forma de inveja, toda cobiça daquilo que Deus deu aos outros, todo entendimento da distribuição de dons feita por Deus como ação relacionada ao desempenho, sem ligação com seu prazer e alegria paternais, está infectada com essa visão distorcida da graça. No final das contas, isso significa que meu senso de identidade e valor está mesclado com meu desempenho e com o reconhecimento dele, e não enraizado e fundamentado em Cristo e em sua graça independente de méritos. Essa também é uma forma sutil de legalismo. Desponta de minha alma como se a graça de Deus para os outros a atraísse como um ímã poderoso. A graça põe fim ao problema do mérito. Em outras ocasiões, ela fica exposta nas motivações que estão por trás de nossa obediência. Citamos John Colquhoun mais uma vez:

> Quando um indivíduo é levado a atos de obediência pelo pavor da ira de Deus revelada na lei, e não atraído por eles nem por acreditar no amor divino revelado no evangelho; quando ele teme a Deus por causa de seu poder e justiça, e não em decorrência de sua bondade; quando considera Deus mais como um juiz vingativo do que como amigo e pai compassivo; e quando contempla a Deus mais como uma pessoa de majestade aterradora do que alguém cuja graça e misericórdia são infinitas, esse indivíduo revela estar sob o domínio, ou pelo menos sob a prevalência de um espírito legalista. [...] Ele revela estar sob a influência desse temperamento odioso [...] quando sua esperança da misericórdia divina é aumentada pelo dinamismo no desempenho de seus deveres e não pelas descobertas advindas da liberdade e das riquezas da graça redentora que lhe é oferecida no evangelho; ou quando ele espera a vida eterna não como dádiva de Deus mediante Jesus Cristo, mas como recompensa divina por sua obediência e sofrimento; nessas condições, o indivíduo demonstra estar claramente sob o poder de um espírito legalista.[11]

Assim, o legalismo tem essas e muitas outras faces. O que o autor de *The marrow* e aqueles que gostaram de seu livro perceberam foi que às vezes apenas uma terapia de choque reorganiza

---

[11]John Colquhoun, *Treatise on the law and Gospel*, organização de D. Kistler (1859; reimpr., Morgan: Soli Deo Gloria, 1999), p. 143-4.

a mente, a vontade e os sentimentos arraigados em um sistema legalista. Aliás, eles partiram do pressuposto de que o fato de Paulo ter sido acusado de antinomianismo era sinal de que eles mesmos estavam no caminho certo.[12]

Um espírito de escravidão

O legalismo também cria sua própria escravidão na alma. John Bunyan sabia muito bem disso por causa de sua experiência pessoal e pela longa observação daqueles que o procuravam em busca do remédio do evangelho. Em *O peregrino*, ele descreve as lutas de Fiel, amigo de Cristão.

Fiel encontra "um homem bem idoso [...], Adão, o Primeiro", que o convida a ficar com ele na cidade do Engano. Ele lhe oferece todo tipo de prazer (incluindo casamento com suas três filhas!). Quando Cristão pergunta a Fiel qual foi sua resposta ao convite, ele diz com total honestidade:

> — Ora, de início, senti-me até inclinado a acompanhar o homem, pois achei que falava belas palavras, mas, reparando em sua testa enquanto conversava com ele, li a seguinte frase: "Dispa-se do velho homem com os seus feitos".

Quando Fiel empreendeu sua fuga,

---

[12]Cf. os enfáticos comentários de D. M. Lloyd-Jones, que nos interessam neste ponto, embora não sejam de modo algum únicos nem originais: "Essa graça de Deus na salvação, desacompanhada de exigências, está sempre exposta a essa acusação de antinomianismo. [...] Se você não faz as pessoas dizerem coisas assim às vezes, se você não for mal interpretado e difamado do ponto de vista do antinomianismo, é porque você de fato não crê no evangelho e não o prega verdadeiramente". D. Martyn Lloyd-Jones, *Romans 2:1—3:20: the righteous judgment of God* (Edinburgh: Banner of Truth, 1989), p. 187 [edição em português: *Exposição sobre capítulos 2.1—3.20: o justo juízo de Deus*, Série Romanos (São Paulo: PES, 1999)]. Cf. também seus comentários em *Romans 6: the new man* (Edinburgh: Banner of Truth, 1972), p. 9-10 [edição em português: *Exposição sobre o capítulo 6: o novo homem*, Série Romanos (São Paulo: PES, 2011)].

— ... senti que ele me agarrava, dando-me um puxão tão forte que pensei que havia arrancado um pedaço de mim. Isso me fez clamar: "Ó homem desprezível!". Então segui o meu caminho morro acima.

Mas então, quando ele já estava no meio da encosta, aconteceu outro encontro dramático:

— Olhei para trás e vi alguém me seguindo, ligeiro como o vento, e ele me alcançou [...] Assim que o homem me alcançou, senti uma forte pancada, que me derrubou no chão, e ali fiquei como morto. Quando eu voltava a mim, ainda tonto, perguntei por que fizera aquilo. Disse que era por causa de minha secreta atração por Adão, o Primeiro, e, dizendo isso, me desferiu outro golpe fortíssimo no peito, estirando-me no chão de costas. Assim, fiquei ali caído de novo aos pés dele, como morto, e, quando voltei novamente a mim, clamei por misericórdia. Ele, porém, disse: "Não sei o que é misericórdia". E de novo me atingiu. Com certeza teria dado cabo de mim, mas então alguém chegou e mandou que ele parasse.

Em seguida, Cristão lhe pergunta:

— Quem foi que mandou que ele parasse?

Fiel responde:

— Não o reconheci de início, mas vi as cicatrizes em suas mãos e no flanco e concluí que era nosso Senhor. Então me pus de pé e subi o resto da encosta.

A seguir, Cristão dá uma explicação detalhada:

— O homem que o golpeou era Moisés. Ele não poupa ninguém, e tampouco sabe demonstrar misericórdia para com aqueles que violam a sua lei.

E Fiel comenta:

— Eu bem sei. Não foi a primeira vez que me encontrei com ele.[13]

O que Bunyan chama aqui de "secreta atração [de Fiel] por Adão, o Primeiro" está relacionado à metáfora de Paulo acerca de nosso casamento com nosso primeiro marido. A lembrança dele, que volta como um fantasma a uma casa mal-assombrada — a sensação inesperada de que fomos definitivamente prejudicados por aquele primeiro casamento, o desalento de nunca conseguirmos ser atraentes para nosso novo marido, Jesus Cristo, a recaída nos pesadelos sobre o nosso "relacionamento abusivo" anterior — todas essas coisas conspiram para trazer um sentimento de condenação. Isso, por sua vez, torna-se uma paralisia que se introduz em nosso relacionamento com o Senhor e traz consigo a perda de nosso sentimento de perdão. Sentimo-nos culpados, fracassados, envergonhados. Devemos nos esforçar mais para voltar a desfrutar de sua graça para conosco. Mas continuamos fracassando. Clamamos à lei que nos mostre um pouco de misericórdia, mas a lei nua e crua não tem misericórdia. Ela não tem capacidade de perdoar. Moisés, nesse sentido, só pode nos derrotar com uma estrutura de escravidão espiritual.

Então nossa única esperança é ter, a exemplo de Fiel, uma visão clara das cicatrizes dos cravos nas mãos de Jesus Cristo,

---

[13]John Bunyan, *The pilgrim's progress* (1678), edição de Roger Sharrock (Harmondsworth: Penguin, 1965), p. 104-6 [edição em português: *O peregrino* (livro eletrônico), tradução de Eduardo Pereira e Ferreira (São Paulo: Mundo Cristão, 2013)].

nosso segundo marido. Pois o evangelho nos diz que, enquanto ainda éramos fracos, ainda pecadores — enquanto éramos inimigos —, Cristo morreu por nós.[14] Somente pela graça livre, paciente e amorosa de nosso segundo marido, o segundo homem, o último Adão, Jesus Cristo, podemos ser libertos de uma disposição de espírito regida pela servidão. A lei não consegue fazer isso. A libertação pessoal, espiritual, mental, emocional e temperamental só ocorre quando entendemos o fato de que aquilo que a lei não tinha condições de fazer, por causa da fraqueza de nossa carne, Deus fez por nós em Cristo. A noiva que havia sofrido nas mãos do primeiro marido deve beber do amor do novo marido e nele fixar os olhos.

A verdade é que essa preocupação com o legalismo é a grande "história de bastidor" em *The marrow of modern divinity* [O cerne da teologia moderna]. Seu autor ("E. F.") dá um testemunho pessoal:

> Permitam-me a franqueza de uma confissão. Fui professor de religião durante pelo menos doze anos antes de conhecer outro caminho para a vida eterna que não fosse me lamentar por meus pecados, pedir perdão, esforçar-me por cumprir a lei e guardar os mandamentos de acordo com a exposição do sr. Dod[15] e de outros homens piedosos; sinceramente, lembro-me de ter esperança de um dia cumpri-los com perfeição; nesse meio-tempo entendi que Deus aceitaria a vontade em lugar do ato e que Cristo havia feito por mim aquilo que eu não conseguia fazer.

---

[14]Rm 5.6-10.
[15]John Dod (1549-1645), por causa de sua longevidade e de seus dons espirituais, já era "uma lenda durante sua vida", tido em alta conta pelos puritanos do século 17. Ele era conhecido pelos apelidos de "Dod Fé e Arrependimento" e "Dod Decálogo" (depois de seu livro campeão de vendas, *A plaine and familiar exposition of the Tenne Commandements* [London, 1604], escrito com o ministro Robert Cleaver, que morava perto dele).

Embora, finalmente, conversando com o sr. Thomas Hooker[16] em particular, o Senhor tenha se agradado de me convencer de que eu ainda era apenas um fariseu orgulhoso e me apontado o caminho da fé e da salvação somente por Cristo, além de me haver concedido (assim espero) certa condição para abraçá-las, ainda assim, ai de mim!, por causa da fraqueza de minha fé, estive e ainda estou inclinado a desviar-me para a aliança das obras; portanto, não alcancei aquela alegria e paz advindas do ato de crer, nem aquele grau de amor por Cristo e de amor ao próximo em consideração a Cristo, como estou confiante de que muitos santos de Deus certamente alcançam nesta vida. O Senhor seja misericordioso para comigo e aumente minha fé![17]

Bunyan pode ter razão quando diz que Moisés derrotou Fiel por causa de sua inclinação secreta a Adão, o Primeiro. Mas, em última análise, quem realiza esse feito é Satanás, pois as palavras de Paulo em Romanos 7.11 — "O pecado, valendo-se da oportunidade dada pelo mandamento, me enganou e por meio dele me

---

[16] Thomas Hooker (1586-1647) fazia parte do corpo docente do Emmanuel College, em Cambridge, instituição conhecida como berço do puritanismo. Foi fundada em 1584 por Sir Walter Mildmay, que trabalhava diretamente com Elizabeth I. Tendo concedido à instituição uma licença oficial para funcionamento, Elizabeth comentou: "Fiquei sabendo, Sir Walter, que o senhor está erigindo um alicerce puritano", e Mildmay respondeu que havia plantado uma noz "que, quando se tornar um carvalho, só Deus sabe os frutos que dele virão". Passados vinte anos, ser "membro do Emmanuel College" despertaria a suspeita de inclinações puritanas. Hooker atuou como preletor (ou seja, expositor da Bíblia) na Catedral de Chelmsford. Reprimido sob o comando do arcebispo William Laud, em 1629, ele finalmente se dirigiu, via Roterdã, para a Colônia da baía de Massachusetts. Ali assumiu o pastorado da Primeira Igreja em Newton (Cambridge), onde exerceu um ministério poderoso e abrangente. Ele se dizia "uma pessoa que, conquanto realizasse a obra de seu Senhor, teria influência sobre um rei". Cotton Mather, *Magnalia Christi Americana* (1852; reimpr., Edinburgh: Banner of Truth, 1979), 2 vols., 1:53.

[17] Edward Fisher, *The marrow of modern divinity* (Ross-shire: Christian Focus, 2009), p. 41.

matou" — precisam ser lidas da perspectiva de Gênesis 3. Há uma presença pessoal maligna por trás do "pecado" nas palavras de Paulo.

A serpente fez exatamente o que Paulo descreve: usou o mandamento para enganar Eva quanto à natureza daquele que lhe havia ordenado o mandamento. Isso, por sua vez, produziu em Eva um espírito legalista e uma escravidão que a levaram à morte. Ela olhou apenas para a lei — a lei que proíbe —, não para as muitas bênçãos decorrentes dos mandamentos de Deus.[18] Ela olhou apenas para a proibição — não para a pessoa do Pai celestial, cheia de sabedoria e amor. Depois de encontrar uma porta de acesso ao coração de Eva, Satanás continua a acessar o mesmo território em nossa vida. Agora, porém, ele não é mais uma serpente, mas um dragão no exercício de seu ministério mal-intencionado e enganoso.[19]

Desde então, Satanás tem conduzido as pessoas à lei como um contrato, valendo-se de nossa incompetência para observar os termos desse contrato, confirmando nossos piores temores sobre nosso relacionamento com Deus e nos chantageando para nos escravizar ainda mais ao nosso legalismo. Citamos de novo um comentário feito por Thomas Boston (atenção para as palavras finais):

> Enquanto a lei conserva seu poder sobre o homem, a morte mantém seu aguilhão, e o pecado, sua força contra ele; mas, se o homem estiver morto para a lei, total e plenamente liberto dela enquanto aliança das obras, então o pecado perderá sua força; a morte, seu aguilhão; *e Satanás, sua acusação contra ele*.[20]

Os filhos de Deus ouvem os sussurros do Maligno: "Atenção, você pecou! Transgrediu a lei de Deus. Está debaixo de condenação.

---

[18]Gn 1.28-31; 2.16.
[19]Ap 12.9. Na pele de uma serpente, ele enganou a mulher; agora, transformando-se no "grande dragão vermelho", engana "todo o mundo" (Ap 12.3,9).
[20]Fisher, *Marrow*, p. 178; grifo do autor.

Não está apto a crer". Tampouco existe um ministro do evangelho a quem ele não tenha acrescentado estas palavras: "... e bem menos apto a ser um pastor". Ele sabe que não pode destruir a salvação do povo de Deus; mas está disposto, aliás com uma disposição infernal — assim como estava no Éden — a destruir a paz, liberdade e alegria que temos em Deus.

Onde poderemos encontrar refúgio? O grande conselheiro espiritual John Newton apresenta a resposta:

> Curvado sob o peso do pecado,
>   por Satanás intensamente pressionado,
> em batalhas externas e temores internos,
>   em ti procuro descanso.
>
> Sê tu meu escudo e refúgio,
>   para que, debaixo de teu abrigo,
> eu possa meu feroz acusador enfrentar
>   e que tu morreste lhe falar.[21]

Assim, e somente assim, somos libertos da servidão.

Então, que remédio há para o legalismo?

Em vista do estágio a que chegamos em nossa reflexão sobre *The marrow*, quase não é necessário responder.

O remédio é a graça. Mas não a "graça" como mercadoria nem como substância. É a graça em Cristo. Pois a graça de Deus para nós é Cristo.

Sim, é a expiação; mas não expiação como teoria, nem como realidade abstrata, algo com identidade própria separada do Senhor

---

[21] Do hino *Approach my soul the mercy seat*, de autoria de John Newton.

Jesus. Porque o próprio Cristo, revestido por sua obra do evangelho, é a expiação — "Ele é a propiciação pelos nossos pecados".²² O remédio, portanto, é o mesmo que curou Paulo da grave doença do legalismo. Não é difícil imaginar que ele também sabia o que era ser golpeado por Moisés. Afinal de contas, ele era "o principal dos pecadores".²³ Eis o que ele aprendeu:

> Qualquer lucro que eu tivesse eu consideraria perda por causa de Cristo. Aliás, considero tudo como perda por causa do²⁴ valor incomparável de conhecer Cristo Jesus, meu Senhor. Por causa dele sofri a perda de todas as coisas e as considero lixo, a fim de poder ganhar Cristo *e ser encontrado nele, não com uma justiça própria que procede da lei, mas que procede da fé em Cristo, a justiça de Deus que depende da fé*.²⁵

O remédio é o mesmo prescrito por Charles Wesley, que descobriu a veracidade destas palavras:

> Ó Jesus, cheio de graça e verdade, —
> *há mais graça em ti que pecado em mim...*²⁶

---

²²1Jo 2.2.
²³Veja 1Tm 1.15.
²⁴Observe que Paulo não diz "*em troca* do valor incomparável".
²⁵Fp 3.7-9.
²⁶Grifo do autor. Diante da citação das palavras de Wesley nesse contexto, é possível que uma objeção "reformada" seja feita por aqueles que compartilham da ideia genérica e distintiva de que Cristo morreu para salvar somente os eleitos, mas sustentam que ele fez isso pagando integralmente o valor exato da dívida decorrente de todos os pecados dos eleitos — não menos que isso, mas também não mais (em vez da opinião de que o que Cristo realizou na cruz lhe dá condições de salvar qualquer um e todos a quem o Senhor elege e chama). Isso sugere que, mesmo dentro da visão reformada da redenção particular ("expiação limitada"), existem diferentes abordagens de como a expiação funciona. Ponderar sobre essa questão exigiria um estudo mais profundo, mas a visão defendida aqui é que Cristo não teria sofrido menos nem mais dependendo do número exato dos

Onde o pecado transborda, onde a lei condena, a graça transborda mais ainda — *até* para o principal dos pecadores. Aliás, ela é mais transbordante *especialmente* para o principal deles, pois, quanto mais pecado há, mais a graça de Deus transborda. Essa é a maré alta que afoga o legalismo.

Mesmo que afirmem que essa graça livre levará as pessoas a concluir: "Vamos continuar pecando para que a graça transborde ainda mais", estaremos em terreno seguro. Pois essa foi a conclusão que algumas pessoas extraíram do que Paulo chamou de "meu evangelho". Mas o antinomianismo jamais poderá ser fruto desse evangelho, conforme ele deixou claro[27] e como veremos no próximo capítulo.

---

eleitos. Em relação às palavras de Wesley, "graça" não deve ser vista como uma mercadoria cuja quantidade pode aumentar ou diminuir de acordo com a equação que rege os sofrimentos de Cristo. Em resumo, o princípio de que há "mais graça em Cristo que pecado em mim" é estabelecido pelo fato de que em Cristo não somos apenas perdoados (e assim levados de volta à inocência do Éden), mas também "considerados justos" com a justiça definitiva e indissolúvel de Cristo. A graça de Deus em Cristo não apenas nos leva de volta ao Éden da criação; ela nos dá a certeza de que estaremos no Éden da glória. Os que são justificados em Cristo têm aos olhos de Deus a mesma justiça de Cristo, uma justiça tão definitiva quanto a dele. Pois a única justiça pela qual somos justos é a justiça de Cristo.

[27]Rm 6.1ss.

Capítulo 7

AS FACES DO ANTINOMIANISMO

A controvérsia despertada por *The marrow of modern divinity* [O cerne da teologia moderna] não se limitou a um livro. Juntamente com o Credo de Auchterarder, *The marrow* revelou-se um teste de tornassol — particularmente para ministros e seu ministério —, muitas vezes revelando corações e mentes alcalinas ou ácidas, repletas de graça ou com tendências ao legalismo. As questões envolvidas, como também vimos, estão relacionadas tanto à exposição das Escrituras quanto à exegese do coração humano.

Acusados

Os Homens do Cerne foram acusados de dar apoio a uma série de pontos de vista contrários à ortodoxia reformada. O antinomianismo aparece no topo da lista.

É fato comprovado pela história que os Irmãos do Cerne observavam com rigor os ensinamentos da Confissão de Fé. Eles acreditavam que a lei de Deus permanece como regra de vida para o cristão. Na verdade, a segunda parte de *The marrow* é uma exposição dos Dez Mandamentos.

No entanto, a acusação não foi de todo surpreendente. A mensagem da primeira parte de *The marrow* procurou repercutir a ênfase de Paulo de que onde o pecado transborda, a graça é ainda mais transbordante e que não há condições a serem preenchidas para aceitar Cristo. Mais do que isso, porém, a teologia do cerne enfatizava que os níveis de santificação não podem aumentar nem diminuir nossa justificação. Para os legalistas, o evangelho dos Irmãos do Cerne assemelhava-se demais ao antinomianismo.

Essa questão não era novidade nos séculos 17 e 18.

Jesus nunca foi acusado de ser legalista. Mas a questão do antinomianismo veio à tona. João Batista levava uma vida abstêmia e batizava os arrependidos. Jesus, por outro lado, fazia relativamente poucas referências positivas à lei, ignorava as palavras de ordem dos escribas, de vez em quando usava uma linguagem quase violenta ao se dirigir aos fariseus, ia a jantares com pecadores — e não batizava ninguém. Enquanto montavam um dossiê contra ele, seus opositores estavam se preparando para acusá-lo de ser "a encarnação do antinomianismo". Afinal de contas, ele não incentivava indiferença à lei de Moisés?[1] A crítica contundente contra Jesus era que ele não se importava com as exigências da lei, navegava perto dos ventos antissabatistas e não mantinha seus discípulos debaixo de disciplina.

Por isso, o que se nos apresenta aqui é um problema antigo. Será que o evangelho elimina a lei? Os Irmãos do Cerne podiam se consolar com o fato de que a pregação e o ensino de Jesus e Paulo suscitaram as mesmas questões e críticas.[2]

---

[1]Marcos 2.1—3.6 registra uma série de tais incidentes, incluindo uma perseguição a Jesus e seus discípulos através dos campos de cereais em uma tarde de *Sabbath*. Ficamos nos perguntando por que esses fariseus, tão cheios de escrúpulos, não estavam em casa estudando a Torá! Veja Mc 2.23,24.

[2]Rm 3.31. A acusação de que ele havia eliminado a lei divina foi um fator crítico na condenação de Paulo e o perseguiu desde a Ásia até Jerusalém. Veja Atos 21.27,28. A resposta de Jesus encontra-se integralmente em Mateus 5.17-48.

Mas, à semelhança do legalismo, o antinomianismo tem muitas faces.

Correntes diversas

O termo *antinomiano* tem raízes na Reforma Luterana. Em certo sentido, a teologia e os textos mais antigos de Lutero simplesmente acompanhavam sua experiência espiritual. Às vezes ele parece chegar às suas ideias durante o processo de escrever sobre elas. Em particular, o profundo sentimento de servidão que ele havia conhecido, seguido por sua avassaladora sensação de libertação, deixou marcas no vigor de seu discurso sobre a lei condenatória de Deus. Sua hermenêutica básica para entender a Bíblia consistia em fazer a cada passagem a seguinte pergunta: isto é lei ou evangelho? Esse princípio tinha seu valor, mas podia facilmente gerar distorções, de modo que, por vezes, Lutero parecia retratar a lei exclusivamente como inimiga.

Foi nesse contexto que seu amigo João Agrícola (1492-1566) chegou às conclusões que julgou serem resultados lógicos desse contraste radical entre lei e evangelho — a abolição de todas as funções da lei na vida cristã. Ele expôs esse "antinomianismo" primeiramente em um debate com Filipe Melâncton[3] e depois com o próprio Lutero. Na década de 1530, Melâncton começou a empregar o conceito da chamada *tertius usus legis*, ou seja, a lei como guia para a vida cristã. Reagindo a essa ideia, Agrícola rejeitou praticamente qualquer papel da lei. Ele havia se tornado *antinomiano* (*anti* = contra; *nomos* = lei), embora mais tarde tenha abandonado suas opiniões mais antigas.

---

[3]Filipe Melâncton (1497-1560) tornou-se professor de grego na Universidade de Wittenberg em 1518, o que o levou a ser colega próximo e confidente de Lutero. A primeira edição (1521) de suas *Loci Communes*, derivada de sua exposição de Romanos, já tratava das questões da lei e do evangelho.

Embora o debate com Agrícola tenha ficado mais restrito à esfera acadêmica, muitos que defendiam posições radicais no movimento anabatista chegaram a extremos que ameaçaram a estabilidade e a reputação da Reforma. Isso injetou na corrente sanguínea das igrejas reformadas uma profunda sensibilidade e medo diante do antinomianismo. Qualquer teologia que não conferisse o devido valor à lei era vista como a primeira peça de um dominó fadado ao colapso total.

Sucederam-se ondas de antinomianismo, de diferentes tipos e graus, que continuaram a chegar às praias da teologia reformada internacional no século 17 e depois dele.[4]

Visando a nossos propósitos, a maneira mais simples de pensar no antinomianismo é que ele nega o papel da lei na vida cristã. Seu texto mais importante (e isso é um tanto paradoxal[5]) é Romanos 6.14: "Não estais debaixo da lei, mas da graça".

---

[4] Estudos antigos chamavam a atenção para o antinomianismo no período puritano. Veja o cap. 2 de Gertrude Huehns, *Antinomianism in English history: with special reference to the period 1640-1660* (London: Cresset Press, 1959), p. 25-42. A nova onda de interesse pelo início do período moderno da história britânica e no século 17 em particular gerou uma série de estudos recentes com foco específico no antinomianismo — inevitavelmente com pressupostos teológicos distintos, entre os quais se encontram Tim Cooper, *Fear and polemic in seventeenth-century England: Richard Baxter and antinomianism* (Farnham: Ashgate, 2001); David R. Como, *Blown by the Spirit: Puritanism and the emergence of an antinomian underground in pre-Civil-War England* (Stanford: Stanford University Press, 2004). Para conhecer a narrativa na Nova Inglaterra, veja, entre outros, David D. Hall, *The antinomian controversy, 1636-1638: a documentary history* (Middletown: Wesleyan University Press, 1968); William K. B. Stoever, *A faire and easie way to heaven: Covenant Theology and antinomianism in early Massachusetts* (Middletown: Wesleyan University Press, 1978); Theodore D. Bozeman, *The precisionist strain: disciplinary religion and antinomian backlash in Puritanism to 1638* (Chapel Hill: University of North Carolina Press, 2004). Sobre o desenvolvimento posterior do antinomianismo na Inglaterra, veja Peter Toon, *The emergence of hyper-Calvinism in English nonconformity, 1689-1765* (London: Olive Tree, 1967). Um estudo recente sobre escritores do século 17, tanto no debate histórico quanto no contemporâneo, encontra-se em Mark Jones, *Antinomianism: Reformed Theology's unwelcome guest* (Phillipsburg: P&R, 2013).

[5] "Paradoxal" porque Romanos 6.1-23 é o texto clássico de Paulo em seu combate ao antinomianismo.

Em contrapartida, a Confissão de Fé ensina que, embora a lei não seja uma aliança das obras para o crente, ela serve como regra de vida.

Já tivemos oportunidade de observar como precisamos ser cuidadosos ao fazer uso de termos que representam categorias. Nem todos os "antinomianos" são iguais. Alguns dos que sustentam a visão antinomiana são conhecidos por viver uma vida piedosa. Precisamos lembrar a ordem apostólica de que o servo do Senhor não deve ser dado a brigas. Ele não deve entrar em discussões de meras palavras e precisa lembrar que deve agir e falar com gentileza com aqueles que mantêm opiniões contrárias.[6]

Robert Traill pode novamente nos dar uma boa orientação:

> Não sejamos apressados em receber relatórios sobre outras pessoas. Em tempos de discórdia, levantam-se muitos falsos relatórios, e estes recebem crédito imediato. Essa prática é fruto das discórdias, mas também as alimenta. Apesar de todo o barulho do antinomianismo, sou obrigado a declarar que não conheço (tenho oportunidades para perguntar e sou propenso a isso) nenhum ministro ou cristão antinomiano em Londres que de fato seja como seus críticos o pintam ou como Lutero e Calvino escreveram a esse respeito.[7]

O antinomianismo se manifesta sob diferentes formas.

A corrente dogmática

Aqui se encontram os teólogos que afirmam que a lei de Deus foi completamente revogada para os que creem.

---

[6] 2Tm 2.22-26.
[7] Robert Traill, *A vindication of the Protestant doctrine concerning justification*, in: *The works of the late Reverend Robert Traill* (Edinburgh: Banner of Truth, 1975), 1:281, 2 vols. (original de 1810 em 4 vols.).

Era essa a posição de antinomianos ingleses como John Saltmarsh, John Eaton e Tobias Crisp.⁸ Tratava-se de uma postura geralmente vinculada ao hipercalvinismo. Segundo essa posição, os indicativos divinos superavam tanto os imperativos, que o equilíbrio bíblico ficava comprometido. Grande ênfase era colocada no fato de que os crentes andam no Espírito, que agora habita neles — e o que rege a vida do cristão é essa habitação do Espírito, não a lei escrita. Mas isso não explica de forma satisfatória por que o Espírito escreve a lei em nossa mente e coração na regeneração. No contexto de Jeremias, é difícil entender como isso exclui o Decálogo.⁹

Embora em certo sentido o antinomianismo seja o erro "oposto" ao legalismo, em outro sentido é um erro "igual", pois também abstrai a lei divina da pessoa e do caráter de Deus (ele não sofre mudança da antiga para a nova aliança). Essa postura deixa de levar em conta que

---

⁸Um ponto interessante aqui é a análise e crítica do antinomianismo feita por John Flavel, que contém uma palavra introdutória dirigida aos leitores e assinada por diversos teólogos, entre eles John Howe, Nathaniel Mather e Increase Mather. Esses teólogos haviam sido signatários de um testemunho de que as obras publicadas como sendo de Tobias Crisp haviam, de fato, sido transcritas por seu filho. Ao contrário das expectativas de tais teólogos, elas haviam sido publicadas com os sermões de Crisp, que continham sentimentos considerados amplamente antinomianos (mesmo por Flavel). Essa introdução desperta o interesse porque ilustra o desejo que esses homens tinham de evitar os extremos da condenação. Aliás, embora reconhecessem que algumas declarações de Crisp têm tendências antinomianas, eles observaram que outros segmentos do material enfatizavam que justificação e santificação eram inseparáveis e que as evidências da graça servem para dar certeza ao indivíduo de que a fé pela qual ele tem essa certeza é de fato genuína. Veja *The works of John Flavel* (1820; reimpr., London: Banner of Truth, 1968), 3:413-18, 6 vols. Os autores comentam tais questões: "Se cada passagem que sai de nossa boca for esticada e torturada com a máxima severidade, teremos pouco a fazer a não ser acusar os outros e nos defender enquanto vivermos. Um espírito de mansidão e amor será melhor para a nossa paz comum do que todas as disputas do mundo", 3:413. Qualquer que seja a maneira de interpretarmos essa autodefesa, vale a pena pesar as palavras.
⁹Hb 8.10; 10.15, citando Jr 31.33.

a lei que nos condena por causa de nossos pecados nos foi concedida para nos ensinar a não pecar.

Além disso, não basta dizer que a lei é irrelevante porque os crentes são agora habitados pelo Espírito. Os mandamentos continuam na condição de "santos, justos e bons".[10] Ademais, as exortações específicas da nova aliança levam ao cumprimento da lei da antiga aliança.[11] O antinomianismo hipercalvinista dá tanta ênfase à graça preveniente, eterna, eletiva e distintiva de Deus, que toda ênfase no papel da lei lhe parece prejudicial. Ligada a essa ênfase havia uma doutrina da justificação desde a eternidade e um destaque à mediação do testemunho do Espírito Santo sem indícios de uma vida santa. Em uma tentativa de se livrar da reintrodução das boas obras no alicerce da justificação, os hipercalvinistas confundiram alicerce e superestrutura, base e evidência.

O produto lógico dessa postura era a visão da lei como inimiga da pregação da graça. Portanto, como silogismo prático (uma vida transformada pelo Espírito e vivida em conformidade com a lei divina é sinal da graça salvadora de Deus), o antinomianismo não desempenhava um papel importante na vida cristã. Aqueles que, justificados na eternidade, tiveram experiência com o Espírito que lhes dá testemunho de que são filhos de Deus não precisavam de nenhuma regra objetiva. Em certo sentido, esses indivíduos estavam convivendo com uma escatologia pessoal ultrarrealizada, como se a influência forte e sutil do pecado tivesse sido eliminada.

Mas tal antinomianismo doutrinário estava longe do espírito de alguém como Thomas Boston ou de qualquer um de seus colegas.[12]

---
[10]Rm 7.12.
[11]Ef 6.1-3 talvez seja o exemplo mais óbvio disso.
[12]Lembremo-nos de que Boston nem havia chegado ao fim da leitura do livro de John Saltmarsh antes de devolvê-lo a seu dono. Em contrapartida, ele *comprou* o exemplar de *The marrow* que pertencia à sua ovelha!

A corrente exegética

Além de sua forma dogmática (mas intimamente relacionada a ela), o antinomianismo, a rigor, é defendido por considerações exegéticas específicas[13] que argumentam que qualquer visão —, como a dos teólogos de Westminster — de que há uma tríplice divisão na lei e que uma dessas divisões (a lei moral) continua vigente — é uma imposição ao texto bíblico.

A taxonomia da lei, que a vê segundo uma "divisão tripartida",[14] remonta a um período anterior à Reforma, chegando pelo menos a Tomás de Aquino.[15] É provável que a maioria dos estudiosos bíblicos de hoje (incluindo os evangélicos) rejeite essa divisão por considerá-la uma grade teológica sobreposta aos dados bíblicos, uma *imposição epexegética*, e não uma *conclusão exegética*. Segundo essa perspectiva, a lei mosaica não passava de um código legal.

A noção de que havia uma lei cerimonial distinta, agora cumprida e revogada, uma lei civil, que regia o povo como nação, mas não está mais vigente, pois o povo de Deus é uma comunidade internacional, e uma lei moral (os Dez Mandamentos) é vista como

---

[13]Nessas várias classificações, o termo "antinomiano" é usado sem o peso depreciativo que costuma ter na literatura polêmica. Podemos desejar uma terminologia taquigráfica diferente, mas, a exemplo da percepção que Calvino teve da expressão "livre-arbítrio", ele é o que é!

[14]Do meu ponto de vista, seria mais satisfatório falar das "dimensões tripartidas" da lei em vez de usar o termo "divisões", pois, como a Confissão de Fé observa: "Além desta lei, comumente chamada de moral, Deus teve o prazer de dar ao povo de Israel, como uma igreja menor de idade, leis cerimoniais, contendo várias ordenanças típicas, em parte de culto, prefigurando Cristo, suas graças, ações, sofrimentos e benefícios; e, em parte, apresentando diversas instruções de deveres morais. Todas as leis cerimoniais estão agora revogadas pelo Novo Testamento" (19.3). Os elementos moral e cerimonial não são divisões da lei, mas dimensões dela. A Confissão em si não usa a linguagem das "divisões".

[15]Veja Thomas Aquinas, *Summa theologica*, 1a IIae QQ 99-108, tradução para o inglês feita pelos Fathers of the English Dominican Province (New York: Benziger, 1948), 2:1, 31-119 [edição em português: *Suma teológica* (São Paulo: Loyola, 2001), 9 vols.].

estranha às Escrituras. A beleza da divisão tripartida tradicional está apenas nos olhos de quem a enxerga, mas não se encontra no texto bíblico. A Lei de Moisés, na sua totalidade, deixou de ser obrigatória na nova aliança. Na condição de Lei de Moisés, ela chegou ao fim. Não tem mais obrigatoriedade na vida do cristão. A Lei de Moisés vigorou em sua época; não vigora na nova época inaugurada por Cristo. Estamos "não debaixo da lei, mas debaixo da graça",[16] e vivemos no Espírito.

As questões que esse debate traz em si são muito abrangentes, tanto que não podemos oferecer aqui uma solução satisfatória. Mas é importante explicar a visão da lei *da perspectiva dos Irmãos do Cerne*. Por mais paradoxal que isso nos pareça, é provável que hoje eles fossem acusados de legalismo, e não de antinomianismo![17] Várias observações gerais podem nos ajudar a entender esse raciocínio:

> Nossa interpretação das Escrituras deve ser regida pelo princípio operacional de que, em termos absolutos, ela não coloca a lei contra a graça e vice-versa.

---

[16]Rm 6.14.

[17]Praticamente todos os acadêmicos evangélicos que defendem o antinomianismo exegético de fato mantêm a substância dos Dez Mandamentos como expressão de um estilo de vida centrado no evangelho, por causa da forma que eles compõem a substância das exortações do Novo Testamento. A grande exceção é o quarto mandamento (sobre o *Sabbath*). Em alguns sentidos, isso mostra até que ponto o mandamento do *Sabbath* serve de teste teológico decisivo. É evidente que tanto *The marrow* quanto os Irmãos do Cerne endossaram a visão de que, a exemplo dos outros mandamentos no Decálogo, o mandamento do Sabbath deve ser visto como pré-sinaítico e, portanto, não deve ser abolido com o fim da administração mosaica. Esse mandamento é um exemplo específico da visão multidimensionalista da Lei mosaica, uma vez que no mandamento do *Sabbath* sob Moisés havia tanto uma dimensão moral quanto cerimonial. A perspectiva de pelo menos um segmento no pensamento puritano era de que, como originária da mão de Moisés, o crente não tem nenhuma relação com a lei; mas, como originária da mão de Cristo no começo da nova criação, o cristão é, por meio do casamento com Cristo, aparentado com o Decálogo.

Quando João diz que "a lei foi dada por meio de Moisés; a graça e a verdade vieram por meio de Jesus Cristo", a relação que ele vê entre graça e lei não é antitética, mas complementar. O ministério de Cristo (graça e verdade/realidade) cumpre o ministério de Moisés (lei/sombra/tipo). Isso fica ainda mais elaborado pelos verbos que João emprega: a lei foi *dada*, mas Cristo *veio*.[18]

Quando (em Rm 6.14) Paulo afirma que não estamos "debaixo da lei", ele não está negando que a lei continua sendo relevante. Ele havia sido acusado justamente disso.[19] Mas ele já havia enfatizado (em Rm 3.31) que, ao invés de "derrubar" a lei, o evangelho serve para "sustentá-la". Afinal de contas, "sabemos que a lei é boa, se usada de forma legítima",[20] já que ela é "santa, justa e boa" e "espiritual".[21]

A nova aliança em Cristo consolida a lei não apenas externamente, mas também sob uma perspectiva interna. Cristo morreu "a fim de que o justo cumprimento da lei se cumprisse em nós, que não andamos segundo a carne, mas segundo o Espírito".[22]

Assim, o que o autor de Hebreus afirma sobre a obsolescência da antiga aliança[23] está em perfeita harmonia com o que ele diz da visão de Jeremias sobre a nova aliança:

Pois esta é a aliança que farei com a casa de Israel
    depois daqueles dias, declara o Senhor:

---

[18] Jo 1.17. A mudança aqui pode ser comparada àquela em Hebreus 1.1,2, cujo ponto de partida é uma condição fragmentada, variada e episódica que em Cristo se cumpre e alcança sua natureza definitiva.
[19] At 21.28.
[20] 1Tm 1.8.
[21] Rm 7.12,14.
[22] Rm 8.4. Aqui também vemos a influência de Jeremias 31.33 e principalmente de Ezequiel 36.25-27.
[23] Hb 8.13.

Colocarei minhas leis em sua mente,
e as escreverei em seu coração,
eu serei seu Deus,
e eles serão meu povo.[24]

A citação é repetida adiante.[25] Em face da ênfase que o autor de Hebreus dá a essas palavras, certamente devemos nos perguntar: "*Quais leis* estão escritas em nossa mente e coração?". A resposta mais óbvia é esta: "Em que outra lei poderiam os primeiros leitores pensar, a não ser no Decálogo? Visto que o autor de Hebreus ensina que os padrões cerimoniais da antiga aliança foram cumpridos em Cristo, ele não poderia estar se referindo à lei cerimonial. Uma vez que Hebreus foi escrito para aqueles que agora não têm 'nenhuma cidade duradoura' e, portanto, já não se veem como cidadãos de um país com capital em Jerusalém,[26] eles não são mais um povo regido pelos regulamentos civis destinados à vida na terra".

Descartados rápido demais?

Os escritores reformados do século 17 que sustentam a vigência atual do Decálogo costumam ser descartados como inflexíveis. Mas um sinal de *flexibilidade*, muitas vezes negligenciado (se é que se tem conhecimento dele), encontra-se em seus debates sobre a origem do Decálogo para os cristãos: eles o recebem das mãos de Moisés ou de Cristo? Como se observa em *The marrow*, o cristão, de acordo com Paulo, "não está fora da lei de Deus, mas sob a lei de Cristo".[27]

---

[24]Hb 8.10.
[25]Em Hb 10.16.
[26]Hb 13.14.
[27]1Co 9.21. Edward Fisher, *The marrow of modern divinity* (Ross-shire: Christian Focus, 2009), p. 188. Uma parcela da restauração ao Éden ocorre na regeneração, uma vez que "o homem em primeiro lugar estava *na* lei, e não *debaixo* dela — sendo formado para o exercício espontâneo desse amor puro e santo, expressão da imagem divina, e, portanto, também formado para cumprir o que a lei exige". Patrick Fairbairn, *The revelation of law in Scripture* (Edinburgh: T&T Clark, 1868), p. 45; grifo do autor da citação.

Por trás desse raciocínio encontra-se uma sofisticada teologia bíblica.

Dependendo da "tradição" da escola de teologia em que nos formamos, a tendência é sermos apresentados à "teologia bíblica" com base em fontes diversas. Aliás, a declaração de Paulo significa coisas diferentes para pessoas diferentes. A maioria dos professores e alunos de teologia não tomou teologia bíblica junto com o leite de sua mãe (reformulando aqui algumas palavras de Calvino) e teve acesso a ela somente por meio de literatura mais ou menos recente; além disso, muitas vezes eles pouco conhecem a literatura teológica dos séculos 16 e 17. Portanto, é fácil cair no erro de pressupor que perspectivas da teologia bíblica, da história da redenção e de cunho exegético não eram conhecidas até há bem pouco tempo. Dessa forma, precisamos estar atentos para a mentira desgastada de que os autores da Confissão de Fé usaram um método baseado em textos fora de contexto ao fazer teologia.

Esse é um exemplo de "heresia da modernidade" pelo menos sob dois aspectos. Primeiro, os teólogos de Westminster opunham-se profundamente à ideia de redigir uma confissão com textos de comprovação fora de contexto, e isso aconteceu somente por pressão e ordem do parlamento inglês. Mas, além disso, a própria teologia bíblica é muito mais antiga que sua história como disciplina acadêmica. Como observa C. S. Lewis, nós, modernos, podemos facilmente ser como aqueles que entram em uma conversa às onze horas sem saber que ela já havia começado às oito.

A verdade é que, por trás do texto da Confissão de Fé, há uma complexa rede de exegese, de teologia bíblica e de história da redenção, e isso se aplica principalmente ao tratamento dado à lei de Deus.[28]

---

[28] Os melhores autores do século 17 não se viam como defensores do método de textos de prova, e isso fica particularmente claro (com grande pertinência nesse contexto) no trabalho de Anthony Burgess, *Vindiciae Legis*.

Teologia de épocas

A visão clássica da ortodoxia reformada entendia a lei de Deus da perspectiva de três épocas.

1) Criação

Criados à imagem de Deus, o homem e a mulher refletiam o caráter do Criador. A obediência a Deus no que diz respeito a uma vida santa (dedicada a ele) era intuitiva e "natural". O homem e a mulher foram criados à imagem de Deus, Senhor do macrocosmo, e chamados a imitá-lo pelo exercício de soberania sobre o microcosmo.[29] Portanto, o padrão do Senhor do macrocosmo foi incorporado ao ritmo de vida dos senhores do microcosmo. Assim, o descanso do sétimo dia era um paradigma para

---

Burgess foi membro do Terceiro Comitê da Assembleia encarregada de fazer a redação original do capítulo "Da Lei de Deus", remetido para estudo em 18 de novembro de 1645 e finalmente votado na Assembleia de 25 de setembro de 1646. Nesse meio-tempo, Burgess foi convidado pelos ministros de Londres para fazer uma série de palestras sobre o tema. São trinta palestras que, por solicitação dos ministros datada de 11 de junho de 1646, foram publicadas como *Vindiciae Legis*. Uma leitura delas aponta para uma estreita concordância entre a Confissão de Fé e Burgess, tanto nas declarações doutrinárias quanto na exegese bíblica que as sustentava. As palestras foram feitas em uma estrutura acadêmica, ou seja, eram compostas por respostas a 62 perguntas. Mas sua substância (em distinção de seu formato) revela um profundo senso de pensamento bíblico-teológico e uma sensibilidade para com o fluxo da história redentora desde Gênesis até Apocalipse. Isso não significa que teólogos bíblicos da atualidade necessariamente concordarão com Burgess. Mas o fato é que é difícil encontrar duas obras atuais de teologia bíblica que concordem inteiramente uma com a outra! Meu único objetivo aqui é sublinhar que não se pode descartar Burgess e seus contemporâneos sob a alegação de que eles usavam textos como prova e não formulavam uma teologia bíblica séria — fazer isso seria simplesmente mostrar desconhecimento dos dados de origem básicos.

[29]Esse é o espírito das palavras de Gênesis 1.26-28. A *imago dei* (v. 26) não é definida como domínio (v. 28). Mas o domínio é expressão da posse da imagem divina.

o descanso deles.³⁰ Muitos puritanos, mas nem todos, interpretaram o comentário de Paulo sobre os gentios, que eram "lei para si mesmos. [...] E mostram que a obra da lei está escrita em seu coração"³¹ como referência aos vestígios desse elemento básico na constituição humana como imagem divina. Nesse sentido, conforme escreve John Owen, a lei era "congênita" ao homem, sua "velha conhecida [...] sua amiga".³²

2) Moisés

Paulo escreve que "a lei [...] veio".³³ Ele se refere aqui a dois elementos: (a) a administração mosaica e (b) o Decálogo especificamente, conforme sua abordagem em Romanos 7.1-24 deixa claro. Para Paulo, essa era a lei "escrita [...] em tábuas de pedra [...] gravada com letras sobre pedra".³⁴ Assim, a concessão da lei por intermédio de Moisés tem algumas características importantes.

Em primeiro lugar, a lei é agora outorgada em forma escrita objetiva, e seu registro é externo em relação ao homem, não apenas interno como no Éden.

Segundo, há uma "glória" relacionada à lei, embora — quando colocada ao lado da glória do ministério do novo pacto do Espírito —, *falando de modo comparativo,* ela não tenha glória alguma.³⁵

Esse modo *comparativo* de destacar o desenvolvimento de época marcado pelo Pentecostes é característico de Paulo e digno

---

[30]Gn 2.1-3. Aqui está subentendido que a declaração "Deus abençoou o sétimo dia e o santificou" (v. 3) deve se aplicar à intenção de Deus para homens e mulheres, não ao ato de abençoar o dia para si mesmo (ele não precisava abençoar ou santificar um dia para si mesmo).
[31]Rm 2.14,15.
[32]John Owen, *An exposition upon Psalm* CXXX (London, 1668), in: W. H. Goold, ed., *The works of John Owen* (Edinburgh: Johnstone & Hunter, 1850-1855), 6:389, 24 vols.
[33]Rm 5.20.
[34]2Co 3.3,7.
[35]2Co 3.7-11.

de ser observado. Ele faz uso do mesmo recurso já em Gálatas. Os crentes, de uma perspectiva histórica da redenção, passaram de uma era em que se encontravam na condição de herdeiros, mas também de escravos, para uma nova época em que são filhos maduros que desfrutam da presença do Espírito de adoção e fazem uso do mesmo modo de tratamento que Jesus usou, clamando: "Aba! Pai!". (*Nenhum crente do Antigo Testamento jamais clama: "Aba, Pai!".*) Paulo escreve sobre o crente do Antigo Testamento: "O herdeiro, enquanto criança, não é diferente de um escravo, embora seja o dono de tudo, mas está sob tutores e administradores até a data estabelecida pelo pai".[36]

Paulo propõe uma antítese radical: antes escravo, agora filho.

Mas essa antítese é comparativa, não absoluta. Arrisco-me aqui a fazer uma ilustração baseada em minha própria experiência: quando eu estava no ensino fundamental, aqueles foram os dias mais felizes da minha vida *até* que passei para o ensino médio. Esses dias, então, foram de fato os mais felizes da minha vida *até* que entrei para a universidade. Agora, sim, estamos falando dos dias realmente mais felizes da minha vida — mas só *até* chegar a formatura. Eu estava livre dos trabalhos, exames, professores — finalmente a liberdade! Desse modo, *da perspectiva da época da realização*, o ensino fundamental, o ensino médio e, sim, até a universidade, tudo isso parece uma prisão onde os professores são os carcereiros. *Mas foi possível desfrutar de alegria e prazer em cada uma dessas épocas.*

Portanto, não era possível ter uma compreensão mais completa de uma época enquanto não chegasse a época seguinte. Da mesma forma, o crente do Antigo Testamento usufruía de ricas bênçãos dentro do contexto da administração mosaica. Mas, *comparadas* à plenitude da graça em Cristo, todas aquelas coisas ficam reduzidas

---

[36]Gl 4.1-7.

praticamente à insignificância.[37] Diante disso, é possível perceber que Paulo não está negando a glória divina presente na lei. Sua linguagem não é pejorativa, mas comparativa.

Terceiro, os mandamentos do Decálogo apresentam-se de uma forma essencialmente negativa (oito mandamentos estão na forma de proibições; somente dois são exortações positivas).

O fato é que as proibições são a forma mais simples de mandamento. (Isso é ilustrado pelo fato de que os dois mandamentos positivos se abrem para mil perguntas sobre como cumpri-los: Como podemos guardar o Sabbath? Como honramos os pais quando nos casamos, criamos nossos próprios filhos e passamos a pertencer a uma nova unidade familiar? Por comparação, a aplicação dos mandamentos proibitivos é mais direta e deixa menos margem para discussões.)

Entenderemos isso se formos pais. Não tentamos primeiro explicar aos nossos filhos como a eletricidade funciona para somente depois lhes dizer que não devem enfiar uma chave de fenda na tomada elétrica. Primeiro dizemos o que eles não devem fazer e os avisamos de que isso pode lhes trazer ferimento e dor. Talvez se passem muitos anos até que lhes expliquemos como a eletricidade funciona. O mandamento proibitivo é mais direto, mais simples e exige menos explicações.

Quarto, os mandamentos são definidos dentro de um contexto histórico-sociológico específico, um contexto no qual as pessoas fazem ídolos e se curvam perante eles, os servos são propriedades e não apenas empregados, as famílias incluem mais do que os membros do núcleo familiar e as pessoas vivem em uma economia agrária na qual são proprietárias de bois e burros.

Em quinto lugar, os mandamentos contêm dispositivos adicionais (aditamentos), pois devem ser aplicados:

---

[37]João Calvino, *As institutas*, tradução de Waldyr Carvalho Luz (São Paulo: Cultura Cristã, 2006), 2.9.1, 4 vols.

i) A um grupo específico de pessoas — aquelas chamadas e reunidas de modo singular por Deus e que devem formar o núcleo no qual as promessas messiânicas seriam preservadas.
ii) A um período cronológico específico — até que chegue o Messias.
iii) Com provisões para a aplicação das dez leis a toda a sociedade com o fim de regê-la como uma nação específica em uma terra igualmente específica e conservá-la "santa", distinta de outras nações, tudo com vista à chegada do Messias.
iv) Com provisões para regulamentos cerimoniais e ações que forneceriam informações preliminares, constantemente repetidas, sobre como o próprio Deus, em última instância, proporcionaria aos pecadores perdão, reconciliação e acesso a ele.

Em sexto lugar, os Dez Mandamentos deviam ser vistos como parte de uma categoria distinta dentro da lei como um todo. Eles estavam claramente relacionados à sua aplicação na vida civil e na adoração, mas eram mais que isso. Essa ideia era tão fundamental para a compreensão da dinâmica da lei de Deus, que foi expressa materialmente de três formas muitas vezes negligenciadas:

i) Dentre os elementos que compunham o código de leis, somente o Decálogo foi escrito por Deus.[38]
ii) Somente o Decálogo foi gravado em tábuas de pedra.
iii) Somente o Decálogo foi depositado na Arca da Aliança.[39]
A localização do Decálogo (dentro da arca e sob o propiciatório) é um claro sinal de como o sangue ali espargido fazia

---

[38] Êx 24.12.
[39] Êx 25.16.

uma expiação simbólica pelo não cumprimento dos mandamentos debaixo dele. Conforme observa Thomas Boston, trata-se de um simbolismo eloquente no qual se representam a "justiça satisfeita e o juízo plenamente executado".[40]

Também ficava explícito que as aplicações da lei foram dadas para que o povo as observasse "na terra à qual estás indo para possuir".[41] Isso explica o fato de essas leis serem dirigidas a uma pátria. Assim, Deus ensinou de forma emblemática que o Decálogo era fundamental, e suas aplicações, secundárias, contextualizadas e temporárias. Esse ensinamento foi ainda mais enfatizado pelo reconhecimento de que o sistema sacrificial era simbólico e sacramental, apontando para um sacrifício futuro que seria plenamente eficaz para lidar com o pecado.[42]

3) Cristo

A lei de Deus, assim escrita em tábuas de pedra e trancada na Arca da Aliança, agora é reescrita pelo Espírito e selada no coração dos crentes. A regra externa mais uma vez se torna disposição interior, embora dentro de um contexto de santificação iniciada, mas de glorificação ainda não consumada. É evidente que as dimensões civis e cerimoniais da lei não foram incluídas nesse "texto".

À semelhança da *profecia* do Antigo Testamento, o mesmo se pode dizer da *lei: as verdadeiras estruturas que sempre estiveram presentes na palavra de Deus de antigamente são plenamente reveladas sob a perspectiva de seu cumprimento.*

---

[40]Fisher, *Marrow*, p. 102.
[41]Dt 6.1.
[42]A lógica de Hebreus 7.23-25; 10.1-4, embora incorporada a um livro da nova aliança, expressa uma compreensão possível já na época mosaica, uma vez que essa lógica não depende da encarnação de Cristo, mas da repetição dos sacrifícios.

Assim, para os Irmãos do Cerne e seus precursores, uma observação cuidadosa do contexto em que a lei de Deus foi outorgada, um traçado de sua história em toda a Bíblia — em suma, uma abordagem bíblica e cristocêntrica da lei — ressaltava que, à semelhança da Gália, a lei de Deus é "dividida em três partes" — aliás, unificada, porque divinamente concedida, e ainda multidimensional em caráter, função e alcance histórico. O fato de que a lei unificada "se decompõe" em suas dimensões constituintes em Cristo é uma indicação de que essas dimensões eram inerentes à própria lei.

Portanto, somente em Cristo os aspectos e divisões da lei — suas "dimensões" — ficam claras. Mas aquilo que é *revelado* por sua vinda não é *criado* por ela. Pelo contrário, a vinda de Cristo esclarece o que sempre esteve ali.[43]

O comentário de B. B. Warfield sobre a relação entre a revelação do Antigo Testamento e a do Novo é pertinente aqui:

---

[43]Para que a "erudição" dos teólogos de Westminster não seja considerada irremediavelmente antiquada e pré-moderna, definida por uma grade a priori não bíblica, é bom observar Bruce K. Waltke, que, usando argumentos exegéticos semelhantes aos dos teólogos de Westminster, legitima de modo independente a visão de teologia bíblica que eles tinham. Bruce K. Waltke, in: William S. Barker; W. Robert Godfrey, orgs., *Theonomy: a Reformed critique* (Grand Rapids: Zondervan, 1991), p. 70-2. Como o professor Waltke indica, há uma clara distinção não apenas entre o Decálogo e suas aplicações secundárias, mas também entre as leis cerimoniais e civis. O Decálogo e as aplicações secundárias são apresentados em Êxodo 25—40 e em Levítico, não em Deuteronômio. Nesse sentido, embora haja uma unidade divina na lei, ela é como a unidade de um raio de luz que, ao passar por um prisma, revela as cores constituintes não visíveis a olho nu. No caso da lei de Deus, como nas profecias da vinda do Messias, fica claro somente em Cristo que existe na lei um fundamento permanente (Decálogo) e um cerimonial temporário, bem como uma aplicação civil local e interina. O Decálogo permanece; as cerimônias são revogadas de diferentes maneiras. Elas têm um fim. Embora as leis civis nos orientem no que diz respeito ao governo justo, elas não mais constituem o código de leis que os cristãos devem procurar estabelecer nos vários países aos quais pertencem. Podemos traçar analogias ajustadas a nossos contextos, tomando por base a concretude da aplicação do Decálogo a determinado povo em um contexto temporal, geográfico e religioso-social específico do passado. Esse princípio de explicação do cumprimento é visto em relação a Cristo quando se percebe com clareza que a profecia de sua vinda encerra dimensões da primeira vinda, mas também da segunda.

O Antigo Testamento pode ser comparado a um quarto ricamente mobiliado, mas pouco iluminado; a entrada da luz não revela nada que não estivesse ali antes, mas permite uma visão mais clara do que está nele, elementos que não estavam nítidos ou nem eram percebidos antes [...] Assim, a revelação do Antigo Testamento feita por Deus não é corrigida pela revelação mais completa que a segue, mas apenas aperfeiçoada e ampliada.[44]

É dentro dessa perspectiva que os Irmãos do Cerne acreditavam que o caráter tridimensional e o significado permanente do Decálogo eram determinados não pelo "tradicionalismo" ou por "textos de comprovação" fora de contexto, mas por um cuidadoso manuseio bíblico-teológico do texto de toda a Bíblia.

No entanto, também existem expressões de antinomianismo baseadas na experiência.

O ramo da experiência

A extensão do medo e da preocupação com o antinomianismo nos séculos 17 e 18 pode ser calculada em um comentário de Thomas Shepard, ministro da Nova Inglaterra: "Aqueles que negam a utilidade da lei a qualquer um que esteja em Cristo tornam-se patronos da licenciosidade livre sob a máscara da graça livre".[45]

---

[44]B. B. Warfield, *Biblical doctrines* (New York: Oxford University Press, 1929), p. 141-2.

[45]Thomas Shepard (1605-1649) tinha quinze anos de idade quando ingressou no Emmanuel College, em Cambridge. Ordenado pela Igreja da Inglaterra, foi proibido de pregar pelo arcebispo Laud. Viajou então para Massachusetts e assumiu o pastorado da igreja First Church of Cambridge. Forte opositor do antinomianismo, ele participou do julgamento de Anne Hutchinson no ápice da controvérsia antinomista da Nova Inglaterra. Sua exposição da Parábola das Dez Virgens é marcada por tal rigor, que John ("Rabino") Duncan, professor de hebraico do século 19 no New College, em Edimburgo, fez uma observação que ganhou notoriedade: "Shepard é excelente, mas eu gostaria de ser tão bom quanto um de seus hipócritas!". John M. Brentnall, org., *"Just a talker": sayings of John ("Rabbi") Duncan* (Edinburgh: Banner of Truth, 1997), p. 183.

Um antinomianismo dessa ordem havia se manifestado às margens da inconformidade. Mas é claro que a preocupação era o fato de que um "efeito dominó" é inerente a qualquer aberração da ortodoxia — de modo que o antinomianismo doutrinário e exegético acabaria por levar a uma completa rejeição dos imperativos bíblicos e transformaria a graça de Deus em libertinagem,[46] uma situação que lembra o verso capenga:

> Livre da lei, ó bendita condição,
> posso pecar à vontade e mesmo assim ter remissão.

O antinomianismo assume uma forma comum e corriqueira comparável, por exemplo, a um cristão professo que diz ao passageiro que olha assustado para o velocímetro: "Não estamos debaixo da lei; estamos debaixo da graça".

Em certo sentido, seria adequado dizer diante disso: "A verdade é que você está debaixo da lei — a lei do estado de Indiana, da Pensilvânia ou a lei escocesa — e a prova disso é aquela sirene da polícia atrás de você!".

No entanto, em se tratando de nossa teologia da vida cristã, responder "Mas você *está* debaixo da lei" não trataria realmente do problema. Essa resposta estaria destituída da verdadeira essência da questão. Pois a melhor resposta ao antinomianismo não é "Você está debaixo da lei", e sim:

> Você está menosprezando o evangelho e deixando de entender a dinâmica da graça de Deus nesse evangelho! Debaixo da lei não há condenação para você, e isso se deve à sua união com Cristo pela fé. Mas essa mesma união pela fé traz como consequência o fato de que as exigências da lei são satisfeitas em você por meio do Espírito. Seu verdadeiro problema não é que você não entende a lei.

---

[46] Jd 4.

O que você não entende é o evangelho. Para Paulo, estamos "debaixo da lei de Cristo".[47] Nossa relação com a lei não é meramente legal, fria e impessoal. Não, nossa conformidade com ela é fruto de nosso casamento com nosso novo marido, Jesus Cristo.

O antinomianismo prático assume várias formas hoje. Uma delas é o evangelho secular da autoaceitação disfarçado de cristianismo. "Se Deus me aceita do jeito que eu sou, não serei excluído pela lei de Deus — o que ele deseja é que eu seja eu mesmo." Isso tem expressões muito concretas naquilo que é classificado eufemisticamente como "escolhas de vida": "É assim que eu sou, Deus é gracioso e [implícito: ao contrário de você, se você discorda de mim] me aceita como sou; portanto, vou continuar sendo assim".

Para o observador externo, o problema está na rejeição da lei de Deus. Mas o que está por trás dessa postura é a incapacidade de compreender a graça de Deus e, no final das contas, de compreender o próprio Deus. É verdade que seu amor por mim não se baseia em minha aptidão nem em meu preparo. Mas dizer que Deus nos aceita do jeito que somos é um exemplo de casuísmo. Na verdade, ele nos aceita *apesar do que somos*. *Ele nos acolhe somente em Cristo e por amor de Cristo*. Além disso, ele não pretende que permaneçamos no estado em que fomos achados, mas que sejamos transformados à imagem de seu Filho.[48] Sem essa transformação e sem essa nova conformidade de vida, não há nem sinal de que algum dia tenhamos pertencido a ele.

No fundo, o antinomianismo faz separação entre a lei de Deus e a pessoa de Deus, entre a graça e a união com Cristo na qual a lei é gravada no coração. Ao fazer essa separação, o antinomianismo coloca em risco não apenas o Decálogo; ele leva por água abaixo a verdade do evangelho.

---

[47] 1Co 9.20,21.
[48] Rm 8.29.

Capítulo 8

CAUSAS E CURAS

O antinomianismo assume variadas formas. As pessoas nem sempre se encaixam bem em nossas classificações nem necessariamente defendem todas as implicações lógicas de seus pressupostos.[1] Aqui estamos empregando o termo "antinomianismo" no sentido teológico: a rejeição da natureza *obrigatória* ("obrigatória na consciência") do Decálogo para os que estão em Cristo.

Antinomianismo, conforme muito bem definido no século 18, é deixar de entender e valorizar o papel da lei de Deus na vida cristã. Mas, assim como o legalismo é mais do que aparenta, o mesmo se pode dizer do antinomianismo.

Os opostos se atraem?

Talvez o maior erro quando se fala em antinomianismo seja pensar nele simplesmente como o oposto de legalismo.

---

[1] Embora seja importante e legítimo revelar os pressupostos teológicos, nem sempre os indivíduos são abrangentes e coerentes no que diz respeito às implicações desses pressupostos, e é importante não imputar uma crença nessas implicações se elas são de fato negadas pela pessoa. Mas esse é o tipo de excesso visível em textos polêmicos. No entanto, apontar as implicações lógicas dos pressupostos nunca é um exercício desnecessário.

Uma experiência interessante para um doutorando em Psicologia seria criar um teste de associação de palavras para os cristãos. Um teste assim poderia conter ideias como as seguintes:

Antigo Testamento	Resposta prevista → Novo Testamento
Pecado	Resposta prevista → Graça
Davi	Resposta prevista → Golias
Jerusalém	Resposta prevista → Babilônia
Antinomianismo	Resposta prevista → ?

Seria justo pressupor que "legalismo" seria nossa resposta automática para a última associação de palavras?

Será que a "resposta certa" é mesmo "legalismo"? Essa poderia ser a resposta certa no nível do uso comum, mas ela seria insatisfatória do ponto de vista da teologia, pois a oposição entre antinomianismo e legalismo não é maior do que a oposição de ambos à graça. É por isso que as Escrituras nunca prescrevem um como antídoto para o outro. Antes, a graça, a graça de Deus em Cristo em nossa união com ele, é o antídoto para ambos.

Essa é uma observação de grande importância, pois alguns antinomianos influentes da história da igreja reconheceram que estavam deixando de perceber seu próprio legalismo.

John Gill, primeiro biógrafo de Tobias Crisp, uma das figuras que estão na gênese do antinomianismo inglês, afirma:[2] "Ele

---

[2] Tobias Crisp (1600-1643) estudou na Eton College e no Christ's College, em Cambridge, e tornou-se membro do Balliol College, em Oxford. Foi nomeado reitor de Newington, Surrey e, mais tarde, de Brinkworth, Wiltshire, onde parece ter sido um pastor que se dedicava às igrejas. Morreu de varíola em 1643, provavelmente contraída em uma das visitas que sistematicamente fazia aos doentes. Logo depois de sua morte foram publicados três livros com seus sermões intitulados *Christ alone exalted* [Exaltar somente Cristo]. Por causa desses sermões, seu nome foi vinculado a John Saltmarsh e outros. Robert Lancaster, publicador de seus livros, negou que Crisp fosse culpado de antinomianismo, mas ele era visto com desconfiança pelos teólogos de Westminster. Antecessor de C. H. Spurgeon, John Gill foi o primeiro biógrafo de Crisp.

começou pregando de forma legalista e cumpria essa tarefa com extremo zelo".³ Benjamin Brook faz referência a esse fato dentro de um contexto mais amplo:

> Pessoas que defendiam ideias que mais tarde lhes pareceram erradas costumam pensar que jamais poderão se afastar o bastante dessas ideias e que, quanto mais se afastam de suas antigas opiniões, mais perto chegam da verdade. Infelizmente foi isso que aconteceu com o dr. Crisp. Suas ideias sobre a graça de Cristo a desvalorizavam demais, e ele havia abrigado sentimentos que nele geraram um espírito legalista e de justiça própria. Chocado com as lembranças de suas opiniões e de sua conduta de antes, parece que ele imaginava que nunca se afastaria o bastante delas.⁴

Mas Crisp, ao se alinhar com outros, tomou o remédio errado.
Por natureza, o antinomiano é alguém com um coração legalista. Ele reage como se fosse um antinomiano. Mas isso significa apenas que ele tem uma opinião diferente sobre a lei, mas não uma opinião bíblica.
Nesse sentido, os comentários de Richard Baxter são esclarecedores:

> O antinomianismo surgiu em nosso meio a partir de uma pregação obscura da *graça evangélica*, com grande ênfase em lágrimas e terrores.⁵

A completa eliminação da lei parece fornecer um refúgio. O problema, todavia, não está na lei, mas no coração — e este segue

---

³John Gill, "Memoirs of the life of Tobias Crisp, D. D.", in: Tobias Crisp, *Christ alone exalted* (London: John Bennett, 1832), 1:vi, 3 vols.
⁴Benjamin Brook, *Lives of the Puritans* (London, 1813), 2:473, 3 vols.
⁵Richard Baxter, *Apology for a nonconformist ministry* (London, 1681), p. 226; grifo do autor.

sem mudança. Ao pensar que sua perspectiva é agora a antítese do legalismo, o antinomiano prescreve uma receita espiritual ineficaz. A doença não fica totalmente curada. O fato é que a grande causa de sua doença foi mascarada, e não identificada e curada. Existe somente uma cura legítima para o legalismo. É o mesmo remédio que o evangelho prescreve para o antinomianismo: compreender e experimentar a união com Jesus Cristo. Isso conduz a um novo amor pela lei de Deus e à obediência a essa lei, agora mediados por ele a nós no evangelho. Somente essa postura rompe as correntes do legalismo (a lei deixa de estar divorciada da pessoa de Cristo) e do antinomianismo (não estamos divorciados da lei, que agora nos chega pela mão de Cristo e na capacitação dada pelo Espírito, que a escreve em nosso coração).

Sem isso, tanto o legalista quanto o antinomiano se mantêm em uma relação errada com a lei de Deus e inadequada com a sua graça. O casamento do dever com o prazer em Cristo ainda não foi corretamente celebrado.

Ralph Erskine,[6] um dos principais Irmãos do Cerne, disse certa vez que o maior antinomiano de todos era de fato legalista. Sua afirmação também é verdadeira se invertida: o maior legalista de todos é antinomiano.

---

[6]Ralph Erskine (1685-1782) era o irmão mais jovem de Ebenezer Erskine (1680-1754); Thomas Boston foi levado a Cristo pelo ministério do pai deles. Em 1737, Ralph acompanhou seu irmão e passou para o "Presbitério Adjunto", que Ebenezer e outros formaram em 1733 (embora Ebenezer tenha se desligado oficialmente da Igreja da Escócia apenas em 1740). Os dois irmãos faziam parte dos "Representantes" ou Irmãos do Cerne. A nova denominação dividiu-se por causa do Juramento de Burgess em 1747, depois do qual os membros dirigiram-se ao Novo Mundo e se tornaram metade da raiz da Associate Reformed Presbyterian Church (a outra metade eram os presbiterianos reformados, ou pactuantes, que também haviam emigrado). Ralph é mais conhecido hoje por sua obra *Gospel sonnets* [Sonetos do evangelho]. Estes são produto de seu hábito de, no fim da ceia do Senhor, "desacelerar" o ritmo no púlpito, transformando em versos os temas de sua pregação.

Mas passar do legalismo para o antinomianismo jamais foi um modo de escapar do marido de nosso primeiro casamento. Pois não nos divorciamos da lei crendo que os mandamentos não têm força de obrigatoriedade, mas somente nos casando com Jesus Cristo, em união com aquele que faz do cumprimento dos mandamentos nosso prazer. O próprio Thomas Boston está de acordo com essa análise geral:

> Esse princípio antinomiano, ou seja, que não é necessário ao homem, perfeitamente justificado pela fé, esforçar-se para observar a lei e praticar boas obras, é um indício muito claro de que o legalismo encontra-se tão impregnado na natureza corrompida do homem que, enquanto ele não aceitar Cristo pela fé, a disposição legalista continuará imperando em seu interior; não importa a forma que ela assuma nem os princípios que ele tenha na religião; embora corra para o antinomianismo, ele levará consigo o espírito legalista, e tal espírito sempre será escravizante e perverso.[7]

Cem anos depois, James Henley Thornwell (1812-1862), pastor e teólogo presbiteriano do Sul dos Estados Unidos, chamou a atenção para o mesmo princípio:

> No entanto, não importa a forma que o antinomianismo assuma, ele sempre será fruto do legalismo. Os que correm para um extremo são somente aqueles que já estiveram no outro.[8]

De novo recorremos a John Colquhoun, que agora fala da manifestação dessa realidade na vida do verdadeiro crente:

---

[7]Edward Fisher, *The marrow of modern divinity* (Ross-shire: Christian Focus, 2009), p. 221.
[8]J. H. Thornwell, *The collected writings of James Henley Thornwell* (1871-1873; reimpr., Edinburgh: Banner of Truth, 1974), 2:386, 4 vols.

Certo grau de espírito legalista ou de inclinação do coração para o caminho da aliança das obras ainda permanece nos crentes e costuma prevalecer contra eles. Às vezes, eles acham extremamente difícil resistir a essa inclinação de confiar em suas próprias realizações e no desempenho pessoal como parcela de seu direito ao favor e gozo de Deus.⁹

Se o antinomianismo nos parece o caminho para nos tirar do domínio de nosso espírito naturalmente legalista, precisamos repensar nossa interpretação de Romanos 7. Ao contrário de Paulo, tanto os legalistas quanto os antinomianos veem *a lei* como o problema. Mas Paulo está tentando destacar que o problema básico é *o pecado*, não a lei. Pelo contrário, a lei é "boa", "justa", "espiritual" e "santa".¹⁰ O fato é que o pecado é o inimigo que habita em nós. E o remédio para o pecado não está nem na lei, nem em sua eliminação. O remédio é a graça, conforme Paulo tão bem demonstra em Romanos 5.12-21 e dentro do contexto de sua exposição da união com Cristo em Romanos 6.1-14. Assim, abolir a lei seria o mesmo que executar o inocente.

Por isso é importante atentar para a dinâmica do argumento de Paulo em Romanos 7.1-6. Estávamos casados com a lei. Quando o marido morre, a mulher fica livre para se casar de novo. Mas Paulo tem o cuidado de dizer que *não* foi a lei que morreu para que pudéssemos casar com Cristo. Antes, quem morreu em Cristo é o crente que estava casado com a lei. Contudo, ao ressuscitar com Cristo, o crente está agora (legalmente) livre para se casar com Cristo, o marido, e dessa união nascerão os frutos para Deus. A implicação desse segundo casamento, na linguagem de Paulo, é que "a justa exigência da lei pudesse se cumprir em nós, que andamos não segundo a carne, mas segundo o Espírito".¹¹

---

⁹John Colquhoun, *A treatise on the law and Gospel*, organização de D. Kistler (1859; reimpr., Morgan: Soli Deo Gloria, 1999), p. 223.
¹⁰Rm 7.12,14.
¹¹Rm 8.4.

É nesse sentido que o relacionamento do cristão com a lei é semelhante ao relacionamento de alguém que se torna parente dos parentes do marido!¹² Não temos mais um relacionamento direto com a lei nem com a lei isolada como mero conjunto de mandamentos. O relacionamento depende de nosso relacionamento anterior com Cristo e é fruto dele. Explicando a ideia em termos mais simples, assim como Adão recebeu a lei do Pai, de cujas mãos ela jamais deveria ter sido abstraída (como foi pela Serpente e depois por Eva), da mesma forma o crente da nova aliança não olha para a lei sem se lembrar de que seu relacionamento com ela é fruto de sua união com Cristo.

John Bunyan entendeu o sentido de Romanos 7.¹³ Em nós permanece uma "secreta atração por Adão, o Primeiro". O crente morreu para a lei, mas a lei não morre. Ela continua existindo para o crente. Mas agora unido a Cristo, o crente tem condições de cumprir a lei do casamento e produzir frutos!

Assim, a graça, não a lei, produz o que a lei exige; mas ao mesmo tempo é o que a lei exige que a graça produz. Ralph Erskine procurou explicar essa ideia em versos:

> Evangelho-graça, lei-mandamentos, então,
>   seguram e soltam um do outro a mão;
> não concordam, não importa a condição,
>   mas no braço um do outro se acolherão.
>
> Os que assim os dividem não podem
>   da verdade e veracidade amigos ser;
> mas os que ousam os dois confundir
>   trazem danação e os haverão de destruir.

---

¹²1Co 9.21 (*ennomos Christou*).
¹³Veja p. 158-62.

Não há quem possa tal segredo desvelar,
se com o novilho do evangelho não arar.[14]

Ele então acrescenta:

A lei ordena trabalhar, também correr,
   pés e mãos o evangelho há de conceder;
de mim a lei exige obedecer,
   o evangelho é o que me dá poder.[15]

Mente e coração

Essa é uma lição pastoral fundamental. Não é uma simples questão da mente. É uma questão do coração. O antinomianismo pode ser expresso em termos doutrinários e teológicos, mas ele tanto revela quanto mascara o desprazer do coração diante da obrigação ou dever divinos absolutos. Por isso a explicação doutrinária é somente uma parte da batalha. Estamos lutando com algo muito mais enganoso, o espírito de um indivíduo, um instinto, uma índole pecaminosa, um divórcio sutil entre dever e prazer. Essa condição exige um cuidado pastoral diligente e amoroso, em especial uma plena e fiel compreensão da Palavra de Deus, a compreensão da união com Cristo, para que o evangelho dissolva o legalismo obstinado de nosso espírito.

Olney hymns, hinário com composições de John Newton e William Cowper, contém um hino de autoria de Cowper chamado *Love constraining to obedience* [Amor que compele a obedecer], que expressa bem a situação:

Da natureza nenhuma força basta
   para bem servir a Jesus;

---

[14]Ralph Erskine, *Gospel sonnets or spiritual songs* (Edinburgh: John Pryde, 1870), p. 288-9.
[15]Ibidem, p. 296.

do que ela tem, ela mau uso faz,
   por ausência de mais clara luz.

Quanto tempo debaixo da lei
   em cativeiro e angústia fiquei!
tentei ao preceito obedecer,
   foi porém em vão que me esforcei.

Assim, abster-me do pecado exterior
   era mais do que eu poderia conseguir;
mas, se sua força sinto em meu interior,
   como a ele odeio posso eu também sentir.

Todas as minhas obras servis
   feitas foram para justiça trazer;
mas, agora livremente no Filho escolhido,
   livre, seus caminhos posso escolher.

Eu dizia: "O que farei
   para que mais digno possa ser?
Mas o que ao Senhor entregarei?".
   É o que agora indagarei.

Ver a lei por Cristo cumprida,
   de perdão sua voz escutar;
faz de um escravo um filho,[16]
   e em escolha o dever pode tornar.

Estamos lidando aqui com uma disposição cujas raízes estão diretamente fincadas no solo do jardim do Éden. Assim, o antinomianismo, à semelhança do legalismo, é mais do que uma visão

---

[16] Newton e Cowper incluem neste ponto uma nota de rodapé onde fazem referência a Romanos 3.31.

distorcida da lei. No fim, é uma visão distorcida da graça, revelada tanto na lei quanto no evangelho — e, no fundo, uma visão distorcida do próprio Deus.

Mas quais questões doutrinárias o antinomianismo coloca em risco?

Então, por que a lei?

A questão do papel da lei de Deus na nova aliança é tão antiga quanto o Sermão do Monte, tão velha quanto as Epístolas Pastorais e tão fundamental quanto a pergunta de Paulo: "Então, por que a lei?".[17]

Essa questão foi debatida na época da Reforma e durante a "Segunda Reforma" que se estendeu até o período dos puritanos. A redescoberta da teologia da aliança deu asas aos debates sobre a natureza e o papel da lei. Portanto, não nos deve causar surpresa o fato de que, nos estudos acadêmicos dos últimos setenta anos, a redescoberta da importância do pensamento da aliança, tanto no Oriente Próximo em geral como no Antigo Testamento em particular, foi acompanhada por uma pequena onda de livros e artigos sobre a posição da lei.

No Novo Testamento há declarações que descrevem a lei de Deus com certo rigor. Paulo chega a vincular o papel da lei ao "ministério da morte" e ao "ministério da condenação".[18] Além disso, outras declarações parecem indicar que o crente está livre da lei.[19] Será que isso dá ao antinomianismo fundamento suficiente para sua posição teológica?

No entanto, há uma série de outras considerações importantes.

---

[17]Mt 5.17-48; Gl 3.19; 1Tm 1.8.
[18]2Co 3.7,9.
[19]Rm 6.14; 7.4.

Um vocabulário limitado?

Em um importante artigo escrito em 1964, anterior à publicação de seu grande comentário de Romanos, C. E. B. Cranfield procurou iluminar os debates sobre a visão paulina da lei e, para isso, apontou para o que era óbvio: Paulo não empregou nenhum vocabulário que expressasse ideias como *legalismo* ou *legalista*. Ele jamais usou termos como esses. Tampouco seu vocabulário inclui o termo *antinomiano*. Portanto, ele falou sobre o papel da lei e sobre os equívocos a respeito dela sem acesso a esse equipamento verbal de classificação.

Essa declaração do óbvio, no entanto, não é tão óbvia assim para muitos leitores do Novo Testamento. Existe uma tendência de pressupor que, se um conceito está presente em nossa mente quando lemos as Escrituras, ele também estava presente no pensamento do autor bíblico. Aliás, se nossa postura é de afirmação das Escrituras, pode ser que para nós seja difícil aceitar a ideia de que alguns de nossos termos conceituais simplesmente não faziam parte do equipamento apostólico.

Nesse contexto, a consequência do vocabulário restrito de Paulo é que ele não empregou nossos termos teológicos prontos para uso ao expressar as principais ideias que mais tarde fizeram parte da controvérsia do cerne. Em seu contexto, Paulo trabalha dentro das "limitações" do vocabulário empregado.[20] Assim, diz Cranfield, Paulo escreve com

---

[20] Esse ponto traz à baila a importante questão da relação entre o texto bíblico com seu vocabulário e as formulações posteriores da fé cristã. Exemplo disso é o termo Trindade. *Trinitas* passa a ser usado somente na época de Tertuliano (160-c. 225). O termo não somente *não* é empregado por Paulo, mas tampouco *existe* em seu vocabulário. Mas será que o conceito existia? Se definirmos esse conceito, dizendo: "Trindade significa que Deus é uma *ousia* em três *personae*", parecerá improvável que essa exata conceitualização tenha feito parte do pensamento de Paulo. Será que isso significa que Paulo não cria na Trindade? Pelo contrário, suas cartas estão impregnadas da substância dessa doutrina. Isso ficará muito claro em uma rápida leitura com atenção voltada para a frequência com que ele une as atividades das pessoas da Trindade.

uma desvantagem bem considerável se comparado com o teólogo dos dias atuais ao tentar esclarecer a posição cristã com relação à lei.

Cranfield não está dizendo que Paulo não entendia a lei do modo que a igreja a entende. Mas ele está dizendo que Paulo não fez uso do mesmo equipamento linguístico para declarar sua visão. Ele acrescenta:

> Em vista disso, penso eu, devemos estar prontos a admitir a possibilidade de que, quando parecia depreciar a lei, o que ele de fato tinha em mente podia não ser a lei, mas os equívocos e o mau uso dela para os quais temos um termo convencionado, ao passo que ele não tinha.[21]

Cranfield pode estar certo ao sublinhar esse lapso nos comentários, mas o argumento teológico já havia sido consolidado quatrocentos anos atrás por Calvino:

> Para lhes refutar o erro [i.e., o legalismo], Paulo foi obrigado, por vezes, a tomar em sentido estrito a mera palavra lei que, no entanto, foi, por outro lado, vestida do pacto da adoção gratuita.[22]

---

[21]C. E. B. Cranfield, "St. Paul and the Law", *Scottish Journal of Theology* 17 (March 1964): 55. Boa parte desse artigo é reproduzida dentro de um apêndice ("Essay II") em C. E. B. Cranfield, *A critical and exegetical commentary on The Epistle to the Romans* (Edinburgh: T&T Clark, 1979), 2:845-62, 2 vols. No comentário, Cranfield observa que Paulo "com certeza encontrou sérias dificuldades para esclarecer a posição cristã no que diz respeito à lei" (p. 853). Essa forma de se expressar pode não ter sido muito feliz, mas o argumento central não deixa de ser enunciado: Paulo teve de empregar o vocabulário mais genérico que estava à sua disposição para denotar um conceito exato para o qual lhe faltavam palavras.

[22]João Calvino, *As institutas*, tradução de Waldyr Carvalho Luz (São Paulo: Cultura Cristã, 2006), 2.5.2, 4 vols. Cranfield observa em seu comentário que acreditava que seu argumento não havia recebido muita atenção na literatura anterior a seu artigo de 1964. De uma perspectiva linguística e exegética, é provável que ele

Autores antinomianos geralmente não reconhecem as implicações exegéticas e teológicas disso. Mas, se não ficarmos atentos, deixaremos de desvendar o significado correto da postura de Paulo em relação à lei.

O que descobrimos em Paulo é uma chave que abre as portas para que entendamos que ele faz declarações *tanto* pejorativas *quanto* elogiosas no que diz respeito à lei: o ministério que produz morte é um ministério da lei que, *em si mesma*, é "santa, justa e boa".[23] O caráter condenatório da lei não resulta de algo que lhe seja inerente, mas do mal inerente a nós.

Paulo insiste nessa ideia em Romanos 7.7-12; aliás, o capítulo inteiro serve para esclarecer a natureza e o papel da lei. Ele veio a conhecer o pecado por causa da lei. Por acaso isso significa que a lei em si mesma é de algum modo pecaminosa?

A passagem está cercada por algo que parece ser um *inclusio* que enfatiza que a lei é boa:

PERGUNTA: A lei é pecado (pecaminosa)?

No versículo 7, ele nega que a lei seja pecado.
No versículo 12, ele afirma que a lei é santa, justa e boa.

Dentro dos limites dessa *inclusio*, ele esclarece que o culpado é o pecado, não a lei:

Nosso pecado é revelado pela lei (v. 7b).
Nosso pecado também é proibido pela lei (v. 7c).

---

tivesse razão. Mas teologicamente as implicações desse pensamento haviam sido tratadas por muitos teólogos, à semelhança de Calvino, que chamou a atenção para a importância de uma leitura das Escrituras que levasse em conta as variações sutis de sentido.

[23]Rm 7.12. Verifique como nesse contexto Paulo passa a explicar que deixamos de entender a dinâmica da atuação da lei se a ela atribuímos uma responsabilidade que deve ser atribuída ao pecado (Rm 7.13).

Na verdade, o pecado é oportunista no que diz respeito à lei (v. 8).
O pecado ganha vida sob a luz da lei (v. 9), à semelhança de insetos que vêm à luz quando se levanta uma pedra.
A lei prometia vida ("Faça isto e você viverá").
O pecado transformou a lei em instrumento de morte (v. 10).
Conclusão: o que nos mata é o pecado, não a lei (v. 11)!

Assim, exatamente no contexto em que Paulo parece expressar uma visão dura e negativa da lei — ela é a razão por que ele tem consciência do pecado —, ele esclarece a natureza santa dessa mesma lei. Ela traz o próprio caráter de Deus. É por isso que ele e nós podemos dizer pela fé: "Em meu interior tenho prazer na lei de Deus".[24] E devemos ter prazer nessa lei, pois ela é santa, boa e espiritual.

Desse modo, a posição antinomiana, que normalmente faz declarações negativas ou pejorativas sobre a lei em sentido absoluto, não leva em conta a plataforma bíblica que esclarece o ensino apostólico.

A graça de Deus na outorga da lei

Sem dúvida, enfatizar demais a unidade entre o Antigo Testamento e o Novo e as respectivas alianças é um equívoco hermenêutico que pode nos impedir de reconhecer sua importante diversidade.

A diferença de época entre as duas alianças é tal que João a descreve de forma categórica quando se refere ao ministério do Espírito: "Porque o Espírito ainda *não era*, pois Jesus ainda não havia sido glorificado".[25] No entanto, o que aqui se declara em sentido *absoluto* deve ser entendido em sentido *comparativo*.

---

[24]Rm 7.22.

[25]Jo 7.39, tradução literal. É claro que João tinha consciência da presença e do poder do Espírito anteriores à morte, ressurreição e ascensão de Jesus (Jo 1.32; 3.5-8,34; 6.63).

O que se aplica ao Espírito no Evangelho de João, por uma questão de analogia, também se aplica à lei. Não devemos ler com uma perspectiva absolutista aquilo que deve ser entendido dentro de um contexto comparativo. A lei veio por intermédio de Moisés; a graça e a verdade vieram por meio de Cristo.[26] Esse contraste não é *absoluto*. Deixando de lado outras considerações, se o contraste fosse absoluto, os cristãos *jamais* admirariam a espiritualidade do salmista em Salmos 1.2 ("Seu prazer está na lei do Senhor") ou Salmos 119.97 ("Como amo a tua lei!"). Mas a verdade é que os cristãos desejam instintivamente chegar a esse nível de espiritualidade,[27] pois eles reconhecem — pelo menos em um nível subliminar — que a lei era a dádiva graciosa de um Deus de amor, mesmo que, em si mesma, ela não nos coloque em condições de cumpri-la.

Se o antinomiano responder: "Mas a Lei da Torá não se limita ao Decálogo", devemos enfatizar que, embora isso seja verdade, ela jamais será menos do que o Decálogo. Aliás, temos o direito de perguntar: Que conteúdo da Torá foi escrito em nossa mente e coração na nova aliança? Poderia ser outro a não ser o Decálogo, cujos mandamentos temos agora a capacidade de amar e cumprir? Não é possível que sejam suas aplicações cerimoniais e civis. Amamos a lei porque ela é "espiritual",[28] ou seja, está em harmonia com o Espírito. E no Espírito temos prazer na lei de Deus no que diz respeito a nosso "ser interior".[29] Afinal de contas, o Senhor Jesus, o homem do Espírito por excelência, amou e cumpriu a lei. Ele a amou e cumpriu não como um meio para um fim quenótico ou temporariamente tolerável, mas porque em nossa natureza humana ele de fato amou o que a Palavra de Deus lhe disse que o próprio Deus amava. A lei foi escrita pelo Espírito em nosso

---

[26]Jo 1.17.
[27]Isso se deve à entrada em vigor de Jeremias 31.31-33.
[28]Rm 7.14.
[29]Rm 7.22.

coração, e o Senhor Jesus veio habitar em nossa vida como aquele que cumpriu a lei — esses dois fatos explicam por que o mesmo se torna realidade também para nós.

A lei no contexto da história da redenção

Um dos pressupostos básicos da teologia reformada é que a glória de Deus se manifesta na história da redenção por meio da restauração do homem como imagem de Deus.[30] A economia da salvação operada por Deus sempre implica a renovação daquilo que era verdade a nosso respeito na criação.

É verdade que a salvação transcende a vida na criação por se dirigir a uma realidade glorificada. Mas esse movimento é de duas mãos: é uma volta ao Éden criado e um avanço para o Éden criado de novo e glorificado; a revelação de Deus estabelece um paralelo com isso — ela sempre reformula os padrões da revelação e redenção mais antigas e os faz avançar.

Nada é mais fundamental nessa realidade do que o modo pelo qual os indicativos divinos dão asas aos imperativos divinos. Essa é a gramática subentendida na Bíblia. Nesse sentido, a graça sempre produz obrigações, deveres e leis. Por isso o Senhor Jesus esforçou-se por enfatizar que amá-lo é uma ação que se traduz na observância dos mandamentos.[31]

É verdade que o Novo Testamento nos ensina a lei do amor. O amor é o cumprimento da lei.[32] Aliás, "toda a lei se cumpre em uma palavra: 'Amarás o teu próximo como a ti mesmo'".[33] Mas as Escrituras jamais afirmam que o amor é um substituto da lei, e há diversas e importantes razões para isso.

A primeira é que amar é o que a lei ordena, e os mandamentos são cumpridos pelo amor. A lei do amor não é um novo conceito

---

[30] Rm 8.29; 2Co 3.18; Ef 4.22-24; Cl 3.9,10; 1Jo 3.2.
[31] Jo 13.34; 14.23,24; 15.10,12,14,17.
[32] Rm 13.10.
[33] Gl 5.14.

ou invenção da nova aliança; ela faz parte da essência da vida e da fé da antiga aliança. Ela deveria ser a confissão constante de Israel: há um só Senhor, e ele deve ser amado com toda a nossa alma.[34] A segunda razão é uma regra que costumamos negligenciar: o amor exige direção e princípios de atuação. O amor é a motivação, mas não uma direção que se autointerpreta. A exposição que Paulo faz da vida cristã em Romanos 13.8-10 encerra o importante princípio de que o amor é o cumprimento da lei. Mas ele nos esclarece que a "lei" da qual está falando nesse contexto são "os mandamentos" — ou seja, os Dez Mandamentos. Ele cita quatro mandamentos que se referem ao "amor ao próximo" (na ordem em que aparecem no Antigo Testamento em grego em Deuteronômio 5.17-21). Mas ele não isola esses mandamentos específicos (adultério, homicídio, furto, cobiça); para ser mais exato, ele inclui "qualquer outro mandamento".[35]

Os mandamentos são os trilhos sobre os quais corre a vida capacitada pelo amor de Deus derramado no coração pelo Espírito Santo. O amor dá potência ao motor; a lei mostra a direção. Um depende do outro. A ideia de que o amor tem condições de atuar sem levar em conta a lei é fruto da imaginação. Essa ideia não só é ruim de uma perspectiva teológica, mas também deficiente da perspectiva da psicologia. Ela tem de despir um santo para vestir outro.

A microvisão e a macrovisão

Já estudamos vários aspectos da microvisão da Bíblia. No Sinai, a lei de Deus foi outorgada para reger o relacionamento de seu povo com ele (lei "religiosa" ou "cerimonial") e o relacionamento entre os membros da sociedade (lei "civil"). A lei "civil" destinava-se a eles como (1) povo resgatado do Egito, (2) enquanto viviam na terra (3) com a perspectiva da vinda do Messias.

---

[34]Dt 6.5,6.
[35]Rm 13.9.

Mas existe uma macrovisão da Bíblia que se estende para antes e depois do Sinai.

O Êxodo foi em si mesmo uma restauração que deveria ser vista como uma espécie de nova criação. O povo foi colocado em um tipo de Éden — uma terra "que mana leite e mel". Ali, assim como no Éden, o povo recebeu ordens que regulamentavam a vida para a glória de Deus.[36] Graça e dever, privilégio e responsabilidade, indicativos e imperativos estavam na ordem do dia para a vida que eles levavam diante de Deus e uns com os outros.

Além dessas aplicações ou, para ser mais exato, como fundamento para elas, Deus lhes concedeu o Decálogo. Introduzido em um novo contexto na terra, o Decálogo era a mera reprodução, principalmente na forma de proibições, dos princípios de vida que haviam constituído a existência original de Adão.

Transporte-se agora para o tempo do Calvário e da vinda do Espírito. Assim como Moisés havia subido ao monte Sinai e trazido a lei em tábuas de pedra, agora Cristo sobe ao monte celestial, mas, diferenciando-se de Moisés, enviou o Espírito, que reescreve a lei não em meras tábuas de pedra, mas em nosso coração. Ocorre uma recalibragem pelos critérios do Éden, embora isso aconteça no coração de um indivíduo anteriormente escravizado pelo pecado, portador de suas marcas e habitante de um mundo ainda sob o domínio do pecado. A capacitação se dá interiormente, mediante habitação de Cristo, aquele que obedece e observa a lei, por meio do Espírito. É isso que agora proporciona ao cristão tanto a motivação quanto a capacidade. Essa capacitação reproduz em nós aquilo que se aplicava ao Senhor Jesus — a capacidade de dizer: "Oh, como amo a tua lei!". A graça e a lei têm uma relação perfeita uma com a outra.

Assim, em Cristo, aquilo que era provisório na lei do Antigo Testamento acaba ficando obsoleto. Há um cumprimento internacional

---

[36] O Tabernáculo e o Templo também eram reflexos do Éden.

da promessa feita a Abraão 430 anos antes do Sinai.[37] Agora, tudo o que na aliança do Sinai servia (1) para preservar e distinguir o povo como nação em uma terra específica e (2) para dirigi-lo a Cristo por meio de cerimônias e sacramentos deixou de ter obrigatoriedade para a igreja.

Mas, por semelhante modo, continua a vigorar a expressão do objetivo que Deus criou para o homem. É isso que está implícito na restauração à imagem de Deus. Assim, o cristão chegará ao ápice do antinomianismo se adotar a opinião de que a salvação não é a restauração de sua vida como imagem de Deus.

Desse modo, a lei escrita no coração havia sido concedida como parte da graça da criação, ideia esta que mantém plena harmonia com *The marrow* e com os Irmãos do Cerne, que valorizavam a lei. Conforme expresso em *The marrow*:

> No jardim, Adão conheceu (a lei) tanto quanto Israel no Sinai; mas com menos palavras e sem trovões.[38]

Toda a revelação progressiva reflete e faz avançar a revelação anterior. Essa lei transgredida foi outorgada em uma formulação provisória específica no Sinai. Agora a mesma lei está escrita em nosso coração, fruto não da graça que cria, nem dos mandamentos do Sinai, mas do sangue derramado de Jesus. Esse sangue pôs fim às cerimônias mosaicas ao cumpri-las; ele acabou com as leis civis de Israel como povo de Deus, que agora ingressa em uma nova época e se torna uma nação espiritual em todas as terras, não mais um grupo sociopolítico preservado em uma só terra.

---

[37] Gl 3.17.
[38] Fisher, *Marrow*, p. 54. Observe que não se propõe uma identidade absoluta entre o Sinai e o Éden, mas uma verdadeira continuidade estribada na noção de que a imagem de Deus sempre é chamada a refleti-lo; ela deve refletir a Deus em diferentes condições, em qualquer um dos "quatro estados" em que se encontre: criação, queda, regeneração ou glória.

É assim que, sob diversos ângulos, a teologia bíblica reformada predominante enxerga o papel da lei.

Por mais paradoxal que pareça, hoje declarações como aquelas da Confissão de Fé costumam ser acusadas de não ter uma perspectiva bíblico-teológica porque deixam de levar em conta o papel da lei na história da redenção. Todavia, os teólogos de Westminster responderiam assim a essa acusação: "Mas como podemos ler os profetas e dizer que eles não tinham compreensão dessas distinções? Não eram eles porta-vozes de Deus quando diziam: 'O que vem em primeiro lugar é a obediência, não os sacrifícios e holocaustos'? Será que eles não faziam distinção entre a lei cerimonial e a lei moral?".

Temos novamente aqui um paralelo entre profecia e lei do Antigo Testamento. Os profetas previram a vinda do Cristo que salvaria seu povo. Mas somente quando essas profecias de sua vinda passaram pelo prisma de sua presença é que a verdade como um todo ficou clara. Essas profecias "unificadas" de fato esperavam uma vinda do reino em dois estágios: o primeiro na encarnação e o segundo na consumação. O mesmo se pode dizer da lei: suas dimensões ficam claras apenas sob a luz de Cristo.

Como a perfeita personificação da lei moral de Deus, Jesus Cristo nos convida a ir a ele e encontrar descanso (um termo impregnado de alusões ao Êxodo).[39] Ele também nos convida a nos unir a ele pela fé no poder do Espírito, de modo que, ao colocar seu jugo (da lei) sobre nossos ombros, possamos ouvi-lo dizer: "Meu jugo é suave, e meu fardo é leve".

Por isso, somos cristãos que vivem de acordo com Efésios 2.15,16: a lei cerimonial está cumprida.

Somos cristãos que vivem de acordo com Colossenses 2.14-17: a lei civil, que fazia distinção entre judeus e gentios, está cumprida.

E somos cristãos que vivem de acordo com Romanos 8.3,4: a lei moral também foi cumprida em Cristo. Mas, em vez de

---

[39] Veja Êx 33.14; Dt 12.9; Js 1.13,15; Is 63.4.

revogado, o cumprimento agora se repete em nós, que vivemos no poder do Espírito.[40]

Assim, em Cristo vemos de fato o *telos* da lei. Além disso, conforme Paulo também diz: "Por acaso revogamos a lei ensinando a fé em Cristo? Não. Nós a fortalecemos. Pois Cristo não veio para abolir a lei, mas para cumpri-la, para que ela pudesse ser cumprida em nós". É por isso que em Romanos 13.8-10, Efésios 6.1 e em outras passagens o apóstolo dá como fato consumado a importância inerente da lei de Deus para a vida do crente.

Os santos do Antigo Testamento sabiam que, embora condenados pela lei que haviam transgredido, as provisões cerimoniais indicavam o caminho do perdão. Eles viam Cristo (mesmo sem toda nitidez) como uma realidade nas cerimônias, a exemplo do que acontecia nas profecias. Ao verem os sacrifícios oferecidos dia após dia e ano após ano, eles tinham consciência de que essa repetição significava que tais sacrifícios não poderiam eliminar o pecado total e definitivamente — se fosse assim, eles não precisariam voltar aos recintos do templo. Eles eram capazes de amar a lei como regra de vida porque sabiam que Deus havia feito provisão com relação à transgressão dessa lei e em suas cerimônias havia apontado para a redenção, dando-lhes orientação por meio de seus mandamentos.

Portanto, não nos deve surpreender nem alarmar o pensamento de que os cristãos veem Cristo na lei. Eles também a veem como regra de vida; aliás, a exemplo de Calvino, entendem que Cristo é a vida da lei porque sem ele não há vida na lei.

Valorizamos a clareza da lei somente quando fitamos o olhar na face de Cristo. Mas, quando olhamos para ele, vemos o rosto daquele que disse: "Oh, como amo a tua lei, ela é minha meditação o dia todo",[41] e temos o desejo de ser como ele.

---

[40]Neste ponto devemos observar que o Novo Testamento estabelece um contraste entre a letra e o Espírito, mas nunca entre a substância da lei moral e o Espírito.
[41]Sl 119.97.

Isso não é — conforme teme o antinomiano — escravidão. É liberdade. Portanto, o cristão se alegra na profundidade da lei. Ele busca a orientação do Espírito para aplicá-la, pois consegue dizer juntamente com Paulo que em Cristo, por meio do evangelho, ele passou a ter uma relação de parentesco com a família do marido.[42] No final, o antinomiano que pensa que a lei moral deixou de ser obrigatória fica em uma posição nada confortável. Ele se verá obrigado a afirmar que a profunda devoção que o crente do Antigo Testamento tinha pela lei (devoção que, curiosamente, a maioria dos cristãos sente não ter) era, em sua essência, uma forma de legalismo.

---

[42]Novamente o princípio é de que ele é *ennomos Christou*, "parente da família do marido" por meio de seu casamento com Cristo. Por exemplo, podemos pensar aqui no livro *Rules of golf* [Regras do golfe], publicado sob a autoridade dos órgãos competentes (United States Golf Association e The Royal and Ancient Golf Club of St. Andrews), regras que os golfistas jamais considerariam "legalistas". Ser um golfista "antinomiano" e desprezar as regras leva à desclassificação. É fascinante saber que os órgãos que regem a prática do golfe publicam um livro surpreendentemente volumoso onde oferecem orientação sobre os detalhes da aplicação das regras em cada situação concebível dentro de um campo de golfe — e da aplicação de regras em situações praticamente inconcebíveis! As regras e o detalhamento de como elas devem ser aplicadas servem para aumentar o nível de prazer com o jogo. Minha edição (2010-2011) tem 578 páginas com mais 131 de índice. O amante do golfe tem grande interesse e satisfação, até mesmo prazer, em folhear esse volume com as aplicações das regras do golfe. Portanto, não é preciso um grande esforço de imaginação para entender que o crente do Antigo Testamento tinha muito mais prazer em meditar na lei de Deus e em andar nos seus caminhos. É mais do que estranho que entre os cristãos costume haver um sentimento de irritação diante da ideia de que a lei de Deus deve continuar sendo nosso prazer. Começando em Lutero, nossos antepassados entenderam esse princípio e, consequentemente, através das gerações os que fizeram uso dos catecismos aprenderam a aplicar a Palavra e a lei de Deus aos detalhes da vida cotidiana. Cristãos fascinados por regras e princípios necessários e exigidos para o exercício de suas profissões e hobbies reagem aos dez princípios básicos da lei de Deus com um espírito de irritação, reação esta que não deixa de ser um misterioso paradoxo. É claro que é melhor dizer: "Como amo tua lei!". Não é à toa que parece haver uma correlação entre o esvaziamento da lei de Deus nos meios evangélicos e o surgimento de uma grande quantidade de recursos místicos empregados para buscar orientação, configurando um divórcio entre o conhecimento da vontade de Deus e o conhecimento e obediência à sua Palavra.

Mas é o próprio Jesus quem mostra uma veemência ainda maior na lei ao expor seu profundo significado e largo alcance no coração.[43]

Nem o crente do Antigo Testamento nem o Salvador faziam separação entre a lei de Deus e sua graciosa pessoa. Para Jesus, fazer tudo o que o Pai lhe ordenou não era legalismo. Para nós também não é.

Uma história de dois irmãos

De certo modo, a controvérsia do cerne transformou-se em uma versão teológica da parábola de um pai em expectativa e seus dois filhos.

Quando despertou, o pródigo antinomiano foi tentado a tomar uma atitude legalista: "Irei e serei escravo na casa do meu pai; talvez assim eu alcance graça a seus olhos". Mas ele foi inundado pela graça do pai e libertado para viver como um filho obediente.

O irmão mais velho, um legalista, jamais havia experimentado da graça do pai. Por causa de seu legalismo, ele nunca havia tido condições de desfrutar dos privilégios da casa do pai.

Entre os dois filhos vemos o pai, que a ambos oferece sua graça livre, sem pré-requisitos para nenhum deles. Se o irmão mais velho tivesse abraçado seu pai, teria encontrado a graça que faria de cada dever um prazer e dissolveria a dureza de seu coração servil. Se fosse assim, seu irmão que havia sido antinomiano teria certamente se sentido à vontade para sair e dirigir-se a ele, à semelhança do que havia feito o pai, e dizer-lhe: "A graça que nos foi demonstrada e concedida não é simplesmente maravilhosa? Vamos viver cada vez mais em obediência a todos os desejos de nosso pai gracioso!".

E, abraçados, eles poderiam ter ido dançar na festa, filhos e irmãos juntos, um glorioso testemunho do amor do pai.

Mas não foi assim.

Infelizmente, ainda não é assim.

No entanto, a seguinte verdade continua válida:

---

[43]Mt 5.17-48.

Portanto, agora não há condenação para os que estão em Cristo Jesus. Pois a lei do Espírito de vida te libertou em Cristo Jesus da lei do pecado e da morte. Pois Deus fez o que a lei, enfraquecida pela carne, não poderia fazer. Enviando seu próprio Filho em semelhança da carne pecaminosa e pelo pecado, condenou o pecado na carne, a fim de que a justa exigência da lei pudesse se cumprir em nós, que andamos não segundo a carne, mas segundo o Espírito.[44]

E o convite continua de pé:

Vinde, vós os que tendes sede,
    vinde às águas;
e vós, que não tendes dinheiro,
    vinde, comprai e comei!
Vinde, comprai vinho e leite
    sem dinheiro nem preço.
Por que gastais vosso dinheiro naquilo que não é pão,
    e trabalhais por aquilo que não satisfaz?
Ouvi-me com atenção e comei do que é bom,
    desfrutai de comidas finas.[45]

Essa oferta plena e gratuita de Cristo, esse rompimento das cadeias do coração que se evidenciam tanto no legalismo quanto no antinomianismo, essa obediência graciosa a Deus despertada por nossa união com Cristo à medida que o Espírito escreve a lei em nosso coração — esse ainda é o cerne da teologia moderna. Aliás, é o cerne do evangelho para todos nós. Pois o evangelho é o próprio Cristo, vestido com suas vestes.

---

[44]Rm 8.1-4.
[45]Is 55.1,2.

Capítulo 9

O CERNE DA CERTEZA

Na Assembleia Geral da Igreja da Escócia em 1721, James Hog fez uma representação em nome dos Irmãos do Cerne defendendo *The marrow of modern divinity* [O cerne da teologia moderna]. Uma comissão da Assembleia Geral se pronunciou fazendo doze perguntas às quais os Irmãos do Cerne responderam detalhadamente em março de 1722.[1] A oitava pergunta diz o seguinte:

> É de vosso conhecimento, crença e convicção que Cristo morreu por mim, e que ele é meu, e não importa o que ele tenha feito e sofrido, ele fez e sofreu por mim, em um ato direto de fé pelo qual o pecador é unido a Cristo, interessa-se por ele e é firmado na aliança da graça de Deus? Ou seria esse conhecimento uma persuasão incluída na própria essência do ato de fé que justifica?

As questões aqui levantadas são bem anteriores ao período da controvérsia do cerne. É possível ter certeza da salvação? Como

---

[1] As perguntas, juntamente com as respostas, encontram-se em Edward Fisher, *The marrow of modern divinity* (Ross-shire: Christian Focus, 2009), p. 345-76.

essa certeza pode ser obtida? E *de que exatamente* se tem certeza? Uma vez que esse assunto é tão pertinente ao nosso verdadeiro prazer da salvação, ele muitas vezes, e por mais de uma razão, tocou nervos expostos da igreja.

Uma falsa certeza

Por um lado, é possível ter uma falsa certeza. Afinal, o Sermão do Monte praticamente termina com Jesus dizendo:

> Nem todo que me diz "Senhor, Senhor" entrará no reino do céu. [...] Naquele dia muitos me dirão: "Senhor, Senhor, por acaso [...] não expulsamos demônios em teu nome e não operamos muitas maravilhas em teu nome?". Então eu lhes direi: "Nunca vos conheci, afastai-vos de mim, vós, os que praticais a iniquidade".[2]

Tempos depois, escrevendo aos coríntios, portadores de diversos dons, Paulo faria uma advertência semelhante: alguns podem desejar passar pelo martírio ("entregar meu corpo para ser queimado"), mas assim mesmo estar destituídos da principal prova de que são cristãos genuínos.[3]

Também é possível que um verdadeiro crente seja assediado por dúvidas; nas palavras tão apreciadas nos dias em que *The marrow* estava sendo escrito, é possível que ele seja "um filho da luz que anda pelas trevas".[4] "Eu disse em minha angústia: 'Estou eliminado de diante dos teus olhos'";[5] "No dia da minha aflição, eu busco o Senhor", diz Asafe; "de noite, minha mão se estende e não se cansa; minha alma se recusa a ser consolada".[6]

---
[2]Mt 7.21-23.
[3]1Co 13.1-3.
[4]Veja Is 50.10.
[5]Sl 31.22.
[6]Sl 77.2.

Se isso é verdade, então Williams Perkins acertou ao dar o seguinte título à sua famosa obra: *Um caso de consciência. O mais importante de tudo o que já existiu: como um homem pode saber se ele é ou não filho de Deus. Determinado pela Palavra de Deus.*[7] Se quisermos definir essas questões dentro de perspectivas adequadas, precisaremos retroceder a um período bem anterior à década de 1720, aliás, anterior à Reforma.

De Jerusalém a Roma

As Escrituras ressaltam que tanto a falsa certeza quanto a falta de certeza são realidades. Também não há dúvida de que a igreja do Novo Testamento estava imbuída de um senso de certeza profundo e generalizado. Jesus encoraja seus discípulos dizendo-lhes que, embora possam sofrer perseguição, eles são abençoados porque sua "recompensa no céu é grande"; Paulo tem a convicção de que nada pode nos separar do amor de Deus em Cristo; Pedro nos convence de que há uma herança imperecível reservada no céu para aqueles que Deus está guardando.[8]

A igreja pós-apostólica, ainda que não muito bem definida quanto à natureza do evangelho, parecia pulsar com o sentimento de que a morte e a ressurreição de Cristo trouxeram não só perdão, mas também uma certeza gloriosa. Todavia, no início da Idade Média e na época do papa Gregório I ("o Grande"),[9] a certeza era considerada cada vez mais rara e até, supondo-se que fosse possível, indesejável e fonte potencial de antinomianismo.

A verdade é que essa cautela é indicadora de uma preocupação e de um problema bem arraigados — o temor de que o indivíduo que tivesse certeza da salvação pudesse usá-la como pretexto para

---
[7]Publicado em 1592.
[8]Mt 5.12; Rm 8.38,39; 1Pe 1.4,5.
[9]540-604 d.C.

uma vida centrada e absorta em si mesmo. Uma objeção semelhante, ou mesmo idêntica, costuma ser levantada quando o assunto é eleição, predestinação e graça incondicional. Sem dúvida, não há nada errado em se preocupar com todas as formas de indiferença moral, mas o erro aqui inerente é a falta de entendimento da dinâmica do evangelho, em especial sobre a importância e as implicações da união baseada na graça que o crente tem com Cristo.

Na Alta Idade Média vemos Tomás de Aquino[10] assumindo uma posição mais equilibrada. Ele afirmava que a certeza pode surgir por diferentes meios, como, por exemplo, a revelação especial, ou pode surgir por intermédio dos sinais da graça na vida do indivíduo. Mas ele definiu os rumos para a igreja anterior à Reforma ao defender que, embora a revelação especial estivesse reservada a alguns poucos (como Paulo), mesmo assim as evidências dos sinais da graça eram sempre menos seguras. Então, a certeza era possível. Ela podia ser deduzida *conjecturaliter* das boas obras. Mas, como a graça da justiça produzida em nós (com base na qual somos justificados) sempre estava além da percepção imediata, não se podia ter plena certeza da relação entre essa graça e seu fruto na vida do indivíduo.

Portanto, sendo a graça cada vez mais transformada em sacramento e objeto, a *ordo salutis* medieval levava o indivíduo pecador do mérito coerente para o mérito devido na justificação final. Mas como era possível saber que a graça havia operado de tal forma que o indivíduo cuja fé estava impregnada do amor de Deus (*fides formata caritate*) agora se encontrava na condição de "justo" e, portanto, justamente justificável por Deus?

Foi a essa conclusão que, por exemplo, Gabriel Biel chegou no fim do período escolástico anterior à Reforma.[11] Pelos *meios*

---

[10] 1225-1274 d.C.
[11] C. 1425-1495 d.C. A obra fundamental que coloca Biel na história da teologia continua sendo a de Heiko Oberman, *The harvest of Medieval theology: Gabriel Biel and late Medieval nominalism* (Cambridge: Harvard University Press, 1963).

comuns ninguém dentro da *ordo salutis* pode ter certeza de haver alcançado a justificação perfeita por intermédio da infusão da graça. Essa posição não deixou de ser desafiada[12] nem antes (por exemplo, pelo nominalista John Duns Scotus), nem depois durante o Concílio de Trento (1545-1563), mas ela se tornaria uma doutrina pós-tridentina clássica. Assim, Trento, sem uma rejeição universal da possibilidade da certeza, criticou "a vã confiança dos hereges" (também conhecidos como reformadores!) e rejeitou a ideia de que os que creem devem por definição ter a certeza, afirmando que

> nenhuma pessoa piedosa deve duvidar da misericórdia divina, dos méritos de Jesus Cristo, nem da virtude e eficácia dos sacramentos.

Mas então, tendo aparentemente oferecido esperança, Trento continua:

> Do mesmo modo todos podem recear e temer a respeito de seu estado de graça se reverterem toda consideração a si mesmos e a sua própria debilidade e indisposição, pois *ninguém pode saber, mesmo com a certeza de sua fé, na qual não cabe engano, que tenha obtido a graça de Deus.*[13]

De certa forma igualmente importante, talvez por ser tão radical, é a maneira que tal posição, cuidadosamente expressa e

---

[12]Pelo bem da integridade histórica, é importante lembrar que a teologia católica romana, vista de fora, parece monolítica, mas essa não é a realidade vista de dentro. Como bem se sabe, até no Concílio de Trento (1545-1563) havia argumentos que favoreciam perspectivas doutrinárias mais luteranas e reformadas do que a teologia tridentina finalmente declarada.

[13]Concílio de Trento, sessão 6, A Justificação, Primeiro Decreto, capítulo 9 (13 de janeiro de 1547); grifo do autor.

sustentada por Trento, foi defendida nas intensas disputas do cardeal Roberto Bellarmino,[14] que chegou ao ponto de escrever:

> A grande heresia dos protestantes é que os santos podem obter certeza de que estão perdoados e debaixo da graça de Deus.[15]

O medo expresso por Roma era de que a certeza pudesse conduzir a uma postura libertária tanto na moral pessoal quanto na autoridade eclesiástica, mas havia claramente outro elemento mais ameaçador. Como a Reforma acabou provando, se a certeza da salvação é uma realidade, então a necessidade de um processo complementar envolvendo sacramentos que levam à justificação definitiva se torna sem efeito. Além disso, se todos podem desfrutar da certeza no início da vida cristã em vez de — somente em poucos casos — concretizá-la no fim da vida, o poder da igreja fica imediatamente reduzido. Ela não pode tirar algo que ela não concede.

Em parte, foi isso que fez os reformadores ensinarem que Roma havia tirado o glorioso direito de primogenitura dos cristãos, direito de que eles já desfrutavam, assim mantendo os filhos de Deus andando como filhos das trevas sem a luz da certeza da salvação.

---

[14]Roberto Bellarmino (1542-1621) talvez seja mais conhecido como o cardeal inquisidor que informou a Galileu estar ele proibido de ensinar as teorias de Copérnico. Foi canonizado em 1930 e recebeu o título de doutor da igreja em 1931. Depois da Conspiração da Pólvora em 1605 e da proclamação do Juramento de Fidelidade a James VI e I no ano seguinte (em sua essência, uma rejeição da autoridade e influência do papa), Bellarmino foi levado a discussões com sacerdotes católicos na Inglaterra, o que trouxe duas consequências, a saber, James escreveu uma crítica de Bellarmino em 1609 e Bellarmino passou a ser visto como o principal apologista do catolicismo romano. Na maior parte do restante do século 17, Bellarmino participou das discussões e debates em tratados sobre doutrinas centrais do evangelho.

[15]*De justificatione impii*, 3.2.3, *Disputationes de controversiis christianae fidei adversus huis temporaris haereticos* (Cologne, 1619), 4 vols.

Post tenebras... trevas?

Portanto, de um ponto de vista, a Reforma nasceu da redescoberta da *certeza* — ou segurança espiritual. Nesse sentido, a experiência espiritual de Lutero, e talvez de Calvino, precisa ser entendida como uma busca de um caminho verdadeiramente evangélico para a certeza da salvação. A certeza era uma das principais questões para os reformadores e defensores da Reforma. Como podemos ter certeza das Escrituras, de Cristo, da graça, da salvação? Os lemas da Reforma nos dão a resposta: as Escrituras estabelecem sua própria autoridade, a salvação é pela graça somente, por meio de Cristo somente, recebida pela fé somente. Assim, os melhores representantes da teologia reformada eram unânimes: é possível ter certeza da salvação sem nenhuma revelação incomum. Os primeiros leitores das Escrituras tinham essa certeza; os santos através dos séculos também a tiveram; e nós também podemos tê-la. A Confissão de Fé declara com destaque a certeza da salvação: os crentes...

> podem nesta vida certificar-se de se acharem em estado de graça e podem regozijar-se na esperança da glória de Deus.[16]

Mas muita coisa depende dessas cinco letras: "podem". A teologia medieval não nega de forma alguma a possibilidade da certeza, mas não há dúvida de que a considerava rara entre os cristãos. Os teólogos de Westminster enfatizavam a possibilidade da certeza para todos os crentes, mas não afirmaram sua universalidade entre os cristãos. No final das contas, ficamos com a pergunta: será que a certeza é simplesmente uma questão de menos e mais? A certeza é algo normal ou anormal? Em termos bem básicos, na igreja do período posterior à Reforma a questão era se a certeza fazia parte "da essência da fé".

---

[16] *A confissão de fé de Westminster* (São Paulo: Cultura Cristã, 2017), 18.1.

A Confissão de Fé, depois de afirmar que todos os cristãos legítimos podem desfrutar da certeza, segue dizendo:

> Esta segurança infalível não pertence de tal modo à essência da fé, que um verdadeiro crente, antes de possuí-la, não tenha de esperar muito e de lutar com muitas dificuldades.

Em seguida, ela equilibra mais essas palavras ao afirmar que o crente

> pode obtê-la (i.e., a certeza) sem revelação extraordinária, no devido uso dos meios comuns.[17]

Em 1720, no "Ato concernente a um livro intitulado *The marrow of modern divinity* [O cerne da teologia moderna]", a Assembleia Geral da Igreja da Escócia havia acusado *The marrow* de ensinar que a certeza fazia parte da essência da fé e apelado às Escrituras e aos teólogos de Westminster para corroborar seu juízo.[18] Em resposta à acusação, os Irmãos do Cerne afirmaram que tinham uma posição coerente com os melhores teólogos de Westminster, com a Confissão e com os catecismos da igreja.[19] Com deliberada indignação, eles escreveram:

---

[17]Ibidem, 18.3. O texto do Catecismo Maior, em resposta à pergunta 81, era: "A certeza da graça e salvação, não sendo da essência da fé, crentes verdadeiros podem esperar muito tempo antes do conseguí-la".

[18]A Assembleia recorreu a Isaías 1.10; Romanos 8.16 e 1João 5.13, tendo lançado mão também da Confissão, 17.1 e 17.3-4, e do Catecismo Maior, perguntas 81 e 172.

[19]Fisher, *Marrow*, p. 361-70. Esse trecho é composto por uma única oração incandescente com cerca de 650 palavras que declaram haver harmonia entre os Irmãos e a tradição teológica que eles estavam sendo acusados de abandonar! Segundo eles, seus oponentes não estavam reconhecendo que a certeza da fé é algo distinto da certeza dos sentidos. Ibidem, p. 364-5.

A principal das passagens condenadas a que se refere o questionamento [...] tendo a mesma substância do que tem sido normalmente ensinado nas igrejas protestantes, e consoante a definição de fé nas palavras do respeitado sr. John Rogers de Dedham (tão famoso por sua ortodoxia, por sua santidade e pela aprovação divina de seu ministério, que, na época em que ele viveu, nenhum protestante em sã consciência ousaria condená-lo como não condizente com a verdade), conforme vemos a seguir: "Uma certeza específica do meu coração de que Cristo Jesus é meu e de que por meio dele terei vida e salvação; de que não importa o que ele tenha feito pela redenção da humanidade, ele o fez por mim". Conforme se pode ver, embora quase não haja diferença nas palavras, *ainda assim elas são um pouco mais veementes nele do que em* The marrow.[20]

Quando examinamos a história da teologia escocesa, vemos com clareza que essa questão da certeza é uma de suas preocupações mais antigas. Juntamente com a questão do alcance da expiação, que também esteve em primeiro plano na controvérsia do cerne, o tema da certeza voltaria a receber atenção um século depois no julgamento de John McLeod Campbell, destituído do ministério por sustentar (1) que Cristo havia feito expiação em favor de toda a humanidade e (2) que a certeza fazia parte da essência da fé. As posições de McLeod Campbell eram sem dúvida uma ratificação

---

[20]Ibidem, p. 362, grifo do autor. Juntos, os Irmãos do Cerne como grupo foram provavelmente mais bem interpretados na tradição reformada de pastores e teólogos de língua inglesa do que seus críticos, e por isso é compreensível que haja um tom de indignação no apelo que fazem às palavras de John Rogers. Este (c. 1570-1636), formado no Emmanuel College em Cambridge, foi um conferencista lendário em Dedham, em Essex, entre 1605 e 1636. Thomas Hooker descreve Rogers como "príncipe de todos os pregadores na Inglaterra" e gostava de ser convidado a Colchester a fim de ter oportunidade de ouvi-lo pregar. Cotton Mather, *Magnalia Christi Americana* (1852; reimpr., Edinburgh: Banner of Truth, 1979), 1:334, 2 vols.

das opiniões de Thomas Boston e dos Irmãos do Cerne, mas a controvérsia em torno de suas ideias põe em destaque a importância permanente do tema na vida e na teologia pastoral.[21]

No que diz respeito à certeza da salvação, são frequentes os apelos às supostas diferenças entre os primeiros reformadores e os puritanos, mais exatamente entre Calvino e os teólogos de Westminster. Vale a pena gastar um pouco de tempo com o debate desse assunto, pois é comum a afirmação de que há uma linha direta que pode ser traçada desde Calvino, passando por *The marrow* e pelos Irmãos do Cerne, até chegar a McLeod Campbell, a saber, a afirmação de que os três defendiam a ideia de que a certeza faz parte da essência da fé. Qualquer que seja nossa opinião acerca das posições que acabamos de mencionar, parece claro que Thomas Boston acreditava que a teologia do cerne não havia sido bem compreendida.

A verdade é que, ao contrário de grande parte dos conhecimentos acadêmicos que nos foram legados, Calvino, os teólogos de Westminster e *The marrow* tinham muito mais pontos em comum do que de divergência — e essa consonância foi algo que Thomas Boston percebeu com nitidez. Embora seja uma digressão em nosso estudo, ajudará bastante entender o debate do século 18 dentro desse contexto mais amplo.

Qual o caminho para Ettrick?

Muitas vezes se diz que a visão que Calvino tinha da certeza era bem diferente da visão dos puritanos. Uma passagem é considerada de grande pertinência:

---

[21] O interesse e o debate das ideias de McLeod Campbell passaram por uma espécie de avivamento na segunda metade do século 20. Veja a abordagem em Sinclair B. Ferguson, "'Blessed assurance, Jesus is mine'?", in: David Gibson; Jonathan Gibson, orgs., *From heaven he came and sought her: definite atonement in historical, biblical, theological, and pastoral perspective* (Wheaton: Crossway, 2013), p. 607-31.

Portanto, podemos obter uma definição perfeita de fé, se dissermos que ela é *o firme e seguro conhecimento* da divina benevolência para conosco, fundado sobre a veracidade da promessa graciosa feita em Cristo, não só revelado à nossa mente, mas também selado em nosso coração mediante o Espírito Santo.[22]

Conforme vimos, assim reza o texto da Confissão de Fé:

Esta segurança infalível não pertence de tal modo à essência da fé, que um verdadeiro crente, antes de possuí-la, não tenha de esperar muito e de lutar com muitas dificuldades.[23]

Muitos estudiosos reformados (incluindo os mais ortodoxos) acham que, neste ponto, Calvino e Westminster são praticamente irreconciliáveis. Nas versões mais extremas, o que se afirma é que Calvino entendia que a certeza pertence à essência da fé, ao passo que os teólogos de Westminster negavam essa relação; além disso, afirma-se que o pensamento de Calvino não tinha espaço para o silogismo prático, ao contrário dos teólogos de Westminster, que o enfatizavam. Se forem alegadas circunstâncias atenuantes, o que se diz é que Calvino estava reagindo exageradamente à completa ausência da certeza no sistema romano ou que os ministros do século 17 estavam às voltas com um problema pastoral diferente da experiência de Calvino. Mas nenhuma dessas soluções é necessária ou adequada.

Em primeiro lugar, o contraste que se faz aqui não é razoável. Nas *Institutas*, Calvino está *definindo fé*; na Confissão de Fé, os teólogos de Westminster estão *descrevendo a certeza*. Dois elementos afins, porém distintos, estão sendo tratados e contrastados como se fossem a mesma coisa.

---

[22]João Calvino, *As institutas*, tradução de Waldyr Carvalho Luz (São Paulo: Cultura Cristã, 2006), 3.2.7, 4 vols., grifo do autor.
[23]*A confissão de fé de Westminster*, 18.3.

A verdade é que os teólogos de Westminster, ao definirem os atos de fé, referem-se a eles como "aceitar e receber Cristo e descansar só nele para a justificação, santificação e vida eterna, isto em virtude do pacto da graça".[24] Essa tríade de elementos da fé (aceitar, receber e descansar) constitui com muita clareza um tipo de certeza de Cristo — não aceitamos, recebemos ou descansamos se acreditamos que a pessoa não é digna de confiança. Quatro capítulos depois, fica patente que os teólogos estão dizendo que uma fé assim não existe em um vazio. A fé em Cristo situada no contexto da psicologia, das situações de vida, da personalidade, das complexidades, oposições, dificuldades e danos é o que constitui o *Sitz im Leben* do indivíduo.

Em uma linguagem mais formal, em distinção com o "ato direto" da fé em Cristo, ato que implica um grau de certeza em relação a ele (certeza de que "pode salvar com perfeição aqueles que se chegam a Deus por meio dele"),[25] a certeza da salvação é um "ato reflexo". Seu objeto direto não é Cristo, mas a pessoa que crê. O ato direto da fé diz: "Cristo é capaz de salvar", mas o ato reflexo diz: "Fui salvo por meio da fé em Cristo".

As *Institutas* nos bastam para que percebamos que o próprio Calvino entendia bem essa realidade. Ele pode ser comparado a um professor de química do ensino médio que dá a seus alunos uma definição, mas lhes diz que as experiências que eles fizerem no laboratório poderão não funcionar nos exatos termos da definição por causa de um erro cometido pelo autor da experiência, por contaminação de materiais ou por diferenças nos fatores ambientais.[26]

---

[24]Ibidem, 14.2.
[25]Hb 7.25.
[26]Um dos maiores críticos de Calvino neste ponto (também na doutrina da ceia do Senhor) foi William Cunningham, impiedoso teólogo escocês do século 19: "Por certo é estranho que alguém com uma lógica tão maravilhosa e com um juízo tão perspicaz como Calvino tenha dito, como de fato disse: 'Portanto,

Assim, Calvino diz no mesmo capítulo das *Institutas:*

O conhecimento da fé consiste mais em certificação do que em apreensão. [...] Acrescentamos que a fé é um conhecimento certo e seguro, cuja qualificação expressa a mais firme constância de sua persuasão. Pois, como a fé não se contenta com opinião dúbia e mutável, assim tampouco com uma noção obscura e confusa; pelo contrário, requer certeza plena e fixa, como costuma ser em se tratando de coisas experimentadas e comprovadas. [...] Não há nenhum outro verdadeiramente fiel senão aquele que, persuadido por sólida convicção de que Deus é seu Pai propício e benévolo para consigo, antecipa infalível expectativa de salvação. [...] Ninguém é fiel senão aquele que, arrimado na certeza de sua salvação, zomba confiadamente do Diabo e da morte.[27]

Também:

Com efeito, dirá alguém: enfaticamente outra é a experiência dos fiéis que, ao reconhecerem a graça de Deus para consigo, não podemos obter uma definição perfeita de fé, se dissermos que ela é o firme e seguro conhecimento da divina benevolência para conosco, fundado sobre a veracidade da promessa graciosa feita em Cristo, não só revelado à nossa mente, mas também selado em nosso coração mediante o Espírito Santo'. [...] Não há outra forma de olhar para isso a não ser como exemplo da influência perniciosa das circunstâncias humanas sobre a formação de suas opiniões. [...] Calvino jamais entrou em contradição tão clara e palpável quanto neste ponto". Curiosamente, Cunningham segue observando que o único modo de harmonizar a declaração de Calvino com o que vem a seguir é a possibilidade de ele estar dando uma definição de fé que descreve "o que é a verdadeira fé, ou o que ela inclui, em sua mais perfeita condição e em seu mais pleno exercício". Mas parece que é exatamente isso que Calvino está fazendo, de modo que o profundo e crítico Cunningham poderia ter lhe concedido o benefício da dúvida e reconhecido que ele estava fazendo exatamente aquilo que daria coerência à sua exposição. Veja William Cunningham, *The reformers and the theology of the Reformation* (1862; reimpr., London: Banner of Truth, 1967), p. 119-20.
[27]Calvino, *As institutas,* 3.2.14, 15, 16.

só são tentados por inquietude, que frequentemente os acossa, mas até amiúde tremem de gravíssimos temores, tão grande é a veemência das tentações desenfreadas para abalar-lhes a mente; o que não parece coadunar-se muito com essa certeza de fé! Consequentemente, impõe-se-nos resolver essa questão, se queremos que a doutrina tratada acima se mantenha firme. Nós, de fato, enquanto ensinamos que a fé deve ser certa e segura, não imaginamos alguma certeza que jamais possa ser tangida por alguma dúvida, nem uma segurança que não possa ser atingida por alguma inquietude; senão que, antes, dizemos que os fiéis têm perpétuo conflito com sua própria desconfiança. Tão longe está de que coloquemos sua consciência em algum plácido repouso, o qual não seja absolutamente importunado por nenhuma perturbação![28]

Calvino escreve ainda sobre o fato de que os discípulos, antes da ressurreição, eram verdadeiros crentes, porém frágeis.

Na verdade, tampouco se há de buscar prova mais concreta do que isto: que em todos [i.e., em todos os que creem] a fé está sempre mesclada com incredulidade.[29]

Assim:

Aquele que, deveras, lutando com a fraqueza pessoal, em suas ansiedades porfia para com a fé, em larga medida já é vencedor.[30]

Novamente:

Aliás, não estou esquecido do que disse antes e cuja lembrança a experiência renova constantemente, isto é, que a fé é assaltada

---

[28]Ibidem, 3.2.17.
[29]Ibidem, 3.2.4.
[30]Ibidem, 3.2.17.

por variadas dúvidas, de sorte que raramente as mentes dos piedosos estão sossegadas, pelo menos não desfrutam sempre de condição tranquila.[31]

Em outra passagem, Calvino ressalta até que ponto Cristo nos deixou os sacramentos para ministrar-nos a certeza.[32] Desse modo, destacam-se duas conclusões:

A primeira é que Calvino faz distinção entre sua definição de fé e sua descrição da experiência cristã.

A segunda é que ele afirma que a certeza faz parte da essência da fé no sentido de que Cristo é seu objeto; ademais, quando o crente olha para si mesmo dentro das circunstâncias que prevalecem na vida, em especial no contexto do conflito entre a carne e o Espírito, ele nunca tem uma experiência de fé da perspectiva de uma definição hermeticamente fechada. Calvino reconhecia que sua definição de fé não deve ser isolada de sua descrição da experiência real do crente. Aliás, não há outra forma de definir a fé. Ela não pode ser definida sob a ótica de lutas, dúvidas, temores e fraquezas. Ela precisa ser definida da perspectiva da confiança inquestionável em Cristo. Mas logo antes de sua definição de fé, Calvino faz uma observação de grande importância:

> E a experiência ensina expressamente que, até que sejamos desembaraçados da carne, não conseguimos entender o quanto desejaríamos.[33]

Se perguntarmos como Calvino harmoniza essas ideias, ele nos responderá:

---

[31]Ibidem, 3.2.37. Observe como ele apela à experiência!
[32]Ibidem, 4.16.32; 4.17.1-2.
[33]Ibidem, 3.2.4.

Para que se compreenda isto, faz-se necessário retornar àquela distinção de carne e espírito de que fizemos menção em outro lugar.[34]

Em Cristo não estamos mais dominados pela carne, mas pelo Espírito; mas ainda não estamos livres da carne. Assim, enquanto existir essa tensão escatológica para o crente, também haverá — na opinião de Calvino — uma defasagem entre a definição de fé e a experiência do crente:

> Em tais envoltórios de ignorância é inevitável que ao mesmo tempo nos vejamos muitíssimo enredilhados por dúvida e vacilação, uma vez que nosso coração, por um como que natural instinto, propende de modo especial à incredulidade. Aqui sucedem tentações que, não só infinitas em número, mas variadas em natureza, de quando em quando nos assaltam com grande ímpeto. Acima de tudo, a própria consciência, oprimida pela gigantesca massa dos pecados, ora deplora e geme em seu íntimo, ora se acusa, ora murmura em silêncio, ora irrompe em franco tumulto. Portanto, quer as coisas adversas manifestem a ira de Deus, quer em si mesma ache a consciência argumento e matéria, daí a incredulidade saca armas e apetrechos para destroçar a fé.[35]

> Jamais se pode arrancar a raiz da fé do coração piedoso; antes, cravada em seu mais íntimo recesso, aí adere, por mais que pareça inclinar-se sacudida para cá ou para lá: sua luz a tal ponto jamais se extingue ou se deixa sufocar, que não se deixa esconder nem mesmo debaixo de cinza. [...] mas é vitoriosa sobre o mundo todo, ainda que seja mil vezes atacada.[36]

---

[34]Ibidem, 3.2.18.
[35]Ibidem, 3.2.20.
[36]Ibidem, 3.2.21.

De fato não há tantas diferenças entre essa descrição e a forma pela qual a Confissão de Fé apresenta a vida de fé que aceita e recebe Cristo e nele descansa:

> Esta fé é de diferentes graus: é fraca ou forte, pode ser muitas vezes e de muitos modos assaltada e enfraquecida, mas sempre alcança a vitória, desenvolvendo-se em muitos até à plena segurança em Cristo, que é tanto Autor como Consumador da fé.[37]

Por fim, é nesse contexto que Calvino apresenta a santificação como auxílio para a certeza. Ele escreve:

> Os santos amiúde se confirmam e se consolam pela rememoração de sua inocência e integridade, às vezes nem mesmo se abstêm de proclamá-la. [...] Os santos confirmam sua fé com sua inocência e tomam dela motivo para regozijar-se.

Ele explica com todo o cuidado que isso não é o mesmo que negar a salvação pela graça:

> [A consciência assim fundamentada na graça] firmada é também pela consideração das obras, de fato até onde elas são testemunhos de Deus habitando e reinando em nós. [...] E daí, quando excluímos a justiça das obras, a isto apenas visamos: que a mente cristã não se volva para o mérito das obras como a um subsídio da salvação, mas se assente inteiramente na graciosa promessa da justiça. Não vedamos, porém, que ela sustenha firmemente esta fé mediante os sinais da divina benevolência para consigo. [...] A graça das boas obras [...] mostra que nos foi dado o Espírito de adoção.[38]

---

[37] *A confissão de fé de Westminster*, 14.3.
[38] Calvino, *As institutas*, 3.14.18,19. Dentro desse contexto, Calvino menciona os mesmos elementos aos quais os teólogos de Westminster depois fariam referência: fé, obras comprobatórias e o ministério do Espírito Santo. Neste ponto, François Wendel tinha toda razão em dizer que a posição de

Calvino não dedicou um capítulo de suas *Institutas* ao tema da certeza. Mas, no contexto de sua exposição sobre a *fé*, ele havia ensinado:

1) Há certeza na fé, pois ela aceita Cristo e nele descansa.
2) Essa certeza de Cristo situa-se dentro de uma escala, à medida que se infunde na consciência do crente.
3) A distância entre a definição de fé e sua experiência se explica da perspectiva do conflito entre a carne e o Espírito no qual o crente está envolvido. Isso faz parte da realidade da vida cristã como ente ainda incompleto.

Ao contrário de Calvino, os teólogos de Westminster dedicaram um capítulo da Confissão de Fé ao tema da certeza. Nesse capítulo, eles ensinaram ser possível ter a fé que salva (que eles já haviam definido como "aceitar e receber Cristo e descansar só nele para justificação, santificação e vida eterna") e mesmo assim não desfrutar de uma certeza infalível.

Assim, Calvino e os teólogos de Westminster assumem perspectivas distintas, porém afins. Eles tratam do tópico da certeza sob duas óticas diferentes. Mas acabam se encontrando em um ponto intermediário. Não fosse pela falsa perspectiva que tem pautado o modo que a teologia reformada é entendida ("eles concordam ou não com Calvino neste ou naquele ponto?"), essa questão estaria bem mais clara. No caso em questão, a definição de fé proposta por Calvino é trazida para tão perto dos olhos, que o contexto em que ela foi elaborada acaba ficando desfocado, os pontos de partida de Calvino e dos teólogos de Westminster deixam de ser levados em

---

Calvino "abrigava as sementes do puritanismo que floresceria tempos depois". Calvin: *Origins and developments of his religious thought* (New York: Harper & Row, 1963), p. 276.

conta e o modo pelo qual seus pensamentos se sobrepõem no meio do debate acaba sendo negligenciado.

Confissão de Fé *versus* Calvino?

Se esses pontos relativamente óbvios tivessem sido levados em conta, *The marrow* e seus apoiadores teriam sido tratados de modo mais ponderado. No entanto, parece não haver dúvida de que, àquela altura, o estudo de Calvino por alunos de teologia havia sido substituído por outros livros de referência que, apesar de seus possíveis méritos, não tinham a postura pastoral e a sensibilidade bíblica que costumam estar entre os pontos altos das *Institutas*. A abordagem inclusiva tão característica de Calvino tendeu a se dissipar em um tratamento polarizado digno dos manuais de teologia.[39]

Thomas Boston leu *The marrow* como reflexo de toda a tradição teológica reformada e por isso não achou nenhuma contradição entre ele e a Confissão de Fé. Ele estava tão convencido disso, que a nota mais longa por ele redigida em sua edição de *The marrow* foi

---

[39] Sem dúvida, vale a pena estudar mais a fundo esse tema. Veja um panorama da educação teológica na Escócia em Jack C. Whytock, *"An educated clergy": Scottish theological education and training in the Kirk and Secession, 1560-1850* (Milton Keynes: Paternoster, 2007). No trecho pertinente desse estudo (p. 80-143), há somente uma referência às *Institutas*. O professor de teologia de Thomas Boston foi George Campbell, que, como vimos, fazia uso do *Compendium theologiae* de Leonard van Rijssen e do *Compendium theologiae dogmaticum*, de Andrew Essenius. O próprio Thomas Boston fala sobre o uso de Essenius (*Marrow*, p. 139), a quem apela para defender suas opiniões e as opiniões contidas em *The marrow*. Vale a pena tecer três comentários neste ponto. O primeiro é observar até que ponto o latim manteve-se como língua franca da educação. Naquele tempo, a capacidade de entender latim devia ter decaído consideravelmente e, portanto, o uso do idioma pode ser questionado como uma prática não muito prudente. No caso do professor Simson, provou ser um perigo. Um professor que ministra suas aulas em latim pode facilmente se defender das acusações de ensino distorcido simplesmente acusando seus alunos de falta de capacidade de entenderem bem o que ele diz. Em segundo lugar, mesmo que os alunos

incluída para provar essa ideia, em uma afirmação condizente com a redação da Confissão de Fé:

> Não consigo entender como a fé poderá se desenvolver e chegar à plena certeza se não há certeza na natureza da fé.[40]

A verdade é que, em *The marrow*, Evangelista havia esclarecido para Neófitos a diferença entre o ato direto de fé em Cristo e o desenvolvimento reflexo da certeza.[41] Se houvesse de fato uma dificuldade neste ponto, ela residiria não na doutrina da certeza, mas na natureza da oferta do evangelho da qual a fé se apropria. Os teólogos de Westminster, e Boston juntamente com eles, reconheceram que definir a fé é necessário e correto, mas jamais podemos tratar a fé como se fosse uma abstração. No caso de indivíduos

---

tivessem dificuldades com os textos latinos, *As institutas* de Calvino estavam à disposição em língua inglesa fazia mais de um século e poderiam ter sido usadas como texto. Se, como parece bem provável, Calvino era bastante negligenciado na educação teológica, isso acontecia em detrimento dos alunos, pois sua obra molda o pensamento, principalmente para o ministério pastoral, para a exposição bíblica e para a teologia dogmática coerente. Em terceiro lugar, em contraste com isso, os livros de referência empregados parecem ter sido escolhidos justamente porque tinham forma e estilo próprios do pensamento escolástico. Tal medida parece justificável no contexto da educação teológica, mas usar textos exclusivamente escolásticos não viabiliza um preparo sadio para o ministério em um ambiente não escolástico. Curiosamente, em virtude do fato de que seria razoável esperar uma referência a Calvino em qualquer debate sobre fé e certeza, é impressionante que nas quatro mil palavras de sua nota sobre a fé, Thomas Boston não faz referência alguma às *Institutas*, embora em algum momento ele tenha tido acesso à tradução feita por Thomas Norton.

[40]Fisher, *Marrow*, p. 143. A nota sobre a fé foi inteiramente incluída como apêndice deste livro.

[41]Ibidem, p. 243. Em suas anotações acerca dessa questão, Boston lança mão da autoridade de Rutherford: "A certeza a respeito da justiça de Cristo é um ato direto de fé em que se apreende a justiça imputada; a prova da justificação de que agora falamos é a luz refletida, pela qual não somos justificados, mas passamos a saber que somos justificados". Samuel Rutherford, *Christ dying and drawing sinners to himselfe* (London, 1647), p. 111.

que duvidam e são fracos na fé, não devemos reagir a priori como se eles não tivessem a verdadeira fé, mas, sim, procurar discernir a semente da fé e nutri-la em consonância com os princípios das Escrituras. Nesse aspecto, eles simplesmente seguiram Calvino:

> Não imaginamos alguma certeza que jamais possa ser tangida por alguma dúvida, nem uma segurança que não possa ser atingida por alguma inquietude; [...] os fiéis têm perpétuo conflito com sua própria desconfiança. [...] Aquele que, deveras, lutando com a fraqueza pessoal, em suas ansiedades porfia para com a fé, em larga medida já é vencedor. Para que se compreenda isto, faz-se necessário retornar àquela distinção de carne e espírito de que fizemos menção em outro lugar, a qual se patenteia mui lucidamente neste ponto. Ora, o coração piedoso sente em si tal distinção, uma vez que, em parte, é inundado de dulçor ante o reconhecimento da bondade divina; em parte é sufocado pelo amargor ante o senso de sua calamidade; em parte, reclina-se na promessa do evangelho; em parte, se inflama pelo testemunho de sua iniquidade; em parte, exulta com a expectação da vida; em parte, se apavora com a morte. Variação esta que decorre da imperfeição da fé, uma vez que no curso da presente vida nunca as coisas vão tão bem conosco que, curados de todo ataque de desconfiança, somos plenamente plenificados e possuídos de fé. Daqui esses conflitos: quando a desconfiança que se apega aos remanescentes da carne se insurge para atacar a fé que foi interiormente concebida.[42]

Então, em certo sentido Thomas Boston, à semelhança de Calvino, entendeu bem que a teologia da fé é simples, mas a experiência da certeza é complexa por dois motivos. O primeiro é que somos complexos, para não dizer complicados, e a certeza causa impacto sobre o que os modernos costumam chamar de

---
[42]Calvino, *As institutas*, 3.2.17,18.

"autoimagem" — nesse caso, "O que penso sobre mim em relação a Deus em Cristo?". Portanto, a plena certeza é um processo espiritual e psicológico complexo pelo qual a confissão "Cristo morreu pelos pecadores, e eu descanso nele" transforma-se em "Tenho certeza de que nada na criação pode me separar do amor de Deus em Cristo Jesus, meu Senhor". Para algumas pessoas, essa complexidade pode ser tão maravilhosamente simplificada que acaba passando despercebida. Para outras, a complexidade de sua autoconsciência precisa ser pastoralmente simplificada para que a clara relação entre crer em Cristo e entender as implicações desse ato fique nítida.

É para isso que nos voltaremos no próximo capítulo de nosso estudo.

Capítulo 10

COMO A CERTEZA DE CRISTO TRANSFORMA-SE EM CERTEZA DA SALVAÇÃO

A certeza não é monodimensional. Isso fazia toda a diferença para os Irmãos do Cerne. Aliás, esse entendimento era algo já embutido no próprio *The marrow* no diálogo entre Neófitos e Evangelista que dá início a um longo debate sobre a certeza.

EVANGELISTA:
— Como estás, meu caro Neófitos? Tu me pareces bastante preocupado.

NEÓFITOS:
— Na verdade, senhor, eu estava pensando naquela passagem das Escrituras em que o apóstolo nos exorta a examinar a nós mesmos para verificar se estamos na fé ou não (2Co 3.15); parece-me que uma pessoa pode pensar estar na fé e de fato não estar. Portanto, senhor, gostaria muito de saber como posso ter certeza de que estou na fé.

EVANGELISTA:

— Tu não precisas fazer tal questionamento, pois firmaste tua fé em um fundamento seguro que nunca te faltará; a promessa de Deus em Cristo é uma verdade comprovada e nunca foi descumprida para homem algum nem será. Portanto, deves firmar-te com Cristo na promessa, sem questionar se estás na fé ou não; pois há uma certeza que brota do exercício da fé como ato direto, ou seja, quando um homem, pela fé, apropria-se diretamente de Cristo e conclui a partir disso que pode fruir da certeza.

NEÓFITOS:

— Senhor, sei que o fundamento sobre o qual devo basear minha fé continua firme; e penso que já a edifiquei desde então; mas, assim mesmo, sabendo que uma pessoa pode pensar ter feito isso sem que verdadeiramente o tenha, como posso ter certeza de que assim o fiz?

EVANGELISTA:

— Bom, agora entendo o que queres dizer; parece-me que não estás à procura de uma base para tua fé, mas uma base para crer que creste.

NEÓFITOS:

— Sim, é isso que eu quero.[1]

Aqui vem à tona a ideia de que há uma distinção inseparável em nosso entendimento da certeza — que a teologia reformada descreve como ato direto da fé e ato reflexo da fé. Neófitos creu (ato direto). O que ele deseja saber não é "Como posso ter certeza de que Cristo é capaz de me salvar?", mas "Como posso ter certeza de que cri no Cristo que salva?". Trata-se da diferença entre a confiança na

---

[1] Edward Fisher, *The marrow of modern divinity* (Ross-shire: Christian Focus, 2009), p. 243.

capacidade que Cristo tem para salvar e a consciência da posse dessa confiança e da participação no grupo daqueles que ele salva.

Foi justamente em questões como essa que Thomas Boston e seus colegas, na condição de pastores na ativa, parecem ter gostado tanto da forma dialógica adotada em *The marrow*.[2]

Assim, para Thomas Boston, a certeza é algo que nos pertence em virtude de um ministério tridimensional do Espírito: (1) o Espírito reluz na Palavra de Deus, em especial nas promessas de salvação, e ilumina a alma; (2) o Espírito reluz em sua obra realizada em nosso coração para que entendamos a harmonia entre justificação e santificação em nossa vida — sempre no contexto da fé; e (3) o Espírito age, de tempos em tempos, de um modo que dá testemunho com nosso espírito, e portanto a nós, de que somos filhos de Deus.[3]

Podemos assim explicar a resposta do evangelho à pergunta que afligia Neófitos.

Cristo e a fé

Vale a pena repetir: a certeza da salvação é fruto da fé em Cristo. Cristo é capaz de salvar, e de fato salva, todos os que o buscam pela

---

[2]Talvez aqui possamos nos arriscar a opinar que essa forma era mais eficiente do que o modelo meio padronizado de muitos livros de aconselhamento dos nossos dias em que cada capítulo começa com variações de algo assim: "Salete e João sentaram-se de frente para mim no meu gabinete. O casamento deles estava destruído" seguido por uma breve exposição de uma resolução que — felizmente, embora nem sempre — costuma conduzir a um final excessivamente feliz com pouca atenção para os desafios do futuro. *The marrow* nos conduz em uma conversa sem pressa, com todo o cuidado e detalhadamente. Isso se assemelha muito mais ao aconselhamento pastoral. Além disso, ele tem uma grande profundidade teológica, como todo aconselhamento pastoral deve ter (uma vez que, no final das contas, nossos problemas estão relacionados com nosso conhecimento de Deus, com nossa confiança nele, nosso amor por ele e nossa obediência a ele — ou com a falta de tudo isso).

[3]Thomas Boston, *The whole works of the late Reverend Thomas Boston*, organização de S. M'Millan (Edinburgh: 1848-1852), 2:17, 12 vols.

fé. Uma vez que fé é *fiducia*, a confiança de que Cristo é aquele que tem condições de salvar, a convicção e segurança em forma embrionária são inerentes à fé. Portanto, o ato de fé contém em si a semente da certeza. Aliás, a fé em seu primeiro exercício é uma certeza em relação a Cristo. Assim, essa dimensão da certeza está implícita na fé. Por isso o professor John Murray afirma:

> O princípio da certeza está seguramente implícito na salvação que o crente possui por meio da fé, está implícito na transformação entretecida em seu estado e condição.

Ele segue fazendo a seguinte afirmação ousada, porém importante:

> Por mais frágil que seja a fé do indivíduo que de fato crê, por mais severas que sejam as tentações que ele sofra, por mais aflito que esteja seu coração no que diz respeito à sua condição, ele jamais estará, no que tange à consciência, na condição anterior ao exercício da fé. A consciência do crente está diametralmente oposta à consciência do incrédulo. Em seus níveis mais baixos de fé, esperança e amor, a consciência do crente jamais chega ao nível do incrédulo em seus picos de confiança e certeza.[4]

Podemos nos sentir inclinados a perguntar: O professor Murray também estava entre os Irmãos do Cerne?

Mas observe-se: é pela fé e não desvinculado dela que o cristão diz: "Recebo Jesus Cristo como meu Salvador". Disso decorre que, sem fé, fora do exercício da fé, não podemos fazer essa afirmação nem a declaração que dela resulta: "Jesus é meu". A certeza, seja implícita, seja explícita, não existe em separado da verdadeira fé.

---

[4]John Murray, *Collected writings of John Murray* (Edinburgh: Banner of Truth, 1977), vol. 2: *Systematic theology*, p. 265.

Por que isso é tão importante? Isso significa que não é possível manter um diálogo pastoral imbuído de sentido com base no seguinte pressuposto: "Mas, deixando um pouco de lado a realidade de minha fé, explique-me como posso ter certeza da salvação".

Tanto a compreensão equivocada do chamado silogismo prático quanto sua rejeição cabal revelam aqui uma premissa duvidosa. Pois o silogismo prático não existe sem uma relação com a fé. Nem deve ser ele criticado como se servisse como caminho alternativo à experiência da certeza longe da fé.

Por isso Evangelista estava tão empenhado em esclarecer exatamente o que preocupava Neófitos. Ele acredita ser crente, mas o que o impede de desfrutar da certeza é que ele tem dúvidas sobre a autenticidade de sua fé. Ele não tem dúvidas de que Cristo tem condições de salvar aquele que crê; sua dúvida é esta: "Como posso confirmar minha fé?".

O quesito submetido aqui ao microscópio da análise pastoral não é como nos tornamos crentes, mas como sabemos que somos crentes. É uma questão de autoconhecimento. É um ato reflexo da fé, não um ato direto. Portanto, toda abordagem do assunto precisa estar no contexto da fé, jamais fora dele. Não há uma rota alternativa que leve à certeza da salvação, como se fosse possível perguntar: "Fora da rota A (fé), você pode me conduzir pela rota B sem a fé?".

Esse conhecimento autoconsciente da fé autêntica (i.e., a certeza de que o indivíduo é um crente legítimo e não um falso crente) desenvolve-se em três dimensões.

A graça e a fé

A fé busca entendimento e é nutrida por ele. É lógico que é possível ter pouco conhecimento e assim mesmo uma certeza legítima, pois a fé se nutre ricamente do conhecimento que possui. Por outro lado, é possível ter muito conhecimento e pouca certeza se o indivíduo responder de modo desproporcional ao conhecimento possuído.

A certeza é nutrida especificamente por uma clara compreensão da graça e principalmente da união com Cristo, além da compreensão de que nele somos graciosamente justificados, adotados e regenerados.[5]

Neste ponto, os grandes inimigos da certeza cristã são provavelmente três.

O primeiro é nossa tendência natural de nos desviar do fato de que nossa salvação se dá inteiramente pela graça e de que nossa participação no recebimento da salvação é fruto da graça e, embora seja uma participação ativa, ela não contribui para a salvação em si. É perfeitamente possível obter progresso no crescimento e na santificação e ceder à sutileza do pensamento que nos diz: "É claro que Deus estenderia sua graça a mim — ele sabia que eu me converteria e haveria de crescer e me tornar o cristão que agora sou".

O segundo perigo é o fenômeno que já estudamos nestas páginas: a dificuldade que alguns cristãos apresentam para crer que são justificados graciosamente pelo Pai, que por amor lhes enviou seu Filho. É possível que eles tenham sido alimentados por uma pregação que retratava Cristo como aquele que, por meio de seu sacrifício, convence um Pai irascível a nos perdoar por causa da obra que ele (Cristo) realizou. Sempre que a graça deixa de beber em sua fonte, desenvolvem-se pensamentos suspeitos e sombrios sobre Deus, o Pai, e essa realidade inviabiliza a certeza. Citando de novo John Owen:

> São poucos os que pela fé elevam mente e coração a essas alturas, de modo que consigam descansar a alma no amor do Pai; eles

---

[5]Thomas Boston, *Human nature in its fourfold state* (London: Banner of Truth, 1964), p. 285ss. [Works, 8:203ss.].

vivem abaixo desse nível, nas inquietantes regiões de esperanças e temores, nuvens e tempestades. Aqui não há outra coisa que não seja serenidade e tranquilidade. Mas eles não sabem como chegar a essas alturas. Esta é a vontade de Deus: que ele possa sempre ser contemplado como benigno, bom, terno, amoroso e, nesse particular, imutável; que de modo peculiar seja visto como o Pai, como a suprema fonte e nascente de toda comunicação graciosa e dos frutos do amor. É isso que Cristo veio revelar.[6]

Falhar nesse ponto, infelizmente, é deixar de perceber a harmonia da Trindade e perder de vista a completa graça de Deus no evangelho. Para nós, Deus, o Pai, é absoluta, total e plenamente aquilo que ele revela ser para nós em Cristo.[7] Entenda essa realidade e perceba como ela traz luz à mente e aos sentimentos, fortalece a fé e nutre a certeza.

O terceiro problema que se opõe à fruição da certeza é deixar de reconhecer que a justificação é *tanto* definitiva *quanto* completa. É definitiva porque se trata da justificação escatológica dos últimos dias trazida para o dia de hoje. É completa porque pela justificação somos considerados justos diante do Pai a exemplo do próprio Cristo, uma vez que a única justiça que nos torna justos é a justiça de Jesus Cristo. Assim, quando a fé entende a realidade dessa herança, o próprio Cristo se agiganta. Esse é o segredo da fruição da certeza justamente porque a certeza é nossa certeza de que ele é um grande Salvador e de que ele é nosso.

Desse modo, Cristo é o elemento central na certeza do evangelho; aliás, Cristo é tudo. Embora contrarie toda uma tendência nos estudos teológicos históricos, isso não significa que não há espaço para o silogismo prático.

---

[6]John Owen, *The works of John Owen*, edição de W. H. Goold (Edinburgh: Johnstone & Hunter, 1850-1855), 2.23, 24 vols.
[7]Veja Jo 14.7,9b.

Andar na fé

Então, que função exerce o chamado silogismo prático? Em sua forma mais elementar, ele deriva deste princípio simples e bastante óbvio: altos níveis de certeza cristã simplesmente não são compatíveis com baixos níveis de obediência. Se Cristo de fato não nos salvar, gerando em nós a obediência da fé em nossa luta contra o mundo, a carne e o Diabo, nossa confiança de que ele é nosso Salvador está fadada a minguar, primeiramente de forma imperceptível, mas não menos real.

É por isso que no Novo Testamento há um forte vínculo entre a fidelidade na caminhada cristã e a fruição da certeza. A obediência fortalece a fé e a confirma para nós porque é sempre caracterizada por aquilo que Paulo chama de "obediência da fé".[8]

Esse ensino fica muito claro em 1João. Embora o Evangelho de João tenha sido escrito com propósitos evangelísticos,[9] a primeira epístola é escrita em parte para tranquilizar os crentes: "Escrevo essas coisas a vós, que creem no nome do Filho de Deus, para que saibais que tendes a vida eterna".[10] Embora haja divergências de opinião sobre a que "essas coisas" se referem (será que *tauta* remete ao trecho imediatamente anterior ou ao livro inteiro?), de qualquer forma João está preocupado com a certeza de seus leitores, e de fato todo o livro é um incentivo à certeza.

João seleciona quatro características morais que incentivam a certeza na vida do crente:

1) *A obediência aos mandamentos de Deus*. De diversas formas ele ratifica o ensino de Jesus no Discurso de Despedida registrado em João 14—16: "Sabemos que o conhecemos se guardarmos seus mandamentos. Todo aquele que diz 'Eu o conheço', mas não guarda

---
[8] Rm 1.5; 16.26.
[9] Jo 20.31.
[10] 1Jo 5.13.

seus mandamentos, é mentiroso, e a verdade não está nele".[11] A mesma ênfase reaparece mais à frente na epístola:

> Todo aquele que crê que Jesus é o Cristo é nascido de Deus, e todo aquele que ama o Pai ama também o que dele é nascido. Deste modo sabemos que amamos os filhos de Deus: quando amamos a Deus e obedecemos a seus mandamentos. Pois este é o amor de Deus: que guardemos seus mandamentos.[12]

Portanto, apesar de suas alegações, o antinomianismo não leva em conta o ensino do apóstolo do amor, que enfatiza que a verdadeira certeza caminha lado a lado com uma autêntica obediência aos mandamentos. Para ele, o amor e a lei não estão em uma relação de antítese; eles são parentes. A fé opera pelo amor; o amor se expressa na obediência. A "obediência da fé" confirma a realidade da fé.

2) Em outras palavras, a fé legítima é autenticada na *vida vivida em justiça*. João também nos ensina que a realidade de nossa regeneração se confirma pelos frutos produzidos em nós pelo Espírito, ou seja, por um caráter pessoal coerente com o espírito da nova família na qual nascemos: "Se sabeis que ele [Cristo] é justo, podeis estar certos de que todo aquele que pratica a justiça é nascido dele".[13]

3) João também expressa essa ideia de maneira negativa. A certeza é confirmada pelo *não pecar*. Este não é o lugar para tratar do sentido pretendido por João, mas não podemos evitar sua conclusão de que o rompimento radical com o pecado é a consequência inevitável da vida em Cristo e a prova que nos dá a certeza da fé: "Sabemos que todo aquele que é nascido de Deus não continua pecando".[14]

---
[11] 1Jo 2.3,4.
[12] 1Jo 5.1-3.
[13] 1Jo 2.29.
[14] 1Jo 5.18. Cf. 1Jo 3.6,9.

4) Agora declarado em termos afirmativos, isso significa que *andar no amor é um sinal da regeneração que confirma a presença da fé:* "Sabemos que passamos da morte para a vida porque amamos os irmãos"[15] (i.e., com um amor que não se expressa meramente em palavras ou da boca para fora, mas em ações e em verdade[16]). Portanto, "todo aquele que ama [i.e., no sentido previamente definido] é nascido de Deus e conhece a Deus".[17]

The marrow contém um diálogo esclarecedor quando Evangelista conclui sua exposição dos efeitos que confirmam a fé e responde a outra pergunta ocasionada por aquilo que ele diz:

Neófitos:

— Mas, senhor, rogo-te que me permitas fazer mais uma pergunta a esse respeito; supõe que no futuro eu não veja quaisquer sinais externos e pergunte se alguma vez tive algum sinal externo verdadeiro, e se alguma vez tive algum sinal interno verdadeiro, e se alguma vez verdadeiramente cri ou não, o que devo fazer então?

Evangelista:

— De fato é possível que chegues a tal condição; portanto, fazes bem em te preparar de antemão. Ora, se alguma vez agradar ao Senhor colocar-te em tal condição, primeiro permite-me advertir-te a seguir o conselho de forçar-te e motivar-te a prestar obediência aos mandamentos de Deus, para que possas de novo ter evidência da fé, ou uma base para creres que creste; e assim forçosamente facilitar tua certeza antes da hora.[18]

---

[15]1Jo 3.14.
[16]1Jo 3.18.
[17]1Jo 4.7; cf. 1Jo 4.16.
[18]Fisher, *Marrow*, p. 247. Boston resume tudo isso em uma nota sobre a certeza: "Se a pessoa examinar a si mesma segundo essa regra infalível, ela não poderá ter certeza de que sua obediência é sinal ou evidência de que ela se encontra na graça, a menos que a obediência seja associada à sua fé em Cristo". Ibidem, p. 197. Aqui está em jogo um princípio inerente à lógica do evangelho: sem a fé não se pode experimentar a certeza da fé.

No contexto do presente estudo, cabe uma pergunta neste ponto: Você daria esse conselho a quem estivesse lutando com a questão da existência de evidências reais de regeneração e fé na própria vida? Será que um conselho dessa natureza não seria profundamente contracultural, ou até mesmo *antievangélico*? Se você estivesse às voltas com questões como essa e um amigo o incentivasse a procurar um conselheiro cristão, e você recebesse esse *mesmo* conselho, será que você o procuraria novamente ou sairia à procura de uma segunda opinião? Vivemos em uma subcultura tão habituada à mentalidade do "como fazer tal coisa", "você é capaz" e "sete passos para isso ou aquilo", que esse conselho parece chocar-se com nossas expectativas.

Mesmo assim, Thomas Boston considera o conselho algo oportuno (de forma alguma um incentivo à negligência), pois ele sublinha a importância da fé que dá origem à obediência, não à obediência que dá origem à certeza sem levar em consideração a fé. Uma fé assim não pode integrar nossa vida por meio de quaisquer esforços para sermos obedientes; ela surge somente a partir de uma visão mais ampla e mais nítida de Cristo. Temos aqui um paradoxo: nosso interesse é falar e pensar sobre como obter evidências mais confiáveis; Boston está interessado em que tenhamos uma melhor compreensão de Cristo. Então as evidências surgirão como frutos dessa compreensão.

O que se tem em vista aqui não é a oferta de certeza algumas vezes apresentada: "Você creu em Cristo? Então esse texto de 1João nos diz que você passou da morte para a vida, de modo que agora você pode ter certeza". Esse é um passo equivocado que sempre dá à luz a ideia de que todos os cristãos, por definição, fruem da certeza. Pelo contrário, o que João nos apresenta é a certeza profundamente arraigada na realidade da vida de fé. Por isso, ela completa o complexo da graça que produz em nós as evidências de uma vida que de fato está sendo salva.

William Perkins e outros propõem ser essa a razão por que a certeza é o fator mais importante aqui: por um lado, é possível ser um hipócrita que ilude a si próprio; por outro lado, é perfeitamente possível ser um cristão autêntico e hesitante que acha difícil chegar à gloriosa conclusão de que ele de fato pertence ao Senhor. Por isso, é importante observar que há uma terceira dimensão que leva à sólida certeza da fé no Salvador.

O Espírito e a fé

O ato direto da fé é fruto do ministério do Espírito. "Ninguém pode dizer 'Jesus é Senhor' se não for pelo Espírito Santo."[19] Em um raciocínio paralelo, Paulo descreve o ato reflexo da fé como fruto do ministério do Espírito em nossa vida:

> Recebestes o Espírito de adoção como filhos, por meio do qual clamamos: "Aba, Pai!". O próprio Espírito dá testemunho com nosso espírito de que somos filhos de Deus e, se somos filhos, então somos herdeiros — herdeiros de Deus e herdeiros juntamente com Cristo.[20]

Em uma passagem anterior, porém paralela, Paulo escreve:

> E porque sois filhos, Deus enviou o Espírito de seu Filho ao nosso coração, clamando: "Aba! Pai!".[21]

A semelhança entre as duas declarações é nítida; a diferença entre elas é esclarecedora. Paulo define a certeza usando palavras que Calvino evoca em sua definição de fé — ela traz em si uma confiança de que Deus é nosso Pai mediante Jesus Cristo e de

---

[19] 1Co 12.3.
[20] Rm 8.15-17.
[21] Gl 4.6.

que temos condições de buscá-lo usando linguagem idêntica à linguagem empregada pelo próprio Senhor Jesus.[22] Na história de sua interpretação no período posterior à Reforma, Romanos 8.15,16 carregou consigo um quê de *crux interpretum*. O testemunho do Espírito se dá em conjunto com nosso testemunho de que somos filhos de Deus e se expressa na exclamação "Aba! Pai!". Não há dúvida de que o contexto da passagem é o princípio veterotestamentário de que, em um tribunal, toda prova precisa ser estabelecida por duas testemunhas.[23] Nesse contexto, a própria consciência de nosso espírito constitui uma testemunha; mas, embora esse testemunho possa ser verdadeiro, ele precisa ser estabelecido. Admirável é o fato de que o próprio Espírito (a linguagem é enfática) acrescenta seu testemunho ao nosso. Dois testemunhos, assunto resolvido.

John Owen foi quem provavelmente expressou essa realidade com maior eloquência:

> O Espírito vem e dá testemunho nesse processo. Trata-se de uma alusão a processos judiciais em fase de produção de provas. Instalada a audiência, a parte interessada apresenta suas alegações, produz as provas e faz suas reivindicações; seus adversários se empenham por invalidá-las, anular as reivindicações apresentadas e desacreditar suas alegações. No meio da audiência, uma pessoa de integridade conhecida e comprovada entra no tribunal e apresenta um testemunho plena e diretamente favorável ao requerente; esse ato faz silenciar todos os seus adversários e enche de alegria e satisfação o homem que havia apresentado a petição. O mesmo se dá nesse caso. A alma, por força de sua consciência, é colocada diante da lei de Deus. Ali, o homem apresenta sua defesa: ele é filho de Deus e pertence à família de Deus; com esse fim apresenta todas as provas,

---

[22] Veja Mc 14.36.
[23] Dt 17.6; 19.5.

tudo o que, de acordo com a fé, o leva a se interessar por Deus. Nesse ínterim, Satanás se opõe com todo o seu poder; o pecado e a lei lhe dão assistência; suas provas contêm muitos pontos fracos; a verdade de todas elas é questionada; e a alma fica em suspense quanto ao caso em julgamento. No meio das alegações e contestações, chega o Consolador e, por meio de uma promessa ou de outra forma, domina o coração com uma convicção satisfatória (que joga por terra todas as objeções) de que suas alegações são válidas e de que aquele homem é filho de Deus. Portanto, dizemos que o Espírito Συμμαρτυρεῖ τῷ Πνεύματι ἡμῶν ["testifica com o nosso espírito"]. Quando nosso espírito está apresentando seus argumentos e provas, o Espírito chega e dá testemunho ao nosso lado, ao mesmo tempo nos dando condições de evidenciar atos de obediência filial, amáveis e pueris, ou seja, "clamando Aba, Pai", Gálatas 4.6. Lembre-se ainda de como o Espírito atua, conforme já mencionado — ele age com eficácia, espontaneidade e graciosamente. Às vezes a disputa é longa — o processo se estende por muitos anos. Há momentos em que a lei parece prevalecer, o pecado e Satanás se regozijam; e a pobre alma se enche de medo com relação à sua herança. É possível que seu próprio testemunho, derivado de sua fé, santificação e experiência passada, mantenha o processo com razoável nível de consolo e vida; mas a obra não está completa, e a conquista não se consolida plenamente até que o Espírito, que atua com liberdade e eficácia, quando e como deseja, entre em cena com seu testemunho; revestindo seu poder com uma promessa, ele faz com que as partes interessadas o ouçam e põe fim à disputa.[24]

Mas há uma pergunta que continua em aberto. A questão central é esta: de que modo o Espírito testifica? Em Romanos 8.16, Paulo está se referindo exatamente a quê? (a) Ao testemunho do Espírito dirigido *ao* nosso espírito ou a um (b) testemunho *com*

---

[24]John Owen, *Works*, 2:241-42.

nosso espírito? O verbo usado por Paulo, *summartureō*, pode ser usado em qualquer dos dois sentidos.

Em seu comentário de Romanos, C. E. B. Cranfield (agora seguido por outros) defende com rigor que o testemunho do Espírito precisa ser dado *ao* nosso espírito e não (junto) *com* (o testemunho de) nosso espírito. Ele pergunta: "Que importância tem nosso espírito *nesse* assunto? Por si mesmo é claro que ele não tem o direito de testificar que somos filhos de Deus".[25] Mas, como veremos a seguir, parece haver boas razões para rejeitar essa posição.

1) Paulo usa o verbo *summartureō* em outras passagens de Romanos.[26] Em ambas as instâncias, a ideia parece ser de um testemunho *com* e não *a*. Ademais, Romanos 8 tem muitas palavras compostas iniciadas por *sun*. Somos herdeiros *com* Cristo (v. 17); sofremos *com* Cristo (v. 17); a criação geme *juntamente* (v. 22); ela agoniza *juntamente* (v. 22); o Espírito nos ajuda (*junto conosco*) em nossa fraqueza (v. 26); todas as coisas *cooperam juntas* para o nosso bem (v. 28). Esses exemplos indicam ainda que *summartureō*, verbo composto com *sun*, também tem o sentido de "testemunhar junto com" e não de "testemunhar a".

---

[25]C. E. B. Cranfield, *A critical and exegetical commentary on The Epistle to the Romans* (Edinburgh: T&T Clark, 1979), 1:403, 2 vols. Nesse argumento específico, Leon Morris concorda com Cranfield; cf. *The Epistle to the Romans* (Grand Rapids: Eerdmans, 1998), p. 317. Sem levar em conta esse argumento específico, entre os comentaristas que apoiam a ideia de que o Espírito dá testemunho "a" e não "com" nosso espírito encontram-se Lutero, Calvino e Charles Hodge. Embora isso não seja declarado nessa passagem de seu comentário, penso que a maneira de Cranfield fazer a pergunta revela uma perspectiva altamente influenciada por sua dívida para com o pensamento de Karl Barth, segundo o qual o testemunho humano acerca das coisas divinas, a priori, deve ser desconsiderado. Sua pergunta pressupõe a resposta sem apresentar as razões bíblicas para tal. Será que um filho não tem o "direito" de dar testemunho de sua condição de filho? Se Deus nos deu "o direito de nos tornar filhos de Deus" (Jo 1.12), então é claro que, como filhos, temos o direito implícito de dar testemunho de que essa é nossa condição. O apóstolo João certamente pensava assim (1Jo 3.1,2)!

[26]Rm 2.15; 9.1.

2) Ao contrário da afirmação de Cranfield, é de razoável importância enfatizar que nós, de fato, damos testemunho de nossa condição diante de Deus. Paulo afirma em Gálatas que "Deus enviou o Espírito de seu Filho ao nosso coração, clamando: 'Aba! Pai!'",[27] mas em Romanos é o crente que clama "Aba! Pai!", expressando desse modo sua consciência de ser um filho de Deus e, portanto, herdeiro juntamente com Cristo.[28] Assim, dentro desse contexto, o testemunho do Espírito, de certa forma, não pode ser outra coisa senão um acréscimo ao testemunho de nosso próprio espírito.

Cranfield faz a pergunta certa: "Que papel o testemunho de nosso espírito desempenha nessa certificação de que somos filhos de Deus?". Mas a resposta não é: "Nenhum papel". Com efeito, a conclusão de Paulo é que o Espírito dá seu testemunho conjunto justamente em face da fraqueza da consciência que temos de nossa nova identidade e por causa da fragilidade que pode estar presente em nossa sensação de certeza. Portanto, nossa condição é confirmada por dois testemunhos. Em suma, a interpretação de Cranfield faz do Espírito a única testemunha.

Em Gálatas 4.6, Paulo faz uma declaração paralela, mas não idêntica, que confirma essa posição. Em Romanos 8, somos nós que clamamos "Aba! Pai", mas em Gálatas 4 é o Espírito que clama.

---

[27] Gl 4.6.
[28] O objetivo do uso da linguagem de filhos adotivos nesse contexto (conforme sabem os leitores ou espectadores de clássicos ingleses como *Orgulho e preconceito* ou, a propósito, *Downton abbey*) é que até relativamente pouco tempo atrás os herdeiros em uma família eram os filhos do sexo masculino. Nessa passagem, Paulo não está tecendo comentários sobre as estruturas sociais do primeiro século (em uma sociedade na qual o casamento era norma, as mulheres participavam da herança do marido, de modo que havia uma previsão de equilíbrio). Em vez disso, ele está empregando o único termo que faria sentido em seu argumento teológico sobre nossa herança espiritual em Cristo. Vale a pena observar nesse contexto que o Antigo Testamento guarda uma bela relação de contraste com a lei romana e seus derivados por meio da inclusão das filhas na linhagem de herdeiros, e isso graças às filhas de Zelofeade em Números 27.1-11.

Que relação devemos estabelecer entre essas passagens? Neste ponto, é possível que tenhamos uma pista na declaração de Paulo de que somente pelo Espírito uma pessoa pode dizer "Jesus é Senhor".[29] Quem dá testemunho de Cristo é o crente, mas isso é possível apenas por meio do ministério do Espírito em sua vida. Da mesma forma, quem clama "Aba! Pai!" é o crente, mas isso acontecerá somente se o Espírito der seu testemunho juntamente com o testemunho de nosso espírito. Portanto, o testemunho de nossa filiação oferecido pelo Espírito não é algo existencialmente distinto do testemunho dado por nosso espírito. Ele é distinto, mas não pode ser detectado por uma análise introspectiva de nossa consciência — assim como não podemos detectar diretamente a obra do Espírito quando afirmamos "Jesus é Senhor!". B. B. Warfield expressa com primor esse equilíbrio:

> Com origem em outra fonte, mesmo assim esse testemunho é prestado juntamente com o testemunho de nossa própria consciência.[30]

Por que o testemunho do Espírito é tão especial?

Paulo se refere ao crente que *clama* "Aba! Pai!". O verbo que ele usa, *krazō*, normalmente indica um clamor em alto som ou que expressa necessidade. Na versão do Antigo Testamento conhecida como Septuaginta,[31] o verbo é empregado nessa acepção.[32] Ele também se encontra nos Evangelhos em referência ao cego

---

[29] 1Co 12.3.
[30] B. B. Warfield, *Faith and life* (New York: Longmans, Green, 1916), p. 184. Sem entrar em detalhes, Boston se refere ao testemunho do Espírito "com" nosso espírito, mas também "ao" nosso espírito. *Works*, 2:17. A impressão que se tem é que o "ao" ocorre no contexto do "com" e deste não pode ser existencialmente diferenciado.
[31] Tradução do Antigo Testamento para o grego usada por Paulo.
[32] Por exemplo, no salmo 141: "Senhor, a ti clamo, apressa-te! Dá ouvidos à minha voz quando clamo a ti!" (v. 1).

que clamava pedindo ajuda,[33] no contexto da multidão que gritava "Crucifica-o!"[34] e na passagem de Apocalipse que retrata a mulher em trabalho de parto.[35]

O verbo em si é onomatopaico — seu som expressa a acuidade do grito ou clamor. Portanto, parece que Paulo está pensando em um clamor em alta voz que resulta de uma situação de grande necessidade. "Aba! Pai!" não é um calmo sussurro de satisfação e segurança. É o choro de uma criança que tropeçou, desequilibrou-se e caiu, e agora está clamando pela ajuda do pai. É o mais profundo instinto de uma criança em apuros.

É justamente por isso que o clamor "Aba! Pai!" é tão cheio de significado. Ele expressa, em um momento de grande necessidade, um instinto ausente na consciência do incrédulo. Na melhor das hipóteses, ele pode clamar (e muitas vezes clama) "Meu Deus!", mas não clama por instinto "Meu Pai!". Esse clamor é fruto do ministério do Espírito; é o testemunho que ele dá em harmonia com nosso espírito; mesmo nas horas mais difíceis, o crente possui um instinto, um testemunho: ele sabe que é filho de Deus!

Aquele que pelo Espírito confessa "Jesus é Senhor" é o mesmo que, na hora da necessidade, clama "Aba! Pai!" mediante o mesmo Espírito. John Murray, portanto, estava com a razão ao afirmar que, mesmo nos mais baixos níveis, a consciência do crente tem uma diferença diametral em relação à consciência do incrédulo.

Observe o que isso significa. A certeza do evangelho não é retirada dos filhos de Deus mesmo quando eles não se revelam fortes. Qual pai desejaria que seu filho tivesse certeza de seu amor somente quando alcançasse na vida realizações que lhe dessem mérito para tal? Um pai assim seria uma vergonha! Mas, infelizmente, associamos uma postura desse tipo a nosso Pai celestial.

---

[33] Lc 18.40.
[34] Mt 20.30; Mc 15.13.
[35] Ap 12.2.

No entanto, é preciso observar que, embora o testemunho do Espírito não seja a mesma coisa que o fruto do Espírito, Paulo não o apresenta como uma espécie de "Plano B" para que aqueles que não têm esse fruto possam pelo menos ter a certeza. O testemunho do Espírito anda lado a lado com o fruto do Espírito, pois Paulo descreve o crente como alguém que anda segundo o Espírito, não segundo a carne, e vive mortificando as práticas pecaminosas do corpo. Desse modo, o testemunho que o Espírito dá ao nosso espírito de que somos filhos de Deus não existe sem as características de família que o Espírito gera em nossa vida. Seu testemunho é dado em conjunto com nosso espírito e se traduz dentro da complexidade da consciência que temos de nossa filiação (por mais subliminar que ela seja). Portanto, ele não existe em uma relação de independência dos sinais da graça de Deus em nossa vida. Em Romanos 8.12-14, Paulo já havia deixado clara essa ideia ao relacionar a mortificação do pecado com a direção permanente do Espírito,[36] que dá testemunho com nosso espírito de que somos filhos de Deus.

B. B. Warfield novamente expressa muito bem o equilíbrio aqui existente, ao dizer que o testemunho do Espírito

> não é um substituto dos sinais adequados de nossa condição de filhos, mas um reforço divino desses sinais. O indivíduo que não tem nenhuma das marcas de um cristão não tem o direito de crer que é cristão; somente os que são guiados pelo Espírito de Deus são filhos de Deus. Mas o indivíduo que tem todas as características próprias de um cristão pode ficar aquém de seu privilégio da certeza. É para esse indivíduo que o testemunho do Espírito é acrescentado, não para substituir a evidência dos "sinais", mas

---

[36] Vale a pena observar nesse contexto que a única referência no Novo Testamento à "direção do Espírito" não se relaciona à "orientação" em geral, mas à santidade em particular.

para lhes reforçar o efeito e colocá-los em nível mais elevado; não para gerar uma convicção irracional e não justificada, mas uma convicção mais plena e estável que o crente não teria condições de obter sozinho; não para suprir a falta de evidências, mas para curar uma enfermidade da mente que não produzirá plenos frutos apenas com base nas evidências. [...] O Espírito [...] não atua gerando convicção sem razão, uma conclusão sem base racional. Mas também não atua sem levar em conta a razão, igualmente sem base racional, nem gerando mais razões que justifiquem a conclusão; mas dando o verdadeiro peso e valor às razões existentes, assim conduzindo à conclusão correta com a certeza divina.

A função do testemunho do Espírito de Deus, portanto, é atribuir às nossas conclusões inseguras o peso de sua certificação divina.[37]

Portanto, há diferentes segmentos de influências que, juntos, formam a complexa harmonia representada pela certeza cristã. A verdadeira certeza tem uma dimensão psicológica, mas também teológica. Exatamente por isso, mesmo quando desenvolvemos uma clara doutrina da certeza, nossa experiência dessa certeza pode ser prejudicada por diversos obstáculos. É para alguns desses obstáculos que agora nos voltamos.

---

[37]Warfield, *Faith and life*, p. 187, 191.

Capítulo 11

"MUITAS BARREIRAS HÁ EM MIM"

O Novo Testamento considera a fruição da certeza da salvação uma experiência cristã normal e saudável. A falta de certeza geralmente é uma condição patológica que pode ter como causa um ou mais fatores.[1] O diagnóstico feito com base na presença desses fatores recomenda o uso de medicamentos pastorais fornecidos pelas Escrituras com o fim de incentivar a certeza da salvação no meio do povo de Deus.

Cascalhos no alicerce

Talvez este seja o obstáculo mais sutil à certeza da salvação, também o mais comum, uma tendência já mencionada: confundir e misturar o fundamento da salvação com o meio pelo qual a certeza da salvação é confirmada e se desenvolve.

---

[1] O título deste capítulo é inspirado na segunda estrofe do hino *Thou hidden love of God* [Tu, oculto amor de Deus], de autoria de Gerhard Tersteegen e traduzido para o inglês por John Wesley. O hino consta num hinário luterano com o título *Tu, ó oculto amor de Deus* e pode ser encontrado no site http://hinario.org/detail.php?id=498.

Assim, por exemplo, o serviço cristão frutífero será um incentivador da certeza; reconhecemos a obra do Espírito na geração de novos desejos e disposições. Atribuímos a ele essa obra, mas sem perceber começamos a fundamentar nossa certeza sobre os frutos de nosso serviço e não sobre o fato de que, pela fé, temos um grande Salvador. O fundamento de nossa certeza não reside em nós, mas nele.

Neste ponto, Abraão é um exemplo bíblico que pode nos ajudar. Ele teve certeza da promessa de Deus de que teria um filho com Sara, mas essa certeza não se baseou em suas condições físicas nem nas de Sara. O corpo de Abraão e o corpo de Sara foram os meios da bênção de Deus, não a fonte suprema. Com efeito, ele fixou sua certeza na promessa de Deus e por isso fortaleceu-se na fé dando glória a Deus.[2]

Outra forma de expressar essa ideia é dizer que há lugar para os silogismos práticos: a certeza pode ser confirmada pelos frutos da justiça. Portanto, o autoexame também tem seu lugar: devemos nos examinar e verificar se estamos na fé.[3] Mas nem o silogismo prático, nem o autoexame podem suscitar a certeza da fé sem que tal fé seja exercitada. Jamais podemos dizer: "Deixando de lado por um momento a confiança em Cristo, vejamos como podemos nos apropriar da certeza". Esse é o ponto crucial que Boston realça quando diz que devemos estar seguros de "acrescentar à fé" todas as evidências visíveis de que de fato pertencemos a Cristo.[4] Nenhuma certeza pode ser derivada simplesmente da prática de examinarmos nossa santificação. Jamais devemos fazer confusão entre o âmago da certeza na fé e sua confirmação por meio de uma vida de serviço.

---

[2] Rm 4.18-21.
[3] 2Co 13.5.
[4] Edward Fisher, *The marrow of modern divinity* (Ross-shire: Christian Focus, 2009), p. 197, nota.

Contradições na obediência

Uma vida cristã que se contradiz conduz à falta de certeza. No mínimo, isso leva a uma falta da verdadeira certeza (embora, o que é lamentável, isso não leve necessariamente à falta de autoconfiança). Se não existe uma verdadeira obediência a Cristo, não haverá sinais de amor por ele como Salvador. Se a salvação não for um fato e a pessoa não tiver consciência da misericórdia salvadora de Cristo, haverá obstáculos inevitáveis à fruição da certeza. Desse modo, o cristão que se acostuma a ser desobediente na vida perderá a certeza da salvação.

O clamor angustiado de Davi no salmo 51 é exemplo disso. Em resultado de sua desobediência, ele confessa: "Meu pecado está sempre diante de mim".[5] Sua consciência do perdão está obscurecida. Ele não consegue ouvir "júbilo e alegria".[6] Ele tem medo de perder completamente o testemunho do Espírito em sua vida. Ele perde todo o senso de alegria da salvação.[7] Ele se transformou no homem vacilante sobre quem Tiago escreve, cheio de dúvidas e instável em todos os seus caminhos.[8] Sempre que a consagração é questionada, a dúvida secreta acaba prosperando, e a certeza começa a minguar. Tais contradições da vida entristecem o Espírito Santo e são causa da perda do sentimento de que ele habita em nós como selo, a segurança de nossa redenção.[9]

O remédio? Aqui se faz necessária uma substância emética em cujo rótulo lemos "arrependimento".

Uma providência carrancuda

A falta de certeza também pode estar relacionada a uma visão equivocada do papel da aflição na vida do cristão. Nas palavras de

---
[5]Sl 51.3.
[6]Sl 51.8.
[7]Sl 51.3,8,11,12.
[8]Tg 1.8.
[9]Ef 4.30.

William Cowper, a providência franze o cenho, vemos somente "as nuvens assustadoras" e, como reação, "julgamos [...] o Senhor segundo um débil sentimento".¹⁰ Não é raro entre os cristãos de hoje enfrentar dificuldades na vida e de imediato concluir estar debaixo da reprovação divina.

Precisamos sempre ter o remédio para isso em mãos. Não somos os melhores intérpretes da providência divina. Também não estamos convictos de que o amor do Pai por nós está alicerçado em seus atos de providência para conosco. O erro fatal está em basear nossa certeza da graça e da salvação no fato de que "Deus está abençoando minha vida". Quando agimos assim, não temos nenhuma âncora se a vida se torna difícil. Mas não, o próprio Deus é nossa âncora em Cristo. Ele *demonstrou* seu amor por nós especificamente na cruz: "Nisto Deus demonstra seu amor por nós: enquanto ainda éramos pecadores, Cristo morreu por nós".¹¹ Jamais devemos permitir que nossos olhos se desviem do Cristo crucificado, que subiu ao céu e agora reina, nem jamais devemos olhar para a providência com lentes que não sejam cruciformes.

Além disso, é importante entender que as aflições podem desempenhar diferentes funções na vida cristã.

1) As aflições podem exercer uma função corretiva: "Antes de ser afligido eu me desviava, mas agora guardo tua palavra. [...] Para mim foi bom ter sido afligido, para que aprendesse os teus estatutos".¹² Castigados por sofrimento e tristeza, voltamos, à semelhança do filho pródigo, aos braços de amor do Pai que nos espera. "Sim", escreve Samuel Rutherford, "quando por amor Cristo açoita, ele

---

¹⁰Do hino de Cowper intitulado *Light shining out of darkness*, mais conhecido pelo primeiro verso da primeira estrofe: "God moves in a mysterious way" [Deus se move de modo misterioso] (1774).
¹¹Rm 5.8.
¹²Sl 119.67,71.

faz bem à alma, para a qual é consolo e alegria ser golpeada na cabeça pelas mãos amáveis, carinhosas e gentis de Jesus".[13]

2) As aflições também produzem caráter: a tribulação produz paciência, e a paciência produz esperança, diz Paulo.[14] Muitos cristãos se julgam "pessoas relativamente pacientes". Mas a grande verdade é que a paciência pode ser manifestada, exercitada e fortalecida somente em situações que geram impaciência! Portanto, as aflições tornam-se um investimento divino em nós porque edificam o caráter.[15]

3) As aflições também criam o ambiente no qual o Senhor revela sua graça e glória a nós, em nós e por meio de nós (essas três dimensões são importantes). Assim, o espinho na carne de Paulo foi a esfera em que ele descobriu a suficiência da graça e o poder de Cristo aperfeiçoado em sua fraqueza.[16] Foi em sua fraqueza que o poder em seu ministério era nitidamente de Deus e não dele.[17] E foi pelo consolo para suas aflições, consolo este encontrado em Deus, que ele estava preparado para consolar os outros.[18] Além disso, se ele tivesse feito a pergunta: "Senhor, por que essas coisas estão acontecendo comigo?", a principal resposta não seria encontrada em Paulo, mas nos outros: "Pois nós, que vivemos, estamos sendo sempre entregues à morte por amor de Jesus, de forma que a vida de Jesus possa se manifestar em nossa carne mortal. Assim, a morte atua em nós, mas em vós, a vida".[19]

No fim, é claro, as aflições levam-nos a ansiar pela glória e nos preparam para ela. Somente quando sentimos da glória o "eterno

---

[13]A. A. Bonar, org., *The letters of Samuel Rutherford* (London: Religious Tract Society, 1891), carta 130, 255.
[14]Rm 5.3,4.
[15]Cf. Hb 12.10,11.
[16]2Co 12.9.
[17]1Co 2.3-5.
[18]2Co 1.3-7.
[19]2Co 4.11,12.

peso" temos condições de olhar para nossas aflições sob a perspectiva correta, pois elas são "leves" e "momentâneas".[20]

O essencial é que entendamos que essas aflições são controladas pelas mãos de nosso Pai soberano. Se assim não for, não as enxergaremos sob sua verdadeira perspectiva, e nossa certeza do amor de Deus sucumbirá às nossas aflições.

É isso o que aconteceu ao autor do salmo 102. No meio de sua aflição, ele pensou: "Tu me levantaste e me derrubaste".[21] Foi sob essa perspectiva enganosa que ele interpretou sua enfermidade, sua sensação de isolamento e desolação e suas circunstâncias difíceis[22] como sinais de que Deus de modo cruel o havia lançado para longe de sua presença. Apenas quando seu olhar se fixou novamente na verdadeira pessoa de Deus ele começou a recuperar a certeza do propósito soberano de Deus e de sua fidelidade à aliança. Foi então que seu sentimento de certeza se reavivou a tal ponto que ele começou a olhar para as bênçãos do futuro como se elas já fizessem parte do presente![23] O conceito fundamental aqui é o mesmo de Hebreus 12.5,6 (citado da versão em grego de Provérbios 3.11,12):

> Meu filho, não desprezes a disciplina do Senhor,
>   nem te canses quando reprovado por ele.
> Pois o Senhor disciplina a quem ama
>   e castiga a todo filho a quem recebe.

A culpa do pecado é eliminada, seu domínio chega ao fim, mas sua presença ainda incomoda

O quarto obstáculo à certeza é uma compreensão equivocada de como a justificação e a regeneração transformam a relação do cristão

---

[20] 2Co 4.17.
[21] Sl 102.10.
[22] Sl 102.3-7.
[23] Sl 102.25-28.

com o pecado. Principalmente os mais novos na fé podem se deixar enganar pela transformação radical dos sentimentos operada na regeneração — a alegria da libertação e a capacidade de obedecer podem ser vistos equivocadamente como se a presença do pecado dificilmente venha a incomodá-los de novo. Com o tempo, qualquer ressurgimento mais acentuado do pecado que habita dentro de nós pode levar à conclusão (errada) de que, talvez, no final das contas, aquela conversão foi só uma fase passageira e que de fato não houve conversão alguma.

É nesse ponto que vemos a grande importância do tópico da união com Cristo encontrado no Novo Testamento. Felizmente houve uma nova onda de textos escritos sobre o tema na primeira década do século 21. De outra forma, para nós, cristãos dos dias atuais, com acesso a livros, seminários, conferências e outros recursos disponibilizados pela tecnologia, seria uma vergonha refletir sobre o fato de que um pastor do século 18 em um campo pastoral remoto na região fronteiriça da Escócia, quase sozinho, apresentou a diversas gerações de cristãos o tema da importância da união deles com Cristo. Foi isso o que Thomas Boston realizou com seu *Human nature in its fourfold state* [A natureza humana em quatro estados].[24]

Mas quais são as implicações da união com Cristo? Em suma são estas: por meio de nossa união com ele em sua morte, ficamos isentos da penalidade de nossa culpa, pois ele a pagou em nosso lugar; na união com ele em sua ressurreição, apropriamo-nos de uma justiça plena, definitiva e irreversível; na união com ele em sua morte e ressurreição, somos libertos do domínio do pecado. Mas continuamos sendo pecadores. O pecado ainda habita em nós; estaremos livres da presença do pecado somente quando nossa regeneração florescer plenamente depois desta vida.

---

[24]Thomas Boston, *Human nature in its fourfold state* (London: Banner of Truth, 1964), p. 253-320 [*Works*, 8:177-231].

Essas distinções são cruciais. A culpa foi retirada e o domínio do pecado chegou ao fim, mas o pecado continua a habitar nosso ser e a nos assediar. Ele ainda pode nos enganar e nos seduzir. Uma vez que isso fique bem entendido, não iremos confundir a presença contínua do pecado em nós com a ausência de uma nova vida. Sem a estabilidade desse entendimento, nossa certeza ficará à mercê das flutuações da vida.

Existe teologia sem psicologia?

Os grandes mestres da "cura da alma" sempre admitiram que o temperamento natural, seja fruto da genética, seja do ambiente, pode ter impacto sobre nossa fruição da certeza. Isso não é negar que as Escrituras nos fornecem uma clara doutrina da certeza. Também não é negar que a certeza é concedida pelo Espírito. Mas é pelo Espírito que ela nos é dada e em nós mantida. Como tal, ela se impõe à nossa autopercepção e ao nosso autoconhecimento e, assim, a como pensamos que o evangelho nos influencia na maneira de vermos a nós mesmos e em relação a Deus.

A certeza é um estado de autopercepção e, por isso, a verdade do evangelho se impõe à vida dos indivíduos, cada um com sua história, com seu entendimento do evangelho, com seu contexto de vida e com sua constituição psicológica. Diante dessa realidade, na vida de alguns cristãos a certeza pode estar sujeita a obstáculos maiores do que os encontrados na vida de outros. Um indivíduo pode ter uma fé sólida, ser objeto da graça em alto nível e demonstrar claros sinais de um serviço frutífero, mas assim mesmo sentir falta da plena certeza em virtude de seu temperamento natural. Afinal de contas, somos entes físico-psíquicos. Uma natureza melancólica de fato impõe obstáculos à fruição da certeza — em parte porque impõe obstáculos à fruição de qualquer coisa.

Dentro desse contexto, é importante ressaltar que a exortação do autor de Hebreus a que nos aproximemos de Deus em plena certeza de fé (Hb 10.22) baseia-se fundamentalmente em sua exposição sobre a natureza humana de Cristo como sumo sacerdote misericordioso e solidário que assumiu nossa frágil carne em um mundo decaído, participou de nossas fraquezas, passou pelas tentações que passamos e sabe o que é orar com clamor e lágrimas.[25] Os que têm um espírito melancólico e a tendência de duvidar precisam manter o pensamento amparado pelas certezas da graça divina encontradas em um Salvador plenamente vestido com as vestes de seu evangelho. Crentes como esses costumam sentir que Cristo está distante, de modo que Hebreus procura trazê-lo para perto.[26] Aquele cujas últimas palavras registradas na fragilidade de sua condição humana anterior à ressurreição começam com uma pergunta, "Deus meu, por quê?", é o Deus que está próximo dos que se sentem distantes dele e pode conduzi-los à certeza de sua graça. Cristo, diz Calvino, não somente assume nossa carne; ele "é nossa carne". Ter a consciência de que ele nos conhece nos dá todas as condições de ter certeza de que nele estamos seguros.

Um inimigo fez isso[27]

Os ataques do Diabo também são obstáculos à certeza e costumam fazer disso seu alvo específico. Satanás sabe que não pode destruir aqueles a quem Cristo salva. Portanto, ele está determinado a destruir nossa *fruição* do novo relacionamento que temos com o Senhor. Foi esse o objetivo do primeiro ataque satânico, que também procurou romper a sólida certeza que o primeiro casal tinha com relação à benevolência divina: "Por acaso Deus os colocou neste jardim maravilhoso e depois zombou de vocês ao proibir que comessem de qualquer uma de suas árvores?".[28]

---

[25]Hb 2.14; 4.14-16; 5.7-10.
[26]2.14ss.; 4.14ss.; 5.7ss.
[27]Mt 13.28.
[28]Gn 3.1.

A primeira tentação, além de ser histórica, com certeza também estabeleceu um paradigma. Os cristãos continuam a passar por aquilo que a Confissão de Fé descreve como uma condição em que têm, "de diversas maneiras, a segurança de sua salvação abalada, diminuída e tornada intermitente".[29]

Essas considerações parecem colocar sob nova luz a forma de Paulo concluir seu argumento em Romanos 8. Sua declaração de certeza em Romanos 8.37-39 ("Em todas essas coisas somos mais que vencedores [...] [nada] será capaz de nos separar do amor de Deus em Cristo Jesus, nosso Senhor") serve como conclusão de uma série de perguntas iniciada em 8.31. Talvez o aspecto mais impressionante dessas perguntas seja o fato de cada uma delas começar com o pronome interrogativo pessoal *quem* e não com o impessoal *o quê*.

Paulo não está perguntando: "*O que* será contra nós? *Que* acusação pode ser feita contra nós? *O que* pode nos condenar? *O que* pode nos separar do amor de Cristo?" Não; suas perguntas são feitas assim: "*Quem...? Quem...? Quem...? Quem...?*". Ele está pensando não nas circunstâncias, mas em Satanás. Em face de todas as tentativas de Satanás para arruiná-la, Paulo desfruta da certeza de que Cristo mantém seu povo seguro. Nas palavras de Samuel Rutherford:

> Se meu interior ficasse exposto e todos os homens vissem minha maldade, eles me diriam: "Para ti é vergonhoso que fiques imóvel enquanto Cristo te beija e abraça". [...] Mas se ver o amor de Cristo me deixará envergonhado, é uma satisfação me envergonhar.[30]

A defesa de Paulo encontra-se na plenitude e no caráter definitivo da justificação. Aqueles que, à semelhança de seu Filho, são

---

[29] *A confissão de fé de Westminster* (São Paulo: Cultura Cristã, 2017), 18.4.
[30] Bonar, *Letters of Samuel Rutherford*, carta 130, p. 256-7.

plena e continuamente justos diante de Deus, porque unidos a ele, podem ter certeza de que nada nem ninguém poderá separá-los do amor de Deus em Jesus Cristo.

"Que a consciência não te detenha"[31]

Há muito este princípio tem sido largamente aceito: "Ouça a voz da consciência". Mas o cristão não pode se limitar a isso, pois a consciência pode não ser confiável. Ela pode se equivocar. Aliás, ela precisa ser renovada e recalibrada segundo a Palavra de Deus.

Curiosamente, nesse contexto a pessoa que se vê como alguém com uma "consciência forte" pode estar enquadrada na categoria paulina dos "fracos".[32] Quando isso acontece, é possível que nossa consciência seja um obstáculo à certeza.[33] Ela pode nos condenar.

Parece que é a isso que o apóstolo João se refere quando fala sobre o coração que nos condena.[34] João também recomenda um expediente geral: Deus é maior que nosso coração. Ele nos concedeu uma salvação graciosa, algo que nosso coração e nossa consciência não têm condições de conceder. Essas são as boas notícias se nossa consciência nos condenar com razão.

Mas há outro sentido em que a consciência pode servir de obstáculo à certeza: ao limitar nossa liberdade com mais rigidez que as Escrituras e, portanto, mais que o próprio Deus.

Mas como isso pode representar um obstáculo à certeza da salvação? Será que não se trata mais de uma questão da liberdade cristã do que algo relacionado à certeza? Pode ser que sim, mas

---

[31]Do hino de Joseph Hart (1712-1768) *Come ye sinners, poor and needy*.
[32]Conforme Romanos 14.1—15.7, os "fracos" são aqueles que, na realidade, têm uma consciência "forte" que não lhes permite comer certos alimentos e insistem na observância de certos dias. A consciência dessas pessoas as impede de ter a liberdade viabilizada pelo evangelho.
[33]Observe como Paulo se refere à "dúvida" em Romanos 14.23.
[34]1Jo 3.19,20.

se a consciência nos condena e Deus não, é possível que a coloquemos em pé de igualdade com Deus, de modo que atribuamos a ele, sem ter respaldo das Escrituras, as restrições que a consciência impõe à nossa vida. Quando a consciência traça linhas de restrição em torno de nossa vida, diminuindo suas dimensões de raio e circunferência além do permitido pela Palavra de Deus, torna-se inevitável que nossa visão de Deus fique distorcida. Qual a consequência disso? Nós o enxergamos (e, se formos pregadores, nós também o apresentamos) de modo restrito e menos amplo. Uma vez que isso aconteça, não leva muito tempo para que nossa postura diante dela se assemelhe à postura do filho mais velho na parábola de Jesus. Isso resulta em um espírito de escravidão e não nos permite desfrutar da certeza da salvação. Caímos presas da "teologia de Satanás", pois esta não passa de uma reprise de suas insinuações a Adão e Eva no jardim do Éden.

Negligência

Para que os relacionamentos marcados por amor e segurança permaneçam fortes, é preciso que eles sejam cultivados. Deus nos concedeu importantes recursos para o cultivo da certeza que desfrutamos em nossa comunhão com Cristo. Mas fazer mau uso dessas ordenanças de Deus (chamadas meios de graça) ou negligenciá-las[35] pode sufocar a certeza.

As Escrituras contêm importantes exemplos disso. O tom de desalento e consternação dos salmos 42 e 43 parece estar relacionado ao fato de que o autor se encontra longe de sua esfera anterior

---

[35] A esta altura de nosso estudo deve ter ficado claro que a expressão "meios de graça" encerra alguns perigos, em parte por causa de suas cores medievais, mas também por causa da maneira que ela faz da graça um objeto sem nenhuma relação específica com Cristo.

de adoração, ministério e comunhão. Ele costumava acompanhar a multidão e até liderar a procissão de adoradores. Agora ele se encontra cercado de incrédulos: "Meus ossos sofrem agonia mortal quando meus inimigos me provocam, dizendo-me o dia todo: 'Onde está o teu Deus?'".[36] Nesse contexto, Hebreus pode de novo nos trazer uma lição. O texto convida-nos a nos aproximar em plena certeza de fé, um convite vinculado à exortação de não negligenciarmos a adoração e a comunhão.[37] O ministério da Palavra, a instrução que os crentes dão uns aos outros entoando salmos, hinos e cânticos espirituais, o ânimo que transmitem uns aos outros quando estimulam uns aos outros ao amor e às boas obras — todas essas práticas, como ordenanças divinas, são meios de promover em nós o aumento da certeza de que de fato somos de Cristo, pois o amamos, amamos sua Palavra e amamos seu povo. A negligência dessas práticas, por sua vez, tende a reduzir e a impedir a certeza da salvação.

Neste ponto, o ministério do batismo e da ceia do Senhor desempenham papéis importantes. Conforme diz Robert Bruce com toda razão, é claro que o Cristo mediado pelos sacramentos não é diferente nem melhor que o Cristo da Palavra. Mas vendo, tocando, sentindo, saboreando e ouvindo podemos entender melhor o mesmo Cristo com uma compreensão mais sólida de sua graça:

> Portanto, afirmo que não há nada que possa ser obtido pelos sacramentos que não possa ser oferecido pela Palavra. Contenta-te com isso. Mas, sendo assim, o sacramento não é supérfluo.
> Gostarias de entender, então, o que há de novo que obténs, que outras coisas obténs? Eu te direi. Mesmo que obtenhas o

---
[36] Sl 42.4,10.
[37] Hb 10.22-25.

mesmo que obténs na Palavra, tu obténs melhor a mesma coisa. "Melhor" como? No sacramento obténs da mesma coisa uma melhor compreensão do que a obtida quando se ouve a Palavra. A mesma coisa que possuis ouvindo a Palavra, tu agora a possuis de modo mais completo. Ao receber o sacramento, Deus encontra mais espaço em tua alma do que encontraria se somente ouvisses a Palavra. Portanto, tu perguntas: o que é essa coisa nova que recebemos? Recebemos Cristo melhor do que antes. Recebemos mais plenamente a coisa que possuíamos, ou seja, com uma apreensão mais clara do que a anterior. Recebemos agora uma melhor compreensão de Cristo, pois pelo sacramento minha fé é nutrida, os limites de minha alma são alargados, e se antes eu tinha apenas um pequeno entendimento de Cristo, como se coubesse entre meu indicador e meu polegar, agora eu o entendo em minha mão como um todo; aliás, quanto mais cresce minha fé, maior é o entendimento que tenho de Cristo Jesus. Assim, o sacramento é altamente necessário, mesmo que seja pela simples razão de que entendemos Cristo melhor e dele obtemos uma compreensão mais sólida do que a que antes tínhamos.[38]

Uma das estratégias do Diabo consiste em fazer com que o crente que está em dúvida se desanime e não procure a comunhão, não se abrigue na Palavra e não desfrute das dádivas que Cristo concede para nos certificar de seu amor por nós. Nessas horas, é crucial lembrar que, entre outras utilidades, para isso serve o ministério da Palavra, do batismo e da ceia. Deixamos de levar essas coisas em consideração em detrimento da legítima certeza da salvação.

---

[38]Robert Bruce, *The mystery of the Lord's Supper*, tradução para o inglês e organização de T. F. Torrance (London: James Clarke, 1958), p. 84-5. Esse Robert Bruce (1555-1631) sucedeu a John Knox e James Lawson no pastorado em St. Giles ("The High Kirk"), em Edimburgo. Ele não deve ser confundido com o herói escocês de muito tempo antes, Robert the Bruce (1275-1329). Seus sermões sobre os sacramentos, pregados em St. Giles em 1589, pertencem à nata da posição reformada sobre a ceia do Senhor.

"Nuvens assustadoras"?[39]

A tradição na qual cresceram os Irmãos do Cerne acreditava na existência da seguinte realidade na vida cristã:

... retirando Deus a luz de seu rosto e permitindo que andem em trevas e não tenham luz mesmo os que o temem.[40]

Não é tarefa fácil detectar com detalhes essas retiradas espirituais da consciência da certeza no Novo Testamento. Mas há pistas. Trata-se de uma nítida realidade na igreja do período posterior à Reforma. Nesse contexto, Isaías 50.10, que denota um filho da luz andando nas trevas, foi muitas vezes considerado um texto central que insiste em uma fé resoluta até que se experimente a realidade da salvação em Cristo. Neste ponto, precisamos nos lembrar de novo de que a certeza da salvação é uma realidade psicológica na vida de uma pessoa que é constituída por uma unidade psicossomática; nesse contexto, se o sentimento de ausência da certeza se prolongar demais sem que haja alívio, sempre será aconselhável lembrar que também temos um corpo, ou seja, não somos almas desencarnadas e precisamos considerar a possibilidade de uma causa física. É possível que o cristão leve um tipo de vida que seja causa de uma letargia espiritual, de uma índole melancólica e de baixos níveis de certeza. Algumas doenças físicas podem ter efeitos semelhantes sobre nosso espírito. Todas essas variáveis devem ser levadas em conta. Assim mesmo, no final de tudo, as Escrituras nos revelam uma promessa feita pelo próprio Deus: "Achegai-vos a Deus, e ele se achegará a vós".[41] A alma que tem dúvidas pode descansar nessa palavra.

---

[39] Do hino *God moves in a mysterious way*, de autoria de William Cowper (1731-1800).
[40] *A confissão de fé de Westminster*, 18.4.
[41] Tg 4.8.

"O monte Sião produz milhares de delícias celestiais"[42]

A Confissão de Fé afirma que, em vez de produzir antinomianismo e licenciosidade, a certeza da salvação produz os frutos da graça. Em suma, isso compreende o que os teólogos de Westminster descrevem como um coração dilatado:

> Em paz e deleite,
> em amor e gratidão,
> no vigor e na alegria, nos deveres da obediência.[43]

Isso se harmoniza bem com a alegre confiança da igreja do Novo Testamento. Nela, a certeza da salvação produzia ousadia para testemunhar, fervor e intimidade em oração, estabilidade de caráter diante das provações, do perigo e da oposição, e alegria na adoração.

A falta desses elementos também é sinal da falta da certeza que as produz, pois esta, em vez de gerar arrogância ou antinomianismo, gera a verdadeira humildade. A certeza cristã não é algo que tenha por base a própria pessoa nem é autoconfiança. É o contrário disso: é confiança em nosso Pai, confiança em Cristo como nosso Salvador e alegria no Espírito, o Espírito de filiação, selo da graça e da realidade de nossa herança como filhos de Deus. Quando essas características constituem a marca registrada de nossa vida, isso é sinal de que a graça do Senhor Jesus Cristo nos alcançou em toda sua plenitude.

E essa, logicamente, é uma das grandes necessidades de nossos dias.

---

[42] Do hino *Come we that love the Lord*, de autoria de Isaac Watts (1674-1748).
[43] *A confissão de fé de Westminster*, 18.3.

CONCLUSÃO

Nossas "variações nos temas da controvérsia do cerne" chegaram ao fim, terminando não com um crescendo culminante, mas com as notas mais suaves de uma certeza profunda e bem fundamentada. A essa altura, espero que a importância do tema tenha ficado clara. Mas qual é a essência da mensagem e que implicações ela traz?

Pelo menos para Thomas Boston e para muitos outros desde então, as questões básicas levantadas nessa controvérsia serviram como um teste de tornassol e um catalisador.

Como *testes de tornassol*, essas questões aumentam nossa percepção das profundezas do espírito legalista que, muitas vezes sem ser notado, sobrevive em nosso coração. Sobre isso Calvino escreve: "Tantos recessos de fatuidade tem, de tantos antros de falsidade se enche o coração humano, de tão enganosa hipocrisia é recoberto, que frequentemente engana a si próprio".[1] A ênfase de *The marrow* na graça de Deus e no Deus da graça, que em Cristo se traduz no evangelho, funciona como uma angiografia espiritual — ele injeta nas artérias de nosso coração espiritual um líquido de contraste do evangelho e revela os pontos onde há alguma arteriosclerose.

---

[1] João Calvino, *As institutas*, tradução de Waldyr Carvalho Luz (São Paulo: Cultura Cristã, 2006), 3.2.10, 4 vols.

Como *catalisadoras*, as questões levantadas na controvérsia nos fazem refletir sobre importantes problemas pastorais e teológicos e trabalhar com eles, levando-nos a uma valorização da natureza do evangelho, às formas de viver por ele, de pregá-lo e de aplicá-lo. Isso não exerce sobre nós um efeito apenas teológico limitado no nível da intelecção, mas também atua sobre os sentimentos e sobre a vontade. Nesse processo, o serviço cristão começa a se ampliar e a ser transformado — fenômeno que também afeta a pregação. Ele dá a "tintura" que Thomas Boston afirma ter sido observada pelas pessoas em seu ministério.

Com certeza, Boston não foi o único nesse aspecto. Um século depois, a mesma realidade estava sendo observada na vida e no ministério de Robert Murray M'Cheyne. É emocionante como isso pode ser visto em uma carta que não havia sido aberta e foi encontrada sobre sua mesa de trabalho no dia em que ele morreu aos 29 anos de idade. A pessoa que havia enviado a carta agradecia-lhe por um sermão que ele havia pregado e comentava que a impressão indelével deixada pelo sermão não se devia meramente ao que ele havia falado, mas também à maneira *que ele havia falado*.

Os leitores que chegaram até aqui na leitura de *Somente Cristo* terão interesse em saber (talvez até achem engraçado) que na primeira vez que enviei o manuscrito à editora o título que eu havia escolhido era *Marrow for modern divines* [Tutano para teólogos modernos]. Qualquer autor do século 21 com boas intenções sabe que praticamente nenhuma editora que se respeite publicaria hoje um livro com um título desses. É provável que o mesmo aconteceria com *The marrow of modern divinity* [O cerne (tutano) da teologia moderna]. Títulos como esses geralmente não são vendidos com a velocidade que uma editora deseja! Mas na época me pareceu valer a pena fazer um teste com os publicadores da edição em inglês. E eles foram aprovados! Deram outro nome ao livro: *The whole Christ* [O Cristo integral].

É possível que o leitor já tenha visto essa expressão em latim, pois acabou ficando consagrada pelo uso: *totus Christus*. Ela remonta pelo menos a Agostinho. E transparece em João Calvino quando ele nos diz que Cristo não se considera completo sem nós. É uma linguagem que ressalta que nossa salvação deriva de Deus Pai em Jesus Cristo e por meio do Espírito Santo. É a salvação pela graça somente, em Cristo somente e pela fé somente. É a salvação que observamos em Efésios 1.3-14: uma salvação centralizada em Cristo, que honra a Trindade, com raízes na eternidade, que proporciona redenção, viabiliza a experiência de adoção, gera santidade, torna efetiva a certeza e glorifica a Deus. Foi a plena concretização dessa salvação que conferiu a já mencionada "tintura" à vida e ao ministério de Thomas Boston. A essência de tudo isso é que seu coração foi inundado por uma nova percepção da graça de Deus em Cristo. Em consequência dessa realidade, sua pregação transformou-se em uma expressão da pregação de Cristo. Fazendo aqui uma alusão às palavras de Efésios 2.17, por intermédio do ministério da Palavra de Thomas Boston, o próprio Cristo se fez presente em seu primeiro pastorado em Simprin, depois em Ettrick, e o próprio Cristo pregou a paz.

Talvez fosse isso que Paulo tinha em mente quando instou com Timóteo para que ele crescesse no ministério "de modo que todos possam ver teu progresso".[2] Pois essa é a essência do verdadeiro crescimento no ministério. É uma parte do desenvolvimento da santidade; em suma, é a semelhança com Cristo. Talvez tenha sido a prática de um ministério assim — ou pelo menos o desejo de ter essa experiência — que levava os primeiros pregadores escoceses a fixar uma pequena placa de bronze *na face interna* do púlpito de muitas igrejas, placa na qual estavam gravadas as seguintes palavras, visíveis apenas ao pregador:

---

[2] 1Tm 4.15.

Senhor, queremos ver Jesus.[3]

Para que isso se concretize — quaisquer que sejam nossos dons e chamado — primeiro é preciso que nós, que servimos a Cristo e a seu povo, "o vejamos com mais clareza, o amemos com mais afeto e o sigamos mais de perto".[4] Se assim o fizermos — não importa quais sejam nossos dons nem onde esteja nosso ministério —, será possível ver de novo a "tintura" de que Thomas Boston falava.

O que está por trás de *Somente Cristo* é minha oração para que isso de novo seja uma realidade em nossa vida.

---

[3]Jo 12.21.
[4]De uma oração de Richard de Chichester (1197-1253).

Apêndice

A FÉ SEGUNDO THOMAS BOSTON

Comentando as palavras de Paulo proferidas ao carcereiro de Filipos e registradas em Atos 16.31: "Crê no Senhor Jesus e serás salvo", o autor de *The marrow of modern divinity* [O cerne da teologia moderna] escreve: "[...] ou seja, tem profunda convicção em teu coração de que Jesus Cristo é teu e de que terás vida e salvação por meio dele; e de que tudo o que Cristo fez pela redenção da humanidade, ele o fez por ti". Em uma nota sobre a natureza da fé, Thomas Boston tece um longo comentário, conforme vemos a seguir.[1]

Nesta definição da fé salvadora, nota-se a natureza ou espécie geral da fé, a saber, uma verdadeira convicção, que se harmoniza com todo tipo de fé, divina e humana — "Tem plena convicção"; sua natureza mais específica, uma convicção adequada ou aplicação especial a si mesmo, que concorda com a fé de um pecador convicto da maldição da lei (Gl 3.10). "Tende plena convicção em vosso coração"; assim, "se creres em teu coração que Deus [...] serás

---

[1] Edward Fisher, *The marrow of modern divinity* (Ross-shire: Christian Focus, 2009), p. 136-43.

salvo" (Rm 10.9): e, por fim, sua natureza mais especial, pela qual ela se distingue de todas as outras, a saber, uma convicção adequada de que Cristo é teu etc. E quando a pessoa crê no coração, ou tem a convicção adequada das terríveis notícias da lei, importa não somente a elas aquiescer como verdadeiras, mas ter por elas o terror advindo do mal que lhes é inerente; assim, crer no coração, ou ter a convicção adequada das boas-novas do evangelho, implica não somente a elas aquiescer como verdadeiras, mas nelas se deleitar por serem boas.

Segundo nosso autor, estas são as partes dessa convicção adequada:

1. "Jesus Cristo é teu", a saber, pela escritura de compromisso firmada com a humanidade perdida, ou (o que é a mesma coisa em outras palavras), pela oferta autêntica do evangelho, na própria palavra do Senhor, oferta que é o fundamento da fé, base e garantia da oferta ministerial, sem a qual não haveria benefício algum.

A resposta à pergunta que se apresenta logo em seguida mostra ser este o significado e diz respeito à garantia para o exercício da fé. Por meio dessa oferta ou escritura de compromisso, Cristo é nosso antes mesmo que creiamos; não que por ele tenhamos algum interesse inerente à salvação ou estejamos debaixo da graça, mas temos por ele um interesse comum, e uma salvação que nos é comum, algo que os anjos caídos não têm (Jd 3); de modo que é lícito e afiançável para nós, não para eles, tomar posse de Cristo e de sua salvação. Mesmo quando alguém apresenta um objeto de ouro a um homem sem posses, dizendo: "Toma, é teu", a oferta de fato dá ao homem a posse do objeto conforme declarado; todavia, enquanto ele não o aceita ou não o recebe, seja por considerar a oferta tão valiosa que não pode ser real, seja por não se agradar das consequências necessariamente advindas da aceitação, ele não tem a posse do objeto nem dela pode se beneficiar; mas, pelo contrário, haverá de padecer fome muito mais intensa por ter desprezado a oferta e recusado a dádiva.

Assim, o ato de fé não é nada mais do que "crer em Deus" (1Jo 5.10), "crer no Filho" (Jo 3.36); "crer no relato" sobre Cristo (Is 53.1) ou "crer no evangelho" (Mc 1.15), não como os demônios creem, sabendo eles que Cristo é Jesus, um Salvador, não o Salvador deles, mas com uma convicção adequada ou uma aplicação especial que nos leva a crer ser ele nosso Salvador.

Ora, esse relato ou registro do evangelho, esse testemunho dado por Deus, no qual todos podemos crer, é o que o autor inspirado declara categoricamente: "Este é o relato: Deus nos deu a vida eterna, e essa vida está em seu Filho" (1Jo 5.11). A ação de dar aqui mencionada não diz respeito a algo dado em posse com grau mais baixo ou mais elevado, mas refere-se a dar por meio de um compromisso, baseado no qual a pessoa pode tomar posse. E os que recebem essa oferta não são apenas os eleitos, mas a humanidade perdida. Pois esse relato é o evangelho, o fundamento da fé, compromisso firmado com todos, para que creiam no Filho de Deus e nele recebam a vida eterna; mas esse fundamento ou compromisso não está na vida eterna concedida por Deus aos eleitos: pois uma dádiva dirigida a certos homens selecionados jamais constitui fundamento ou garantia para que todos os homens a aceitem e recebam.

O grande pecado da incredulidade está em não crer nesse relato ou testemunho, assim transformando Deus em mentiroso: "Aquele que não crê em Deus fez dele um mentiroso, porque não crê no relato que Deus faz sobre seu Filho. E o relato é este etc. (1Jo 5.10,11). Todavia, "Aquele que acolhe seu testemunho confirma que Deus é verdadeiro" (Jo 3.33). Mas o grande pecado da incredulidade reside não em deixar de crer que Deus deu a vida eterna aos eleitos, pois os incrédulos mais desesperados, tais como

Judas e Spira,² creem nisso, fato que lhes aumenta a angústia e o tormento de espírito; mas eles não confirmam que Deus é verdadeiro; ao contrário, tornam Deus mentiroso, pois não creem que ele concedeu a vida eterna na forma de compromisso à humanidade perdida e a eles próprios em particular, sendo, à semelhança de outros, admitidos e convidados a dela tomar posse, desse modo dando as costas ao relato e testemunho divinos no evangelho (Is 9.6; Jo 3.16; At 4.12; Pv 8.4; Ap 22.17).

A dificuldade reside não na fé daqueles, mas na fé destes últimos, na agonia da consciência; os quais, todavia, até que a superem com maior ou menor grau de sucesso, não podem crer em Cristo, recebê-lo e nele descansar tendo em vista a salvação. A verdade é que o ato de receber Cristo pressupõe necessariamente o fato de que ele está se dando. Na realidade, é possível dar sem que alguém receba o que é dado, pois uma dádiva pode ser rejeitada; igualmente possível é tomar algo sem que isso seja dado, sendo esta uma ação presunçosa e destituída de garantias; mas Cristo não pode ser recebido se antes não for dado. "Em matéria de fé (segundo Rollock, Palestra 10 sobre 2Tessalonicenses, p. 126), existem dois elementos: primeiro, aquele que dá; depois, aquele que recebe. Deus dá, e a alma recebe". As Escrituras são claras a

---

²O nome de Franciesco Spira (1502-1548), nos séculos 17 e início do 18, era geralmente associado ao desespero espiritual. Nascido na Itália, ele recebeu influência dos ensinos da Reforma, mas, ao ser acusado por um tribunal, retratou-se de seus "erros". Por isso, sua consciência o atormentava e nada era capaz de consolá-lo, pois havia negado e rejeitado a verdade. Apesar das tentativas de muitos conselheiros, ele não conseguia se consolar e morreu em estado de desespero ainda no mesmo ano. Nathaniel Bacon publicou um relato de sua morte, *The fearfulle estate of Francis Spira* (London, 1638). Tempos depois, muitos puritanos fizeram referência a ele, mas ninguém conseguiu ser mais realista do que John Bunyan em sua autobiografia: *Grace abounding to the chief of sinners* [edição em português: *Graça abundante ao principal dos pecadores* (São José dos Campos: Fiel, s.d.)]. Nitidamente inspirado em Spira, Bunyan descreve um homem sentado atrás de grades de ferro visto por Cristão na casa de Intérprete.

esse respeito: "Um homem não pode receber nada, a não ser que lhe seja dado do céu" (Jo 3.27).

2. "E de que terás vida e salvação por meio dele"; a saber, uma vida de santidade, assim como de felicidade — salvação do pecado, mas também da ira — não somente no céu, mas aqui iniciada e concluída no mundo por vir. Já temos provas bastantes de que essa é a ideia que o autor tem da vida e da salvação de acordo com as Escrituras, e teremos outras à medida que crescermos. Por isso, essa convicção de fé, até mesmo receber e descansar em Cristo tendo em vista a salvação, é incoerente com a falta de disposição de afastar-se do pecado e com uma inclinação ou propósito do coração de continuar pecando.

Encontramos essa ideia expressa com tantas outras palavras: "Cremos que por meio da graça do Senhor Jesus Cristo seremos salvos" (At 15.11). Ela está situada em posição adequada, depois da anterior, pois não pode antecedê-la, mas dela apenas decorrer. A anterior diz respeito ao ato de crer em Deus, ou de crer no Filho: é a fé depositada no Filho, é o mesmo que receber Cristo, recepção que vemos aqui explicada: "Mas a quantos o receberam deu-lhes o poder de se tornarem os filhos de Deus, ou seja, os que creem em seu nome" (Jo 1.12). Ela também evidencia a alma que descansa em Cristo tendo em vista a salvação; pois não é possível conceber a ideia de uma alma que descansa em Cristo no que diz respeito à salvação sem que esteja convencida de que nele terá vida e salvação, a saber, uma convicção que esteja à altura do descanso e deste tenha o mesmo grau. Portanto, parece-me impossível haver fé salvadora sem que essa convicção coexista em grau mais elevado ou inferior. Ao mesmo tempo, porém, é preciso lembrar, no que diz respeito ao hábito, às ações, ao exercício, à força, à fraqueza e à intermitência do exercício da fé salvadora, o mesmo se deve afirmar no que tange a todos os pontos da convicção.

3. "Seja lá o que Cristo tenha feito pela redenção da humanidade, ele o fez por ti." — "Vivo pela fé no Filho de Deus, que me amou e por mim se entregou" (Gl 2.20). Isso vem em último lugar; e acho que ninguém questionará, mas qualquer pessoa que creia da maneira anteriormente explicada pode e deve crer nisso e nessa ordem. E assim creem, se não de modo explícito, mas pelo menos na prática, todos os que recebem Cristo e nele descansam tendo em vista a salvação.

Diante do que já foi dito, parece-me que essa definição de fé, ainda que empregue palavras distintas, coincide em forma e essência com a definição do Breve Catecismo, que a define afirmando que pela fé "o recebemos e confiamos só nele para a salvação, como ele nos é oferecido no Evangelho". Nessa definição, embora a oferta que nos é feita seja mencionada por último, fica evidente que o ato de crer vem em primeiro lugar.

Objeção: Mas a definição do autor faz com que a certeza da salvação pertença à própria essência da fé?

Resposta: Assim é; no entanto, em sua definição, ele não emprega a palavra certeza nem garantia; nada do que essa definição encerra equivale à ideia hoje comumente associada àquela palavra ou o que em nossos dias se entende por certeza da salvação. E —

(1.) Aqui ele não está ensinando a certeza da fé, por meio da qual os crentes estão plenamente seguros de que se encontram sob a graça, estado que tem por fundamento os sinais da graça, certeza expressamente tratada pela Confissão de Westminster (18.1-3), mas uma certeza que está na fé, nos seus atos diretos, alicerçada somente na palavra (Mc 16.15,16; Jo 3.16); e isso nada mais é do que uma convicção adequada baseada na confiança.

(2.) Ele não determina que tal certeza ou convicção seja plena nem que exclua a dúvida; ele não diz para ter plena convicção, mas para ter profunda convicção, e isso se refere somente à realidade da convicção, sem nenhuma relação com seu grau. Da distinção que ele faz entre fé como assentimento e fé como prova decorre que, segundo ele, a fé que salva pode existir sem que haja prova. De modo que é possível ter tal certeza ou convicção sem que se tenha consciência segura dessa posse, havendo necessidade de sinais dela para que seja descoberta; pois, embora o indivíduo possa ter consciência de um ato da própria alma no que diz respeito ao significado desse ato, assim mesmo ele pode desconhecer sua natureza específica, sendo este um fenômeno muito comum no meio de cristãos sinceros. Com efeito, assim como um legítimo santo pode ter consciência da afeição que seu coração tem por Deus, mas por vezes não saber com certeza que se trata do verdadeiro amor de Deus em sua vida, temendo tratar-se de uma mera onda de afeição hipócrita, do mesmo modo pode ele ter consciência de sua convicção e, apesar dessa consciência, duvidar de que se trate da legítima convicção da fé e não da convicção de um hipócrita.

Tal ideia de certeza, ou a convicção da fé, é tão própria da natureza do fenômeno conhecido como crer e tão característica das Escrituras Sagradas, que às vezes o texto original se refere à fé ou ao ato de crer e entendemos tal referência como se feita à certeza, segundo o verdadeiro sentido da frase no original; "E ele garantiu" (At 17.31), "fé" no original, conforme podemos observar anotado à margem de nossas Bíblias. "Não terás certeza alguma de tua vida" (Dt 28.66), no original, "Não crerás em tua vida". Essa observação demonstra que, em consonância com as Escrituras Sagradas, assim como no uso comum que as pessoas fazem do termo em outros assuntos, crer é algo que demanda garantia ou convicção, a saber, segundo o grau da fé de cada pessoa.

A doutrina da certeza da salvação, ou a convicção adequada no que diz respeito à fé salvadora, é uma doutrina das Escrituras Sagradas

(Rm 10.9; At 15.11; Gl 2.20), bem como uma doutrina protestante, ensinada pelos teólogos protestantes contra os papistas e selada com o sangue dos mártires nas chamas papais; é a doutrina das igrejas reformadas em todo o mundo e a doutrina da Igreja da Escócia.

A natureza do presente texto não nos permite a multiplicação de testemunhos acerca de todos esses tópicos. Quanto ao primeiro deles, basta mencionar o testemunho de Essenius em seu *Compendium Theologiae*, sistema teológico ensinado aos alunos do College of Edinburgh pelo professor Campbell.

Ele afirma: "Portanto, na fé salvadora há uma aplicação especial dos benefícios do evangelho. Contra os papistas temos provas disso

(1.) Pela profissão de fé dos que creem (Gl 2.20): "Vivo pela fé no Filho de Deus, que me amou e por mim se entregou". — (Sl 23.1): "O Senhor é o meu pastor; de nada terei falta; deitar-me faz em pastos verdejantes etc. Embora eu ande pelo vale da sombra da morte, não temerei o mal, pois tu estás comigo" etc. E Jó 19.25; Filipenses 1.21-23; Romanos 8.33-39; 10.9,10; 2Coríntios 5.1-6 com 2Coríntios 4.13 etc. (*Essen. Comp. Theol.* cap. 2, seção 12).

E, referindo-se ao método da fé, ele diz: Ele é "4. Segundo as promessas do evangelho, com base no desejo espiritual, com o Espírito Santo também dando testemunho em nós, reconhecemos ser Cristo nosso Salvador, e assim o recebemos e aplicamos a nós, conhecendo-o de novo, ele que primeiramente nos conheceu (2Co 4.13; Rm 8.16; Jo 1.12; 2Tm 1.12; Gl 2.20; Fp 3.12). Esse é o ato formal da fé salvadora. 5. Ademais, reconhecemos estar em comunhão com Cristo, partícipes de cada um de seus benefícios. Esse é o mencionado ato de fé salvadora, mas também um ato manifesto de fé propriamente dito. — 6. Observamos todos esses atos acima mencionados e a sinceridade deles em nós; e *a partir disso* concluímos que somos verdadeiros crentes que estão no estado da graça" etc. Ibidem. seção 21. Observem-se neste ponto os dois tipos de certeza antes mencionados.

Peter Brulie, queimado em Tournay no ano de 1545, quando tirado da prisão para ser interrogado pelos frades diante do magistrado, respondeu: "Assim é a fé que nos trouxe a salvação; isto é, quando confiamos nas promessas de Deus e cremos firmemente que por amor a Cristo, seu filho, nossos pecados nos são perdoados" (Sleid. Comment. in English book 16, 217).

O sr. Patrick Hamilton, queimado em St. Andrew por volta do ano de 1527: "Fé", diz ele, "é uma certeza; fé é a segura confiança das coisas que esperamos e a certeza das coisas que não se veem. A fé em Cristo é crer nele, isto é, crer em sua palavra, e crer que ele te ajudará em todas as tuas necessidades e te livrará de todo mal" (Mr. Patrick's Articles [Artigos do sr. Patrick], *Knox's history*, p. 9).

Quanto à doutrina das igrejas estrangeiras com relação a esse tema, citarei os exemplos apenas da Igreja da Holanda e da Igreja Reformada da França:

P: O que é fé sincera?
R: É o conhecimento seguro de Deus e de suas promessas a nós reveladas no evangelho, a sincera confiança de que todos os meus pecados me são perdoados por amor de Cristo (*Dutch brief compend. of Christian religion* [Breve compêndio holandês de religião cristã], vra. 19, anexo à Bíblia em holandês).

Pastor. Uma vez que temos o alicerce sobre o qual a fé é edificada, podemos a partir disso concluir com segurança o que é a verdadeira fé?

Criança. Sim, a saber, um conhecimento seguro e estável do amor de Deus para conosco, de acordo com o qual, segundo seu evangelho, ele se declara como nosso Pai e Salvador por meio de Jesus Cristo

(*Catechism of the Reformed Church of France* [Catecismo da Igreja Reformada da França], anexo à Bíblia em francês, Dimanche 18).

Para evitar um preconceito comum, de acordo com o qual essa resposta é considerada uma mera tentativa baseada em devaneios e na imaginação, é mister que aditemos aqui a pergunta imediatamente seguinte do catecismo.

P. Podemos obter essa fé sozinhos ou tem ela origem em Deus?
C. As Escrituras nos ensinam ser ela uma dádiva singular do Espírito Santo, ensino este confirmado pela experiência (Ibidem).

A seguir, a doutrina da Igreja da Escócia referente a esse tema.

A regeneração é engendrada pelo poder do Espírito Santo, que atua no coração dos eleitos de Deus, concedendo-lhes uma fé segura na promessa de Deus e revelada a nós em sua palavra; por meio dessa fé conhecemos Cristo Jesus com as graças e benefícios nele prometidos (*Old confess*. [Antiga confissão], art. 3).

Esta nossa fé e a certeza dessa fé procedem não de carne e sangue, isto é, não de algum poder natural dentro de nós, mas são inspiração do Espírito Santo (Ibidem, art. 12).

Para melhor entender essa questão, veja as palavras do eminente servo de Cristo, sr. John Davidson, ministro de Salt-Preston, também conhecida como Preston-Pans (do qual veja o cumprimento das Escrituras, p. 361), em seu Catecismo, p. 20, conforme a seguir:

> Com certeza, tanto a iluminação da mente para que esta reconheça a verdade da promessa da salvação em Cristo que a nós é feita quanto a consolidação dessa certeza em nossa mente e coração (como se a fé consistisse nesses dois elementos) são obra e efeito do Espírito de Deus e não da natureza ou capacidade humanas.

A Antiga Confissão antes mencionada é a "Confissão de Fé professada e crida pelos protestantes no reino da Escócia, publicada por eles no Parlamento, ratificada e aprovada pelo clero, pelos nobres e pelo povo como doutrina sadia e íntegra fundamentada na verdade infalível de Deus" (*Knox Hist.*, livr. 3, p. 263). A Confissão foi ratificada em Edimburgo, aos 17 dias do mês de julho de 1560, Ibidem, p. 279. E essa é a Confissão de nossa Fé, mencionada e objeto de juramento na aliança nacional, elaborada cerca de vinte anos depois dela.

Na mesma aliança nacional, especificamente no tocante a esse tema doutrinário, seguem as seguintes palavras: "Detestamos e rejeitamos a autoridade usurpada do anticristo romano — sua fé geral e inclinada à dúvida". Por mais obscura que seja a fé geral e vacilante dos papistas, é possível, sem muita disputa, tirar estas duas conclusões dessas palavras:

1. Uma vez que a fé papista renunciada é dúbia, a fé protestante, mantida sob juramento, é segura, conforme nos foi ensinado pela Antiga Confissão à qual a aliança faz referência.

2. Uma vez que a fé papista é geral, a fé protestante deve ser necessariamente uma convicção adequada, ou uma fé de aplicação especial, a qual, conforme aprendemos com Essenius, os papistas negam. Com relação à fé e à convicção da misericórdia de Deus em Cristo e da capacidade e vontade de Cristo no que toca à salvação de todos os que o buscam, sendo completamente geral e nada tendo de adequação ou de aplicação especial em si, duvido que venha a ser rejeitada pelos papistas. Com certeza, o Concílio de Trento, que determinou e estabeleceu as abominações do papismo, afirma que nenhuma pessoa piedosa deve duvidar da misericórdia divina, dos méritos de Cristo, nem da virtude e eficácia dos sacramentos" (*Concil. trid.*, cap. 9).

Espero que ninguém pense que o concílio permite que homens ímpios duvidem dessas coisas; mas, apesar disso, eles nos dizem: "Não se deve afirmar que nenhum homem é absolvido do pecado e justificado, a não ser aquele que crê com certeza ter sido ele mesmo absolvido e justificado". Neste ponto eles subvertem a certeza e apropriação, ou aplicação especial, da fé salvadora mantida pelos protestantes; e esbravejam seus anátemas contra os que a defendem em oposição à fé geral e dúbia por eles sustentada. "Se alguém disser que a fé justificadora não é nada mais do que a confiança na misericórdia de Deus que perdoa os pecados por amor de Cristo, ou que é somente por essa confiança que se é justificado, que essa pessoa seja amaldiçoada" (Ibidem, cap. 13, can. 12). "Se alguém disser que o homem é absolvido do pecado e justificado por isso, que ele crê com certeza ter sido absolvido e justificado, que esse homem seja amaldiçoado" (Ibidem, can. 14).

Ademais, na aliança nacional, renovada nos anos de 1638 e 1639, faz-se menção dos catecismos públicos, na qual a verdadeira religião é expressa na Confissão de Fé (ali) anteriormente escrita (i.e., na aliança nacional, também chamada Confissão de Fé) e na Confissão Maior anterior (a saber, na Antiga Confissão) é registrada. A doutrina desse tema, contida nesses catecismos, é aqui apensada.

P. Qual é o primeiro ponto?
C. Pôr em Deus nossa inteira confiança.

P. Como se faz isso?
C. Quando temos conhecimento seguro de que ele é poderoso e perfeitamente bom.

P. E isso é suficiente?
C. Não.

P. O que mais se exige?
C. Que cada um de nós tenha plena certeza na consciência de que é amado por Deus e que ele lhe será Pai e Salvador (Cat. de Calvino, usado pela Igreja da Escócia e aprovado pelo Primeiro Livro de Disciplina, perguntas 8 a 12).

Este é o catecismo da Igreja Reformada da França já mencionada:

P. Uma vez que tenhamos o alicerce sobre o qual edificar nossa fé, é possível disso depreender a fé correta?
C. Sim, com efeito; trata-se de uma convicção segura e conhecimento estável do terno amor de Deus para conosco, consoante ao qual ele expressa com clareza em seu evangelho que ele será tanto Pai quanto Salvador para nós, por intermédio de Jesus Cristo (Ibidem, perg. 111).

P. Por quais meios podemos chegar a ele?
C. Por meio da fé que o Espírito de Deus colocou em nosso coração, dando-nos certeza das promessas de Deus que nos foram feitas em seu santo evangelho. (O modo de examinar as crianças antes de serem admitidas à ceia do Senhor, perg. 16. Esse é o chamado Pequeno Catecismo, Assembleia 1592, sessão 10.)

P: O que é a verdadeira fé?
R: Não é somente um conhecimento por meio do qual concordo com firmeza com todas as coisas que Deus nos revelou em sua palavra; mas também uma confiança convicta, despertada em meu coração pelo Espírito Santo, pela qual descanso em Deus, confiança que me garante que o perdão dos pecados, a justiça eterna e a vida são concedidas não somente aos outros, mas também a mim, graciosamente pela misericórdia de Deus,

pelos méritos e merecimentos de Cristo somente. (Catecismo Palatino, impresso por autoridade pública para uso na Escócia.)

Esse famoso catecismo é usado na maioria das igrejas e escolas reformadas, em particular nas igrejas reformadas da Holanda e faz parte como anexo da Bíblia em holandês. "Quanto à Igreja da Escócia", diz o sr. Wodrow na dedicatória de sua história, "o Catecismo Palatino foi adotado por nós até que tivéssemos a felicidade de participar da venerável Assembleia em Westminster. A partir de então, a igreja adotou os Catecismos Maior e Breve: todavia, o Catecismo Palatino continuou sendo ensinado nas escolas".

P: O que é fé em Cristo?
R: A firme convicção de que ele é o único Salvador do mundo, mas principalmente *nosso*, que cremos nele. (Catecismo de Craig, aprovado pela Assembleia Geral, 1592.)

A esses podem-se acrescentar os três testemunhos a seguir:

P: Que é fé?
R: Estar convencido de que Deus me ama e ama a todos os seus santos, e que graciosamente nos deu Cristo com todos os seus benefícios. *(Summula Catechismi*, ainda anexo aos Rudimentos do latim e ensinado nas escolas desde a Reforma até os dias de hoje [1726].)

O que é a tua fé?
É minha convicção segura de que Deus tanto pode quanto irá me salvar no sangue de Jesus Cristo, porque ele é todo-poderoso e assim prometeu fazer. (Catecismo do Sr. James Melvil, parte de *Propine of a pastor to his people* [Conselho de um pastor para suas ovelhas], p. 44, publicado no ano de 1598.)

P: Como é a fé que constitui o único instrumento do estreito vínculo entre nós e o Cristo crucificado?

R: É a firme convicção do coração de que Cristo, por sua morte e ressurreição, levou nossos pecados e, vestindo-nos com sua justiça, restaurou-nos completamente ao favor de Deus (Catecismo do sr. John Davidson, p. 46).

Na mesma aliança nacional, renovada em 1638 e 1639, consta um acordo e a resolução de esforçar-se por recuperar a pureza do evangelho estabelecida e professada antes das já mencionadas [no documento em questão] mudanças de compromisso; tal pureza, no tempo do Prelado, na época expulso, havia sido corrompida por um grupo de homens na Escócia, partidários de Laud, arcebispo da Cantuária. No ano de 1640, o sr. Robert Baily, então pastor de Kilwinning, mais tarde um dos delegados da Escócia na Assembleia de Westminster, escreveu contra aquele partido, provando que eram culpados de papismo, arminianismo etc.; e, na liderança do papismo, isso representa a doutrina da natureza da fé, a saber: "Fé é apenas um mero assentimento, não exige aplicação nem confiança pessoal; e a aplicação pessoal não passa de presunção, ficção produzida por uma mente doentia" (*Hist. Motuum in Regno Scotia*, p. 517).

Como já declarado antes, assim se manteve a doutrina da Igreja da Escócia nesse ponto, em suas confissões e nos catecismos públicos, confirmada pela renovação da aliança nacional, quando, no ano de 1643, foi novamente ratificada pelo primeiro artigo da Liga e Aliança Solene vinculada (não à Reforma, mas) à preservação da Religião Reformada na Igreja da Escócia, no que tange à doutrina etc., anteriormente à existência da Confissão de Westminster e dos Catecismos Maior e Breve.

Quando a Confissão de Westminster foi recebida, no ano de 1647, e os Catecismos Maior e Breve, no ano de 1648, a Assembleia Geral, nos três respectivos atos de aprovação, foi categórica ao declarar que em nada eram contrários à doutrina recebida por esta Igreja. E, supondo que eles fossem contrários a isso em qualquer ponto, não poderiam naquele ponto ser reconhecidos como juízo da Igreja da Escócia, uma vez que foram recebidos por ela como em nada contrários aos padrões de doutrina anteriores, aos quais ela se submete por meio das alianças antes mencionadas. Mas o fato é que a doutrina é a mesma em todos eles.

> "Esta fé é de diferentes graus: é fraca ou forte; desenvolvendo-se em muitos até à plena segurança" (*CFW* 14:3). Ora, não consigo entender como a fé poderá se desenvolver e chegar à plena certeza se não há certeza na natureza da fé.

> "A fé justifica o pecador — unicamente porque a fé é o instrumento pelo qual o pecador recebe e aplica a si Cristo e a sua justiça" (*CMW* 73).

> "Pela fé recebem e aplicam a si mesmos o Cristo crucificado e todos os benefícios de sua morte" (*CMW* 170).

> P: Quando pela fé recebemos e aplicamos a nós o corpo de Cristo crucificado?
> R: Quando temos a convicção de que a morte e a crucificação de Cristo nos pertencem como se nós mesmos tivéssemos sido crucificados por nossos pecados; ora, essa é a convicção da verdadeira fé (*Sum. Catech.*).

> "A fé em Jesus Cristo é uma graça salvadora, pela qual o recebemos e confiamos só nele para a salvação, como ele nos é oferecido no Evangelho" (*BCW*).

Ora, para perceber a completa harmonia entre essa definição e as antigas definições de fé, compare-a, no que diz respeito à fé recebida, com a definição antes citada da Antiga Confissão, art. 3, a saber: "Uma fé segura na promessa pela qual eles conhecem Cristo" etc. O sr. John Davidson assim as ratifica:

P: Que é fé?
R: É uma certeza do coração de que nossos pecados nos são graciosamente perdoados em Cristo. Ou assim: É receber Cristo, oferecido na pregação da palavra e nos sacramentos, pela atuação do Espírito Santo, tendo em vista a remissão dos pecados, tornando-se ele um conosco, e nós, um com ele, nossa cabeça, e nós, seus membros (Catecismo do sr. John Davidson, p. 24).

Com relação ao descanso mencionado na definição de Westminster, compare a definição antes citada do Catecismo Palatino, a saber: "Uma firme confiança pela qual descanso em Deus, concluindo com segurança que me é concedido o perdão" etc. (perg. 21). Veja também a última pergunta do Catecismo Maior:

Pela fé, estamos animados a instar com ele a que atenda aos nossos pedidos, e a confiar tranquilamente que assim o fará. E para testemunhar os nossos desejos e certeza de sermos ouvidos, dizemos: Amém.

Nessas palavras, fica manifesto que confiar tranquilamente que [ele] assim o fará etc. (o mesmo se aplica às palavras confiamos só nele para a salvação etc.) é a certeza no sentido pretendido pelos teólogos de Westminster.

ÍNDICE DE PASSAGENS BÍBLICAS

Gênesis
1.26 *175n29*
1.26-28 *175n29*
1.26-30 *127n20*
1.28 *175n29*
1.28-31 *159n18*
2.1-3 *176n30*
2.3 *176n30*
2.9 *99n11*
2.16 *97n9, 159n18*
3 *159*
3.1 *83n26, 127n20, 259n28*
3.1-4 *97n8*
3.4 *83n27*
3.6 *99n11*
3.13 *83n23*

Êxodo
3.6 *139n39*
3.13,14 *98n10*
3.16 *139n39*
4.4,5 *139n39*
6.1-8 *139n39*
6.7 *137n36*
20.2,3 *139n40*
24.12 *179n38*
25—40 *181n43*
25.16 *179n39*
33.14 *204n39*

Levítico
16.29 *148n5*
16.31 *148n5*
27.30-32 *148n6*

Números
27.1-11 *246n28*

Deuteronômio
5.17-21 *201*
6.1 *180n41*
6.4-6 *141n47*
6.5,6 *201n34*
7.6 *137n36*
7.7 *110n35*
12.9 *204n39*
14.2 *137n36*
17.6 *243n23*
19.5 *243n23*
28.66 *277*

Josué
1.13 *204n39*
1.15 *204n39*

Rute
1.16 *137n36*

Jó
19.25 *278*

Salmos
1.2 *199*
16.11 *101n14*
23.1 *278*
31.22 *210n5*
42 *262*
42.4 *263n36*
42.10 *263n36*
43 *262*
43.4 *101n13*
51.3 *253n5, 253n7*
51.8 *253n6-7*
51.11 *253n7*
51.12 *253n7*
77.2 *210n6*
102 *256*
102.3-7 *256n22*
102.10 *256n21*
102.25-28 *256n23*
119.67 *254n12*
119.71 *254n12*
119.97 *199, 205n41*
141.1 *247n32*

Provérbios
3.11,12 *256*
8.4 *274*

Isaías
1.10 *216n18*
9.6 *274*
42.3 *88n35*
50.10 *265*
51.10 *225*
53.1 *273*
55.1 *36, 85n31, 121n13, 132n28*
55.1,2 *72n6, 208n45*
63.4 *204n39*

Jeremias
31.19 *122*
31.31-33 *199n27*
31.33 *168n9, 172n22*

Ezequiel
36.25-27 *172n22*

Zacarias
8.19 *148n5*

Mateus
3.2 *124n17*
4.17 *117n6, 118n8*
5.12 *211n8*
5.17-48 *164n2, 194n17, 207n43*
7.21-23 *210n2*
11.25,26 *62n28*
11.28 *36*
11.29,30 *62n28*
12.34 *85n32*
13.28 *259n27*
20.1-16 *151n9*
20.10,11 *151n10*
20.30 *248n34*
22.4 *131*
23.27 *109n31*
23.33 *85n32, 109n31*

Marcos
1.15 *124n17, 273*
2.1—3.6 *164n1*
2.23,24 *164n1*
14.36 *243n22*
15.13 *248n34*
16.15 *48*
16.15,16 *276*

Lucas
15.1,2 *127n19*
15.11-32 *127n19*
15.12 *127n19*
15.19 *113n38*
16.14 *85n32*
16.15 *85n32*
18.9 *85n32, 108n28, 149n7*
18.9-14 *148n2*
18.40 *248n33*
19.21 *108n29*
23.13 *85n32*
23.15 *85n32*
23.16 *85n32*
23.23 *85n32*
23.25 *85n32*
23.27 *85n32*
23.29 *85n32*
23.34 *76n13*

João
1.12 *245n25, 275, 278*
1.17 *84n29, 172n18, 199n26*
1.32 *198n25*
3.5-8 *198n25*
3.16 *45, 79, 124n17, 274, 276*
3.27 *275*
3.33 *273*
3.34 *198n25*
3.36 *273*
6.28 *134*
6.29 *134*
6.37 *121*
6.63 *198n25*
7.39 *198n25*
8.44 *84n29, 85n32*
12.21 *270n3*
13.34 *200n31*
14—16 *238*
14.7 *237n7*
14.9b *237n7*
14.23,24 *200n31*
15.10 *200n31*
15.12 *141n46, 200n31*
15.14 *200n31*
15.17 *200n31*
17.1 *149n8*
17.3 *23*
20.31 *238n9*

Atos
2.37,38 *76n13*
2.38 *124n17*
4.12 *62n27, 274*
6.9,10 *109n32*
11.26 *53n15*
15.11 *275, 278*
16.30 *124n17*
16.31 *271*
17.30 *124n17*
17.31 *277*
17.34 *124n17*
21.27,28 *164n2*
21.28 *172n19*
26.5 *148n3*
26.28 *53n15*

Romanos
1.5 *238n8*
1.25 *83n24, 88n34, 101n17*
2.14,15 *176n31*
2.15 *245n26*
3.21—6.23 *144*
3.24 *57*
3.27 *129n23*
3.31 *106n23, 164n2, 172, 193n16*
4.18-21 *252n2*

ÍNDICE DE PASSAGENS BÍBLICAS

5.1 *129n22*
5.3 *129n22*
5.3,4 *255n14*
5.6-10 *157n14*
5.6-8 *78, 79n16*
5.8 *254n11*
5.10 *79n16*
5.11 *129n22*
5.12-21 *190*
5.12—7.24 *144n53*
5.20 *176n33*
6 *122-3n15*
6.1ss *122n15, 162n27*
6.1-14 *190*
6.1-23 *166n5*
6.14 *166, 171n16, 172, 194n19*
7 *144n53, 190, 191*
7.1-6 *145, 190*
7.1-24 *176*
7.4 *194n19*
7.7 *142n48, 197*
7.7,8 *109n32*
7.7-12 *109n32, 197*
7.8 *198*
7.9 *198*
7.10 *198*
7.11 *158, 198*
7.12 *142n50, 169n10, 172n21, 190n10, 197, 197n23*
7.13 *197n23*
7.14 *143, 172n21, 190n10, 199n28*
7.22 *198n24, 199n29*
8 *245, 246, 260*
8.1-4 *129n22, 208n44*
8.3,4 *204*
8.4 *172n22, 190n11*
8.12-14 *249*
8.13 *63n29*
8.15 *129n22*
8.15,16 *243*
8.15-17 *242n20*

8.16 *216n18, 244, 278*
8.17 *245*
8.22 *245*
8.26 *245*
8.28 *245*
8.29 *184n48, 200n30*
8.29,30 *117, 117n4*
8.31 *260*
8.31-39 *80n18*
8.33-39 *278*
8.34 *48n11*
8.37-39 *260*
8.38,39 *211n8*
9.1 *245n26*
10.9 *272, 278*
10.9,10 *278*
12.1,2 *58n22*
12.7,8 *30*
13.8-10 *201, 205*
13.9 *201n35*
13.10 *141n47, 200n32*
14.1—15.7 *261n32*
14.23 *261n33*
16.26 *238n8*

1Coríntios

1.30 *63n29, 134*
2.2 *51n14*
2.3-5 *255n17*
2.12 *85*
9.20,21 *184n47*
9.21 *173n27, 191n12*
12.3 *242n19, 247n29*
13.1-3 *210n3*

2Coríntios

1.3-7 *255n18*
3.3 *176n34*
3.7 *176n34, 194n18*
3.7-11 *176n35*
3.9 *194n18*
3.15 *231*
3.18 *200n30*
4.11,12 *255n19*

4.13 *278*
4.17 *256n20*
5.1-6 *278*
11.3 *83n23*
12.9 *255n16*
13.5 *252n3*

Gálatas

1.14 *109n32*
2.18 *147n1*
2.20 *276, 278*
3.1-6 *135n30*
3.10 *271*
3.17 *203n37*
3.19 *92n1*
4.1-7 *177n36*
4.4-7 *84n28*
4.6 *242n21, 244, 246, 246n27*
4.24 *140*
5.3,4 *112*
5.4 *112*
5.6 *136n33*
5.14 *200n33*

Efésios

1.3-14 *64n30, 269*
1.7 *57*
2.7 *141n45*
2.15,16 *204*
2.17 *269*
4.22-24 *200n30*
4.30 *253n9*
6.1 *205*
6.1-3 *169n11*

Filipenses

1.21-23 *278*
3.4 *109n32*
3.5 *85n32*
3.6 *109n32*
3.7-9 *161n25*
3.9 *85n32, 109n32*
3.12 *278*

Colossenses
2.6-23 *135n31*
2.6,7 *136n33*
2.14-17 *204*
3.1-17 *135n32*
3.9,10 *200n30*

1Tessalonicenses
4.14 *48n11*

1Timóteo
1.8 *172n20, 194n17*
1.15 *133, 161n23*
2.14 *83n23*
4.15 *269n2*
6.17 *101n15*

2Timóteo
1.12 *278*
2.22-26 *167n6*
3.2 *85n32*

Hebreus
1.1,2 *172n18*
2.14 *259n25*
2.14ss *259n26*
4.14-16 *259n25*
4.14ss *259n26*
5.7ss *259n26*

5.7-10 *259n25*
5.11-14 *131n26*
7.23-25 *62n27, 180n42*
7.25 *72n5, 220n25*
8.10 *168n9, 173n24*
8.13 *172n23*
10.1-4 *180n42*
10.15 *168n9*
10.16 *173n25*
10.22 *259*
10.22-25 *263n37*
12.5,6 *256*
12.10,11 *255n15*
13.14 *173n26*

Tiago
1.8 *253n8*
1.17 *142n49*
4.8 *265n41*

1Pedro
1.4,5 *211n8*
4.16 *53n15*

1João
1.2 *86*
2.2 *161n22*
2.3,4 *239n11*
2.29 *239n13*
3.1,2 *245n25*

3.2 *200n30*
3.6 *239n14*
3.9 *239n14*
3.14 *240n15*
3.18 *240n16*
3.19,20 *261n34*
3.23 *134*
4.7 *240n17*
4.16 *240n17*
5.1-3 *239n12*
5.10 *273*
5.10,11 *273*
5.11 *273*
5.13 *216n18, 238n10*
5.18 *239n14*

2João
4-6 *141n46*

Judas
3 *272*
4 *183n46*

Apocalipse
12.2 *248n35*
12.3 *159n19*
12.9 *159n19*
20.2 *117n4*
22.17 *121, 274*

ÍNDICE REMISSIVO

A

Abraão, promessas a 45, 203, 252
aconselhamento
   centrado no evangelho 171
   pastoral 233
Adão e Eva, tentação de 83, 96
adoção 52, 54, 269
aflições, na vida cristã 254, 256
Agostinho 55, 269
Agrícola, João 165, 166
aliança 92
   comparada ao casamento 138
   e a união com Cristo 54
   incondicional 132
   não é um contrato 137
aliança da graça, condicionalidade da.
   Veja condicionalidade da aliança
   da graça.
aliança da redenção 81
aliança das obras 15, 112, 143, 167, 190
aliança mosaica 138, 140, 203
   como aliança da graça 15, 17, 18,
   33, 42, 45, 81, 82, 92, 98, 111,
   112, 123, 133, 136, 137, 138,
   139, 140, 141, 142, 143, 144,
   145, 158, 159, 167, 169, 172,
   173, 179, 180, 190, 194, 201,
   209, 256, 281, 282, 285
   como reedição da aliança das obras 140
aliança no Novo Testamento 138
amiraldianismo 48, 49
amor 240. *Veja tb.* Deus, amor de, por nós.
amor ao próximo 158, 201
amor, de Deus 18, 19, 44, 79, 88, 122, 201, 211, 212, 230, 239, 256, 260, 261, 277, 279, 283
anabatista. *Veja* movimento anabatista.
andar na fé 240
antiga aliança 169, 172
antinomianismo 17
   de John Saltmarsh 38
   em antítese com a graça 188
   gêmeo do legalismo 16, 102
   nega a lei na vida cristã 166
   no período puritano 166
   nunca é fruto do evangelho 162
   ramo dogmático do 169
   ramo exegético do 174
   The marrow of modern divinity
      interpretado como 42, 165

antinomianismo doutrinário 16, 169, 183
antinomianismo prático 16
arianismo 41, 42, 96
arminianismo 41, 45, 49, 93, 94, 95, 285
arrependimento 253
   como transformação radical do coração 119
   e fé 116, 119
   é fruto da graça, não condição para ela 51
   não é a base da oferta do evangelho 70
   necessidade de 123
Associate Reformed Presbyterian Church 39
Auchterarder, Credo de. *Veja* Credo de Auchterarder.
Auchterarder, presbitério de 34
autoconfiança 253, 266
autoconhecimento da fé 235
autoexame 252

B

Baily, Robert 285
Ball, John 47
Barth, Karl 245
Baxter, Richard 187
Bellarmino, Roberto 214
benefícios de Cristo, inseparáveis dele 62
Beza, Teodoro 116
Biel, Gabriel 212
boas obras, evidências da fé que justifica 14
Boston, Thomas 15, 24, 36, 77, 189, 268
   e a aliança mosaica 42, 140
   e a certeza da salvação 228, 240, 241
   e a fé 115, 287
   e a graça 86
   e a lei 145
   e a união com Cristo 56, 257
   e o antinomianismo 189
   e o evangelho 66, 79
   e o legalismo 159
   estudos teológicos de 64
Brook, Benjamin 187
Bruce, Robert 264
Brulie, Peter 279
Bunyan, John 72, 74, 144, 156, 191, 274
Burgess, Anthony 174
Bush, George (pai e filho) 92

C

calvinismo deformado no século 18 61
Calvino, João 56, 64
   e a certeza da salvação 215, 218, 230, 242
   e a expiação 45
   e a fatuidade do coração humano 267
   e a fé 223
   e a justificação 18
   e a regeneração 125
   e a santificação 225
   e Cristo, a vida da lei 205
   e Cristo, vestido de seu evangelho 66
   sobre fé e arrependimento 119, 125
   sobre Paulo e a lei 196
Campbell, George 64, 227
Campbell, John McLeod 217
Catecismo da Igreja Reformada da França 283
Catecismo de Calvino 283
Catecismo de Craig 284
Catecismo Palatino 284, 287
ceia do Senhor 131, 188, 220, 263, 264, 283
cerne da teologia moderna, O. *Veja Marrow of modern divinity, The.*
certeza da fé 216

certeza da salvação 72, 110, 209, 277
  abalada pelas tentações 260
  como tridimensional 242
  e a Igreja Católica Romana 214
  e os sacramentos 264
  e o temperamento 258
  e o testemunho do Espírito 250
  fundamento em Cristo 252
  na Reforma 217
  obstáculos à 266
  produz frutos 266
certeza falsa 211
Chalmers, Thomas 145
Colquhoun, John 112, 153, 189
Compendium of Christian Religion 279
Concílio de Trento 117, 213
condicionalidade da aliança da graça 79, 81, 138
condicionalismo 79, 88, 135
confiança 234, 252, 266, 279, 283
Confissão de Fé e Catecismos de Westminster 46, 81, 217
  e a aliança mosaica 138
  e a certeza da salvação 219, 226, 260, 266, 276, 285, 287
  e a fé 220, 225, 276
  e a lei 142, 167, 170
  e o arrependimento 119
  e os textos de prova 174
  sobre justificação e obras 14
Confissão Escocesa 56, 280
confissões reformadas como documentos de consenso 139
consciência, fracos e fortes 262
consciência, não confiável 262
contrato *versus* aliança 137
Controvérsia do Cerne 22, 23, 27, 43, 52, 69, 86, 87, 89, 103, 207, 217
conversão 72, 124
conversão de Saulo de Tarso 107
convicção (da fé salvadora) 287
Corrente de Ouro da Salvação 73
Cotton, John 47
Cowper, William 22, 192, 254, 265

Craig, William 32, 33, 34
Cranfield, C. E. B. 197, 246
Credo Apostólico 66, 73
Credo de Auchterarder 32, 34, 36, 41, 50, 51, 78, 93, 94, 95, 113, 115, 116, 123, 163
criação, lei na 129
Crisp, Tobias 168, 186, 187
cristãos
  centrados no evangelho 37, 73
  e a cultura moderna. *Veja tb.* cristãos, centrados no evangelho.
cristianismo de múltiplos estágios 63
Cristo integral 55
culpa 258
Culverwell, Ezekiel 45, 50
Cunningham, William 220

D

Davenport, John 47
Davi, arrependimento de 253
Davidson, John 280, 285, 287
Decálogo. *Veja* Dez Mandamentos.
desespero 274
Deus
  amor de, por nós 18, 79, 122, 201, 211, 212, 230, 256, 260, 277, 279, 283
  bênçãos de. *Veja tb.* Trindade; Deus, nosso relacionamento com; Deus, amor de, por nós.
  esconde seu rosto 265
  generosidade de 99
  nosso relacionamento com 156, 159, 191
Dez Mandamentos 40, 139, 148, 164, 170, 171, 201
Diabo, ataques do 261
Dod, John 157
Drummond, John 34, 36, 38, 104
Duns Scotus, John 213
Durham, John 131, 132, 133

E

Eaton, John 168
Edwards, Jonathan 81
eleição
   distorção da 51, 54
   e a pregação evangelística 62
eleição incondicional 62, 86
   em Cristo 56, 58, 63
Emmanuel College, Cambridge 47, 158, 182, 217
Erasmo 56, 118
Erskine, Ebenezer 40, 188
Erskine, Ralph 81, 188, 191
escatologia ultrarrealizada 169
escolhas de vida, eufemismo para antinomianismo 184
esperança 234, 255
Espírito Santo, testemunho do 169, 233, 250
Essenius, Andrew 227, 278
Eva, antinomianismo e legalismo de 101
evangelho
   distorção do 80
   na Controvérsia do Cerne 44
evangelho, a cura para legalismo e antinomianismo 18
evangelho. *Veja tb.* cristãos, centrados no evangelho.
Êxodo como nova criação 202
expiação 45, 46, 48, 55, 61, 80, 82, 160, 161, 180, 217
expiação por substituição penal 80
expiação limitada 61
expiação universal 61

F

falsa certeza. *Veja* certeza falsa.
fariseus 85, 148
   e a graça condicional 88
   espírito legalista dos 108
   opositores de Jesus 106, 164

fé
   ato direto de 209, 220, 228, 232, 235, 242
   ato reflexo de 220, 232, 235, 242
   e a experiência do cristão 223
fé frágil 234
fiducia 234
filiação 247, 249, 266
Fisher, Edward 13, 26, 40, 56, 103, 105, 173, 209
Flavel, John 133, 168
fracos e incapazes, convite do evangelho aos 63
fruto do Espírito 249

G

Gill, John 186
Gleneagles 28, 29
Goodwin, Thomas 47, 86
graça 78. *Veja tb.* graça, meios de.
   como verdade/realidade 172
   condicional 51, 84, 86, 87, 89
   distorção da 106
   e a lei 142, 172, 200
   e a união com Cristo 186
   elimina o orgulho 130
   e mérito 152
   exposta à acusação de antinomianismo 154
   incondicional 88
   meios de 264, 265, 266
   na igreja medieval 110
   não é mercadoria 160, 162
   no Antigo Testamento 107
   plenitude e gratuidade da 50
   presente na criação 141
   professada mas não possuída 112
   remédio para o legalismo 130, 160
   segundo os fariseus 84
Gregório I, papa 211

H

Haldane, James 28
Haldane, John 28

ÍNDICE REMISSIVO 297

Haldane, Robert 28
Haller, William 38
Hamilton, Patrick 279
heresia da modernidade 174
hipercalvinismo 169
história da redenção 59, 87, 114, 151, 174, 200, 204
Hog, James 38, 40, 95, 209
Homens do Cerne 40, 41, 42, 46, 51, 55, 81, 95, 113, 163
Hooker, Thomas 111, 158, 217
Howe, John 168
Human nature in its fourfold state 35, 81, 141, 236, 257
humildade 266
Hutchinson, Anne 92, 182

I

Igreja Católica Romana e a certeza 214
Igreja da Escócia 13, 31, 34, 91, 188, 216, 286
   e a condenação de *The marrow* pela Assembleia Geral 95
   e a educação teológica 65
Igreja Presbiteriana da Irlanda 96
imagem de Deus 129, 175, 200
inconformidade, antinomianismo de 183
incredulidade 273
indicativos e imperativos 139, 202
inveja 152
Irmandade Puritana 38, 47
Irmãos do Cerne 44, 47, 48, 49, 55, 60, 78, 84, 91, 93, 95, 96, 114, 123, 163, 164, 171, 181, 182, 188, 203, 209, 216, 217, 218, 231, 234, 265

J

Jacó 139
Jerônimo 117
Jesus Cristo
   como centro do evangelho 50, 59, 62
   como *telos* da lei 205

e os benefícios do evangelho 54
   feridas de 74
João Batista 164
John Preston 47, 48, 56
justificação
   definitiva e completa 237
   e certeza 236
   e santificação 136, 233
   e união com Cristo 128
   pela fé somente 128
   pela graça 118

K

Kevan, Ernest 142
Knox, John 30, 116, 264

L

Lachman, David 48
Laud, William 47, 158, 182, 285
legalismo 15, 92, 93, 102, 154
   como servidão 157
   definição do dicionário 104
   distorce a lei 106, 136
   distorce o evangelho 106, 147
   dos fariseus 85, 151
   em antítese com a graça 186
   é multidimensional 105
   e nossos sentimentos 102
   é uma realidade sutil 91
   gêmeo do antinomianismo 16, 101
   nega a generosidade de Deus 99
lei
   como aliança das obras 15, 137, 143, 159
   como inimiga da pregação da graça 169
   como lei de Deus 92, 100, 190, 197
   como parente 191, 206
   como regra de vida 15, 163, 167, 205
   como sombra/tipo 172
   distorção da 106
   gravada no coração 143, 184
   liberdade da 206

não é meio de justificação 143
papel da 92
sentidos absoluto e comparativo 199
três épocas da 182
tríplice divisão da 18, 170
lei cerimonial 170, 173, 204
lei civil 170, 204
lei de Deus. *Veja tb*. lei e o evangelho.
lei e evangelho 13, 165
lei moral 112, 170, 204, 205, 206
Lewis, C. S. 174
liberdade cristã 261
libertos da servidão 160
Liga e Aliança Solene 285
Lloyd-Jones, D. Martyn 154
luteranismo, sobre a lei 166
Lutero, Martinho 74, 206
  e a certeza da salvação 215
  e a justificação 128
  e a lei 92, 165
  e as 95 Teses 119
  e o Decálogo 142

M

mandamentos, obediência aos. *Veja* obediência aos mandamentos.
Mapa Indicador da Ordem e das Causas da Salvação e Condenação 73
Marrow, definição do dicionário 26
marrow of modern divinity, The 37, 77
  acusado de antinomianismo 122
  como teste de tornassol 163, 267
  condenado pela Assembleia Geral em 1720 38, 94
  expôs a índole legalista de seus opositores 114
  forma dialógica de 240
  preocupação com o legalismo 158
  sobre fé e arrependimento 122
Mather, Increase 168
Mather, Nathaniel 168
M'Cheyne, Robert Murray 268

meios de graça. *Veja* graça, meios de.
  negligência dos 263
Melâncton, Filipe 165
Melvil, James 284
mérito coerente 212
mérito devido 212
metodologia escolástica 65
ministério da condenação 194
ministério da morte 194
Moore, Jonathan D. 48
Morris, Leon 245
mortificação 19, 59, 64, 67, 116, 125, 249
movimento anabatista 166
Murray, John 57, 234

N

natureza humana em quatro estados, A. *Veja Human nature in its fourfold state*.
Newton, John 160, 192
Noll, Mark A. 58
nova aliança 92, 141, 168, 171, 172, 191, 199
nova perspectiva sobre Paulo 18, 109

O

obediência 242. *Veja tb*. Jacó.
  contradições na 253
obediência aos mandamentos 239
obediência evangélica 14
Odo, abade de Cluny 116
oferta gratuita do evangelho 50, 55, 132, 134, 208
Olney hymns 192
O peregrino (John Bunyan) 35, 70, 72, 145
ordo salutis 51, 75, 115, 117
  separada de Jesus Cristo 51
Owen, John 19, 59, 176
  e o testemunho do Espírito 244
  sobre a *ordo salutis* 75
  sobre o Pai 236

P

paciência, produto da tribulação 255
pactuantes 188
pactum salutis 81
Pai
   amor do 82
   como fonte e manancial da graça 86
   comunhão com o 82, 86
   pensamentos suspeitos 237
Parábola do Fariseu e do Publicano 84, 108, 148
Parábola do Filho Pródigo 89, 125, 128
Parábola dos Trabalhadores na Vinha 151
particularismo confessional 54
Paulo
   curado do legalismo 161
   e a certeza da salvação 261
   e o espinho na carne 255
   e o pecado 198
   sobre obras e graça em Gálatas 112
   vocabulário de 178, 196
pecado
   domínio do 258
   presença do 258
   rompimento radical com o 239
   segundo Paulo 197
pecado que habita em nós 190, 258
Pedro, sermão no Pentecostes 76
penitência 117, 118, 119, 124, 126
Perkins, William 47, 72, 77, 116, 242
pregar Cristo 61
preparacionismo 72
Presbitério de Auchterarder. *Veja* Auchterarder, presbitério de.
presbitérios 31, 32
Primeiro Livro de Disciplina 283
providência carrancuda 256
psicologia da certeza 250
psicologia da velha vida 144
puritanos
   e a certeza da salvação 218
   e debates sobre o papel da lei 92

R

Ramsey, James 64
redenção particular 46, 54, 61, 161
redenção universal 40, 46, 62
Reforma e a certeza 218
regeneração 125, 239, 240, 241, 257, 280
regra de vida 15, 136, 143
revelação progressiva 203
Rijssenius, Leonard 65
Robertson, A. T. 144
Rogers, John 217
Rogers, Richard 45
Rollock, Robert 274
Rutherford, Samuel 131, 254, 260
Ryken, Philip G. 132

S

Sabbath 164, 171, 178
sacramentos e a certeza 264
Saltmarsh, John 37, 38, 168, 169, 186
salvação, pela graça 109, 225, 269
Sanders, E. P. 107
santidade 113, 148, 249, 269, 275
santificação 269
   e justificação 115, 136, 164, 233
   é mergulhar profundamente no evangelho 19
santificação pelo vinagre 87
Satanás 3, 16, 96, 124, 158, 159, 160, 244, 259, 260, 262
segunda bênção 63
Segunda Reforma 194
segurança da salvação. *Veja* certeza da salvação.
semelhança com Cristo 269
Shepard, Thomas 47, 182
Sibbes, Richard 47

silogismo prático 169, 219, 235, 237, 238, 252
Simson, John 38, 41, 42, 93, 94, 95, 96, 227
sola gratia 118
Spira, Franciesco 274
Spurgeon, C. H. 72
Staupitz, Johann von 74
summa pietatis, de Calvino 65
Summula Catechismi 284

T

temperamento de justiça própria 147
teologia bíblica 59, 92, 174, 175
teologia da aliança 45, 139, 194
teologia da serpente 84, 108
teologia escocesa e a certeza 217
teologia reformada, diversidade da aliança mosaica 139
tertius usus legis 165
Tertuliano 195
textos de comprovação (fora de contexto) 174, 182
Thornwell, James Henley 189
tintura do evangelho em *The marrow of modern divinity* 24, 77, 268, 269, 270
Tomás de Aquino 170
totus Christus 269
Traill, Robert 133, 134, 167
Trento, Concílio de. *Veja* Concílio de Trento.
Trevor-Roper, Hugh 47
Trindade, comunhão na 80, 237

U

união com Cristo 53, 56, 57, 64, 123, 186, 188, 236, 257
cura para o legalismo 188
e a lei 191
e justificação 128
universalismo hipotético 48, 49
Ursino, Zacarias 64

V

vida cristã 64
e a certeza da salvação 214
e as aflições 256
vida eterna 273, 274
vida vivida em justiça 239
vivificação 64, 116, 125
Vos, Geerhardus 100
Vulgata 117

W

Waltke, Bruce K. 181
Wardlaw, James 40
Warfield, B. B. 181, 182, 247, 249, 250
Webster, James 38
Wesley, Charles 161
Wesley, John 144, 251
Whyte, Alexander 87
Whytock, Jack 64
Winthrop, John 45
Wodrow, Robert 284

Esta obra foi composta em Adobe Caslon,
impressa em papel off-set 75 g/m², com capa em cartão 250 g/m²,
na Imprensa da Fé, em março de 2019.